人民日报评论年编·2023

评论员观察

人民日报评论部　编

人民日报出版社

北　京

图书在版编目（CIP）数据

人民日报评论年编 . 2023. 4，评论员观察 / 人民日报
评论部编 . — 北京：人民日报出版社，2024. 1
　　ISBN 978-7-5115-8198-3

Ⅰ . ①人… 　Ⅱ . ①人… 　Ⅲ . ①《人民日报》—时事评
论—2023—文集　Ⅳ . ① D609

中国国家版本馆 CIP 数据核字（2024）第 018395 号

书　　名：人民日报评论年编·2023·评论员观察
　　　　　RENMINRIBAO PINGLUN NIANBIAN · 2023 · PINGLUNYUAN GUANCHA
作　　者：人民日报评论部

出 版 人：刘华新
责任编辑：曹　腾　高　亮
版式设计：九章文化

出版发行：人民日报出版社
社　　址：北京金台西路 2 号
邮政编码：100733
发行热线：(010) 65369509　65369527　65369846　65363528
邮购热线：(010) 65369530　65363527
编辑热线：(010) 65369523
网　　址：www.peopledailypress.com
经　　销：新华书店
印　　刷：大厂回族自治县彩虹印刷有限公司
法律顾问：北京科宇律师事务所　010-83622312

开　　本：710mm×1000mm　1/16
字　　数：1433 千字
印　　张：96.5
版次印次：2024 年 1 月第 1 版　2024 年 12 月第 3 次印刷

书　　号：ISBN 978-7-5115-8198-3
定　　价：218.00 元（共四册，含光盘）

编辑说明

　　评论是报纸的旗帜和灵魂。2023 年，人民日报评论坚持以习近平新时代中国特色社会主义思想为指导，紧紧围绕党和国家工作大局，充分发挥在舆论上的导向作用、旗帜作用、引领作用；坚持人民至上，始终把人民立场作为根本立场，关注社会热点，回应舆论关切，牢牢把握正确舆论导向，注重打造精品力作，强信心、聚民心、暖人心、筑同心；坚持守正创新，不断增强穿透力、凝聚力和感染力，"上连党心、下接民心"，在党心和民意的同频共振中弘扬正气、保持朝气、磨砺锐气，让舆论引导更接地气，让党报声音更加响亮，体现了人民日报"中流砥柱"和"定海神针"的作用。

　　本书汇集了"人民论坛""人民时评""人民观点""评论员观察"四个专栏 2023 年刊发的全部文章，其中"人民论坛"167 篇，"人民时评"194 篇，"人民观点"114 篇（"人民观点"文章的作者均为人民日报评论部，不再一一标明），"评论员观察"126 篇，并附有电子版，敬请读者参阅、指正。

人民日报评论部

2024 年 1 月

目　录

营造方便市民骑行的环境

李铁林

运用系统思维，在有限的道路资源中统筹考量机动车、自行车、行人等多方权益，寻找更优解，做好路权再平衡

近年来，随着绿色出行理念更加深入人心，越来越多的人选择骑行出门。数据显示，全国有1亿多人经常性骑车或把自行车作为代步工具，有近千万人参与自行车运动。

不过，与骑行的日渐升温相比，当下的骑行环境还有很大提升空间。不久前，由自然资源保护协会与清华大学团队合作完成的《北京四环内骑行环境风险因素识别研究》，首次提出由12类要素组成的骑行环境风险因素评价指标体系，并对北京中心城区的骑行环境进行了全面系统风险评估。该研究显示，得益于交通文明示范路口创建专项行动和慢行系统优化提升改造工程等，北京若干路段的骑行安全措施得到明显改善，但是仍有37%的道路没有独立自行车道。鼓励绿色出行，还要在创造安全舒适出行环境方面下更大功夫。

改善骑行环境，需要运用系统思维，在有限的道路资源中统筹考量机动车、自行车、行人等多方权益，寻找更优解，做好路权再平衡，让人们绿色出行的体验更美好。过去较长一段时间，我国道路规划和建设对非机

动车的路权保障相对不足，导致非机动车道狭窄、人车混行、机非混行等问题普遍存在。大力推动自行车路网建设，需要进一步强化机动车和非机动车分流。近年来，北京实施慢行系统品质提升三年行动，广东深圳发布《自行车交通发展规划（2021—2035）》，山西太原建设滨河自行车专用道……不少地方将骑行基础设施的优化提升作为城市规划和建设的重要着力点，较好满足了市民出行与健身需求，也改善了城市交通环境。在新城规划及旧城改造中，给骑行留下足够的空间，才能营造更为友好的环境，不断提升城市的宜居程度和吸引力。

在解决好相关基础设施'有没有'问题的同时，还要提升对骑行空间的精细化治理水平，进一步消除安全隐患，提升通行效率。一方面，要结合各类风险因素，针对不同类型道路制定相应骑行规范。除了治理抢占自行车道行为，还要尽可能做好非机动车道的快慢分流。另一方面，不妨探索利用大数据等技术，搭建面向公众的骑行安全信息平台，提高非机动车交通信息协同水平和动态管控能力。多措并举，综合施策，促使更多人养成文明交通习惯，骑行之路才能更加安全舒适。

习近平总书记在党的二十大报告中强调，"推动形成绿色低碳的生产方式和生活方式"。随着城乡道路设施的不断完善以及空气质量的改善，人们对骑行等户外运动的热情进一步高涨。积极回应群众需求，不断强化精细化治理，优化骑行环境，定能更好满足人们多样化休闲健身需求，让绿色出行蔚然成风。

（2023 年 12 月 27 日）

强化政策统筹　确保形成合力

李浩燃

　　　科学的宏观调控、有效的政府治理，是发挥社会主义市场经济体制优势的内在要求

　　　新形势下加强宏观经济治理能力，既要注重调控工具创新、调控政策协调配合，也要寓改革于调控之中

　　福建武夷山大王峰下，崇阳溪畔。实景演出《印象大红袍》以"万里茶道"为背景，生动演绎中国茶文化，并将敬茶等民俗融入演出，今年接待人数已创出开演 14 年来新高。

　　"最多一天接待了 400 多位游客，巴适得很。"在四川崇州市道明镇竹艺村，东篱集竹编研学基地负责人蔡凤谦难掩兴奋。国家级非遗项目道明竹编的体验项目，既传承了古老手艺，又带火了乡村旅游。

　　从今年中央一号文件提出"深入实施农耕文化传承保护工程，加强重要农业文化遗产保护利用"，到《关于释放旅游消费潜力推动旅游业高质量发展的若干措施》明确提出"推进文化和旅游深度融合发展"，宏观政策瞄准高质量发展同向发力，形成推动今年文旅产业蓬勃向好的合力。今年国内游超 54 亿人次的预测数据，印证着内需稳步复苏，也折射出宏观政策带来的积极影响。

宏观调控是党和国家治理经济的重要方式，实施科学有效的宏观政策在淡化经济周期性波动上发挥了重要作用。今年以来，化解外部压力、应对内部困难，各类宏观调控措施密集推出、持续显效。发布促进民营经济发展壮大31条举措、成立民营经济发展局，出台恢复和扩大消费20条措施、延续优化完善并落实好减税降费政策，稳妥处置化解房地产、地方债务、金融等领域风险隐患，全面取消制造业领域外资准入限制措施……加大宏观调控力度，推动宏观政策落地，助力我国经济回升向好，高质量发展扎实推进。实践有力证明，科学的宏观调控、有效的政府治理，是发挥社会主义市场经济体制优势的内在要求。精准有力实施宏观调控，方能把我们的制度优势转为治理效能。

高质量发展阶段，宏观调控方式具有新的特点，需要持续提升宏观经济治理体系和治理能力的现代化水平。习近平总书记强调，"宏观调控必须适应发展阶段性特征和经济形势变化，该扩大需求时要扩大需求，该调整供给时要调整供给，相机抉择，开准药方"。与以往的逆周期政策相比，新时代以来我国没有采取大规模强刺激，而是坚持稳中求进总基调，稳增长、转方式、调结构、提质量、增效益多重目标并重，强调政策的精准有效、取向一致，因而没有形成大规模的重复投资以及新一轮的低水平产能过剩。例如，中央财政在今年四季度增发2023年国债1万亿元，支持灾后恢复重建和提升防灾减灾救灾能力的项目建设。这既不增加地方偿还负担，又实现了补短板、强弱项、惠民生，在建项目还能在今明两年形成较大实物工作量，可谓一举多赢，充分体现出以习近平同志为核心的党中央在复杂多变局面下驾驭经济工作的高超智慧和能力。

新形势下加强宏观经济治理能力，既要注重调控工具创新、调控政策协调配合，也要寓改革于调控之中。高质量发展阶段，加大宏观政策实施力度是一门"弹钢琴"的艺术，既要注重短期的政策效应，也要关注中长期效果；既要加强逆周期调节，也要预留跨周期调节的政策空间；既要提高单一政策针对性，又要增强各项政策取向一致性；既要有力有效，又不能重走老路、透支未来。坚持问题导向，用改革的办法解决前进中的问题，我们才能为高质量发展持续注入强大的内生动力。比如，《关于进一步加强矿山安全生产工作的意见》提出："1 个采矿权范围内原则上只能设置 1 个生产系统。"这项务实举措，有利于严格矿山安全生产准入、消除安全隐患。又如，《关于加快内外贸一体化发展的若干措施》从促进内外贸规则制度衔接融合等 5 个方面提出 18 条措施，力求打通阻碍内外贸一体化的关键堵点，助力企业在国内国际两个市场顺畅切换。着眼未来，宏观调控保持战略定力，因势利导、统筹谋划、精准施策，把有效市场和有为政府更好结合起来，就能切实增强应对挑战、抵御风险能力，为经济高质量发展保驾护航。

近期举行的中央经济工作会议提出："要增强宏观政策取向一致性。加强财政、货币、就业、产业、区域、科技、环保等政策协调配合，把非经济性政策纳入宏观政策取向一致性评估，强化政策统筹，确保同向发力、形成合力。"坚定信心、增强定力、攻坚克难，让"有形之手"与"无形之手"配合得更精准、更有力、更有效，中国经济航船必将沿着更高质量、更有效率、更加公平、更可持续、更为安全的发展之路劈波斩浪、行稳致远。

（2023 年 12 月 26 日）

把特色优势产业做强做大

彭 飞

找准切口、因地制宜，将地区优势转化为发展胜势，才能形成产业兴、百姓富的良好局面

发展特色产业是地方做实做强做优实体经济的一个硬招。近日在广西考察时，习近平总书记来到来宾市察看万亩甘蔗林和机械化作业收割场景，走进甘蔗林详细了解甘蔗良种繁育技术要领，指出"广西是我国蔗糖主产区，要把这一特色优势产业做强做大"，强调"要积极培育和推广良种、提高机械化作业水平，建设好现代农业产业园"。一系列要求，为发展特色产业指明方向，鼓舞广大干部群众凝心聚力、勇毅前行。

山一程，水一程。新时代以来，习近平总书记的考察足迹遍布大江南北，地方特色产业是一项重点考察内容。在陕西柞水小岭镇金米村，点赞当地特产柞水木耳"小木耳、大产业"；走进山西大同云州区有机黄花标准化种植基地，叮嘱当地干部"一定要保护好、发展好黄花这个产业，让它成为乡亲们致富的一个好门路，变成群众的'致富花'"；来到福建南平武夷山脚下的星村镇燕子窠生态茶园，强调"要统筹做好茶文化、茶产业、茶科技这篇大文章，坚持绿色发展方向，强化品牌意识，优化营销流通环境"……在习近平总书记关心关怀下，各地特色产业红红火火，地方发展

后劲十足，群众生活芝麻开花节节高。

产业发展不是空中楼阁，特别是对特色产业来说，首先必须立足自身条件和优势。在新疆乌伦古湖，渔民身穿皮袄、脚踩厚靴，在冰封湖面上凿洞下网，吸引无数游客前来观赏体验。富有魅力的捕鱼文化，源自得天独厚的自然条件和60多年历史传承。湖南平江的"原本记忆"酱干电商仓库里热火朝天，高峰期每天发货几万单。平江酱干之所以能远销、畅销，得益于百年历史和独特工艺。浙江安吉的"安吉白茶"，以52.06亿元的品牌价值在118个茶叶区域公共品牌价值排行榜中位居第八。小小茶叶之所以能富一方百姓，就在于当地拥有独特制茶技艺。一方水土养一方人，也能兴一方业。找准切口、因地制宜，将地区优势转化为发展胜势，才能形成产业兴、百姓富的良好局面。

推动特色产业蓬勃发展，离不开科技创新支撑，需要不断完善产业链条、提升产品附加值。来到陕西延安，走进连片苹果园，提起这颗"致富果"，当地人乐开了花。回首来时路，苹果产业的发展也并非一帆风顺。面对老果园品质退化、效益变低，当地推广间伐、矮化种植技术，让苹果品质有了保障；面对冰雹和倒春寒等不利天气的影响，当地安装防雹网，探索挖熏烟坑、喷防冻液等方法，呵护果树健康生长；面对卖不上价钱的困境，当地对苹果进行分级分选，优化品牌营销，发展冷链运输和精深加工，实现苹果从论堆卖到论个头卖的转变。实践表明，用好科技力量，围绕"产"字多下功夫，有利于做好"土特产"这篇大文章，让更多具有地方特色、乡土气息的产品走向更大市场。

发展特色产业，说一千道一万，群众受益是关键。习近平总书记指出："要探索建立更加稳定的利益联结机制，让广大农民共享农村改革和发展成果。"广西平果四塘镇金州村通过"党支部＋联合社"模式，集中发展特色产业，上什么项目、怎么发展，大伙儿一起商议、一起干，让乡亲们心中有底、信心十足。山东金乡鱼山街道崔口村，成立专门公司发展特色产业，建立"企业＋村集体＋农户"利益联结机制，使村集体和村民分别以集体土地和承包土地入股，公司每年拿出不低于三成的盈利用于分红。利益共享，发展共赢。不断完善制度机制，"做大蛋糕"也"分好蛋糕"，就能让广大群众享受到产业发展带来的实惠和红利。

截至目前，全国已累计建设 180 个优势特色乡村产业集群，全产业链产值超过 4.6 万亿元，辐射带动 1000 多万户农民。广袤土地上，地方特色产业发展潜力巨大。充分挖掘和利用本地优势资源，脚踏实地、埋头苦干，我们定能推动特色产业高质量发展，更好满足人民美好生活需要。

（2023 年 12 月 21 日）

发挥好中国特色基层治理的显著优势

李浩燃

完善网格化管理、精细化服务、信息化支撑的基层治理平台，打造共建共治共享的治理格局，方能有效满足社区居民的差异化需要

社区虽小，连着千家万户。当前，我国 65% 以上的人口生活在城市。社区是城市治理体系的基本单元，也是提供基本公共服务、提高人民生活品质的重要载体。

在社区党群服务中心，听取现场工作人员情况介绍；在文体活动室，饶有兴致地观看社区居民练习书法、合唱民歌，同大家亲切交流……近日，习近平总书记在广西考察时来到南宁市良庆区蟠龙社区，深刻指出"社区是基层自治的基本单元，是国家治理体系的基层基础"，强调"通过社区这个平台，办好'一老一小'等民生实事和公共事务，积极回应群众关切，是中国特色基层治理的显著优势，要把这一优势发挥好"。

基层强则国家强，基层安则天下安。我国国家治理体系的一个优势就是把城乡社区基础筑牢。新时代以来，习近平总书记多次走进城市社区考察调研、指导工作。从阐明"社区工作是一门学问，要积极探索创新""社区是党和政府联系、服务居民群众的'最后一公里'"，到强调"推进国家

治理体系和治理能力现代化，社区治理只能加强、不能削弱""社区治理得好不好，关键在基层党组织、在广大党员"，再到勉励"努力把社区建设成为人民群众的幸福家园""推动更多资源向社区倾斜，让老百姓体会到我们党是全心全意为人民服务的，党始终在人民群众身边"，习近平总书记对社区工作始终念兹在兹。着眼未来，必须切实加强和改进社区工作，持续推进社区建设，发挥好中国特色基层治理的显著优势。

坚持党建引领，建强基层党组织，才能让党的旗帜在广大社区高高飘扬。作为贯彻落实党中央决策部署的"最后一公里"，社区党组织责任重大。在北京通州区中仓街道佟麟阁社区红旗小区，针对老水塔院杂草丛生、垃圾成堆的问题，社区党总支充分论证、攻坚克难、推进改造，建成网格党群服务站，既能提供助餐等养老服务，也美化了环境。山东招远市梦芝街道华盈社区党支部牵头建设"邻里议事厅"，集思广益解决了停车位紧张等问题。集聚资源、形成合力，把基层党组织这个战斗堡垒建得更强，发挥社区党员、干部先锋模范作用，推动健全社区管理和服务体制，就能做实做细社区治理、实现善治。

民生无小事，枝叶总关情，做好社区工作必须坚持以人民为中心。社区居民能否在家门口享受到优质普惠的公共服务，既是"关键小事"，也是"民生大事"。近年来，多地积极推进完整社区建设，打造15分钟生活圈，配建群众急需的"一老一小"服务设施。2022年，各地结合老旧小区改造共增设养老托育等各类社区服务设施1.5万个。自2024年开始，我国将在地级及以上城市全面开展城市体检，更有针对性地补齐社区设施和服务的短板。着力增强社区公共服务能力，居民期待什么、操心什么，就着重补齐什么，做到居民有需求、社区有服务，才能使社区成为多种便民服务有机集成和精准对接的平台，不断增强群众的获得感、幸福感、安全感。

推动社区高质量发展，还应因地制宜推进基层治理创新。这就需要一切从实际出发，把治理与服务、治理与建设结合起来，持续提升社区服务质量。比如，江苏南京市秦淮区在老旧城区微更新过程中，盘活利用部分居民搬迁腾退的房屋空间，引入公共澡堂、轻食餐厅等业态，完善社区服务等功能。江西南昌市青云谱区推出涵盖文化展示、互动体验等内容的多项文旅活动，举办非遗进社区展演等系列文化惠民活动，丰富社区文化生活。完善网格化管理、精细化服务、信息化支撑的基层治理平台，打造共建共治共享的治理格局，方能有效满足社区居民的差异化需要。

社区蕴藏着旺盛需求，社区建设潜力巨大。《扩大内需战略规划纲要（2022—2035 年）》明确提出，"提高社区公共服务水平""推进绿色社区建设"。新征程上，把社区工作做到位做到家，多为群众办好事、办实事、解难题，我们就一定能不断打开基层治理新局面，共建美好家园，共创美好未来。

（2023 年 12 月 19 日）

统筹科技创新和产业创新

——推动长三角一体化发展取得新的重大突破①

李　斌

　　统筹不仅限于区域内，更要站在全局的高度，促进要素资源的整合创新

　　在长三角经济版图上，长三角 G60 科创走廊远近闻名。这条走廊将沪苏浙皖多个城市的创新资源整合，在科技创新和产业发展上形成了优势互补。这一区域内，目前已成立首批 11 家 G60 科技成果转移转化示范基地，包含 16 个产业联盟、13 个产业合作示范园区等。科创生机盎然，产业欣欣向荣，让人看到长三角高质量发展的强劲动能。

　　不久前在深入推进长三角一体化发展座谈会上，习近平总书记着眼"推动长三角一体化发展取得新的重大突破"，强调"统筹科技创新和产业创新，统筹龙头带动和各扬所长，统筹硬件联通和机制协同，统筹生态环保和经济发展"。"四个统筹"的重要要求，体现系统思维，坚持问题导向，为长三角区域更好发挥先行探路、引领示范、辐射带动作用指明了努力方向。

　　排在"四个统筹"第一位的，是"统筹科技创新和产业创新"。长三

角区域汇聚了国家许多"压箱底"的战略科技力量，具有人才富集、科技水平高、制造业发达、产业链供应链相对完备和市场潜力大等诸多优势。今年前三季度，在建和已建重大科技基础设施约占全国的1/3，拥有国家企业技术中心数量占全国的26.4%；集成电路、生物医药、人工智能产业规模分别占全国的60%、1/3和1/3，新能源汽车产量约占全国的2/5。探索统筹科技创新和产业创新的机制、方法、路径，长三角区域责无旁贷。先行先试、积累经验，形成更多引领性制度创新成果，才能给其他地区形成良好示范。

科技是第一生产力，创新是第一动力，我国经济社会发展比过去任何时候都更加需要科学技术解决方案，更加需要增强创新这个第一动力。上海提供芯片、软件，江苏常州提供动力电池，浙江宁波提供一体化压铸机……在今天的长三角，一家新能源汽车整车厂可在4小时车程内解决所需配套零部件供应，有力说明了"跨区域、跨部门整合科技创新力量和优势资源"的巨大优势。长三角区域积极探索形成新发展格局的路径，很重要一点就是要加强科技创新和产业创新深度融合，加快形成新质生产力，催生新产业新业态新模式，拓展发展新空间，培育发展新动能。

统筹科技创新和产业创新，要从体制机制、要素流动、产业协作等方面实现更高效的协同联动，凝聚促进高质量发展的强大合力。以今年投入商业运营的国产大飞机C919为例，36所高等院校、242家大中型企业、数十万产业大军参与了研制生产，仅长三角G60科创走廊就有近千家企业被纳入大飞机产业链。推进科研院所、高校、企业科研力量优化配置和资源共享，加强创新驱动的组织整合，促进创新链、产业链、资金链、人才链深度融合，才能有力提升国家创新体系整体效能。由此不难理解，为什么长三角区域必须"构建更加紧密的区域创新共同体和产业发展共同体"。

襟江带海，长风万里。统筹不仅限于区域内，更要站在全局的高度，促进要素资源的整合创新。习近平总书记强调："长三角区域要加强科技创新和产业创新跨区域协同。"长三角区域不仅要提供优质产品，更要提供高水平科技供给，助力全国高质量发展。一个创新涌流、发展跃步的长三角，一个改革不停顿、开放不止步的长三角，必能不断给我们带来启示和惊喜。

（2023 年 12 月 14 日）

统筹龙头带动和各扬所长

——推动长三角一体化发展取得新的重大突破②

崔　妍

　　龙头带动，关键在于以发展能级的提升，辐射带动区域整体。各扬所长，则要统筹把握合作与竞争的辩证统一关系，避免同质化竞争

　　既做好"自己的事"，做强各自差异化的长板，也做好"共同的事"，将各自优势组合成共同优势

　　走进上海临港松江科技城，南浔（松江）人才科创中心的两栋大厦引人注目。2020年启用以来，这块"飞地"不仅可以利用上海本地的人才和科研资源，也能享受浙江湖州南浔区等地的产业支持政策，已成为南浔区接轨上海的前沿阵地。上海充分发挥龙头带动和示范引领作用，江苏、浙江、安徽紧密跟进、各扬所长，一幅中国式现代化的长三角新图景正加速绘就。

　　习近平总书记在深入推进长三角一体化发展座谈会上强调，"统筹龙头带动和各扬所长"。在长三角，上海是开放前沿、创新高地，江苏制造业发达、科教资源丰富，浙江数字经济领先、民营经济发达，安徽创新活

跃强劲、制造业特色鲜明。四个省份单拎出来任何一个，都是响当当的角色，优势互补、握指成拳，更将展现出强大的协同效应。统筹龙头带动和各扬所长的重要要求，对长三角区域形成分工合理、优势互补、各具特色的协调发展格局，促进发展提质增效，具有重要意义。

眼下，长三角一体化发展正呼唤着更大范围的要素流动、更高效率的协同合作。统筹龙头带动和各扬所长，既体现了重点突破、以点带面的辩证思维，也突出了分析把握事物内在联系的系统观念。上海龙头引领、苏浙皖三省各扬所长，四地携手前行、一体化发展，不仅能叠加发展能级，形成整体合力，为苏浙皖三省打开更加开阔的发展空间，也能让上海在主动融入、引领协同的过程中增强发展动力和竞争力，在推进中国式现代化中更好发挥龙头带动和示范引领作用。

龙头带动，关键在于以发展能级的提升，辐射带动区域整体。加快建设国际经济中心、金融中心、贸易中心、航运中心、科技创新中心，是党中央赋予上海的重要使命。上海拥有强大的创新能力和现代服务业，无论是产业链前端的设计、研发，还是产业链后端的服务及贸易，都能直接为其他区域带来帮助。从实践看，上海依托资本、技术等要素市场，有力推动了生产要素自由流动、高效配置。截至 2022 年底，三省一市在科创板挂牌上市 236 家硬科技企业，占全国比重 47.1%。上海长三角技术创新研究院联合江苏、浙江和安徽相关机构共建技术创新平台，截至今年 7 月转移转化技术成果 9000 多项。上海以加快建设"五个中心"为主攻方向，持续提升城市能级和核心竞争力，有助于更好打造活跃增长极、赋能长三角区域联动发展。

各扬所长，则要统筹把握合作与竞争的辩证统一关系，避免同质化竞争。当前，长三角一体化发展有许多深层次问题有待进一步破解。无论是提升发展质量效率和辐射带动作用，还是推动重点领域、重点区域一体化，或是提升产业链供应链分工协作水平等，都需要强化分工合作、错位发展。既做好"自己的事"，做强各目差异化的长板，也做好"共同的事"，将各自优势组合成共同优势，方能提升区域发展整体水平和效率。

从全局谋划一域，以一域服务全局。长三角区域是长江经济带的龙头，通过"一带一路"与世界相连。肩负在中国式现代化中走在前列的重任，长三角一体化发展水平越高，对长江经济带、沿海经济发展和"一带一路"的拉动作用就越强。上海发挥龙头带动作用、苏浙皖各扬所长，抱团发展、握指成拳，集聚优势、取长补短，长三角区域就能率先形成新发展格局，发挥好经济增长极、发展动力源、改革试验田的重要作用。

（2023 年 12 月 15 日）

统筹硬件联通和机制协同

——推动长三角一体化发展取得新的重大突破③

李洪兴

> 对长三角区域的沪苏浙皖四地来说，树立系统思维，增强一体化意识，坚持一盘棋思想，是认识论也是方法论

早餐在江苏苏州来一碗奥灶面，中午品尝阳澄湖大闸蟹，晚上到上海吃生煎包，全程只需地铁票，真可谓方便畅快。今年6月，苏州轨道交通11号线开通，与上海轨道交通11号线实现无感换乘。高铁轨道不断延伸、高速公路互联互通、公众跨省一卡通行……交通一体化取得长足发展，助力长三角区域各类要素在更大范围畅通流动，激荡蓬勃生机。

互联互通带来互惠互利，协同融通赢得高质高效。不久前，习近平总书记在上海主持召开深入推进长三角一体化发展座谈会，从全局和战略高度擘画长三角一体化发展新蓝图，提出"四个统筹"的重要要求，其中之一是"统筹硬件联通和机制协同"。作为我国经济发展最活跃、开放程度最高、创新能力最强的区域之一，长三角一体化发展要取得新的重大突破，必须把握好"硬件"与"软件"的关系，既从交通运输、基础设施等方面筑牢互联互通基础，也从体制机制上打破地区分割和行政壁垒，为一体化

发展提供更强更有力的托举。

一体化发展是区域协调发展的高级形态。"看得见"的是硬件联通，"看不见"的是机制协同。缺少了机制协同，硬件联通必定行之不远。以港口为例，长三角区域地接东海同时坐拥长江黄金水道优势，从洋山港、宁波港等海港到南通港、淮安港等内河港，都要发展江海联运、海铁联运、铁水联运。如何在港口一体化格局中放大优势、提升能级？制度、政策、标准等软件上的协调统一、互动配合，是一个重要抓手。习近平总书记强调："要加强各类交通网络基础设施标准跨区域衔接，提升基础设施互联互通水平。"这一重要要求，体现的正是通过统筹硬件联通和机制协同，形成互联互通、分工合作、管理协同的基础设施体系，不断增强一体化发展的支撑保障。

一体化发展不是各方简单相加，而是全体协同发力、整体有序推进。上海青浦区、苏州吴江区的交界线把元荡湖分隔开来，过去治理水体存在标准不一等情况。《长三角生态绿色一体化发展示范区生态环境管理"三统一"制度建设行动方案》明确，以"一套标准"规范生态环境保护工作、以"一张网"统一生态环境科学监测和评估、以"一把尺"实施生态环境有效监管。如今，元荡湖治理向共商、共建、共享转变，已提前达到2025年水质功能目标。规划一张图、交通一张网、审批一个章、民生一卡通、产业同链、开放同圈、生活同城、机制同频……以硬件联通为基础，以机制协同为重点，一体化发展的合力越聚越大。

窥一斑而知全豹，处一隅而观全局。对长三角区域的沪苏浙皖四地来说，树立系统思维，增强一体化意识，坚持一盘棋思想，是认识论也是方法论。这意味着，长三角区域各地既要立足本地改革发展，统筹各项区际政策、各领域建设、各种资源要素，也要把自身发展放到协同发展的大局之中，实现错位发展、有机融合，形成"1+1+1+1>4"的效果。做好统筹的文章，坚持省际共商、全域共建、发展共享，持续完善跨区域发展的协同机制，长三角一体化发展才能更好发挥先行探路、引领示范、辐射带动作用。

随着基础设施互联互通，公共服务对接共享，一体化已经成为长三角区域居民的一种思维理念、一种生活方式。过去"你是你、我是我",如今"你中有我、我中有你",长三角区域正向着"你就是我、我就是你"的目标迈进。以硬件联通实现配套衔接,以制度创新推动机制协同,沪苏浙皖四地必能牢牢抱紧为区域发展共同体,为全国高质量发展树标杆、作示范。

(2023 年 12 月 19 日)

统筹生态环保和经济发展

——推动长三角一体化发展取得新的重大突破④

周人杰

在上海西郊的金泽镇，华为青浦研发中心的建筑群已全部封顶。这里地处长三角生态绿色一体化发展示范区沪湖区域发展轴带，周边绿水环绕，有许多休闲放松的好去处。这一置身美景之中的创新基地，成为长三角一体化发展推进生态文明建设、以高水平保护支撑高质量发展的生动缩影。

处理好发展和保护的关系，是一个世界性难题，也是人类社会发展面临的永恒课题。在中国式现代化建设全过程中，必须始终把握好高质量发展和高水平保护的辩证统一关系。不久前，在深入推进长三角一体化发展座谈会上，习近平总书记提出"四个统筹"，其中之一是"统筹生态环保和经济发展"。这一重要要求，为推动发展方式绿色转型，建立完善绿色低碳循环发展的经济体系，建设绿色美丽长三角提供了重要遵循。

把生态保护好，把生态优势发挥出来，才能实现高质量发展。以安徽宣城为例，这座森林覆盖率接近60%的城市，近年来利用与江苏、浙江两省交界的区位优势"向绿求新"，承接产业转移，不仅成功在新能源汽车产业领域分到一杯羹，旅游人次和收入也创造历史新高。实践充分证明，高质量发展和高水平保护是相辅相成、相得益彰的。上海推进建立长江流域特色种质资源库，江苏推动新一轮太湖综合治理，浙江全面构建绿色制造体系，安徽推进长江流域水生态保护修复……促进经济社会发展全面绿色转型，推动形成绿色发展方式和生活方式，长三角区域将在建设人与自然和谐共生的现代化中不断发挥示范作用。

生态环境治理也为经济发展拓宽了新空间，开辟了新赛道。长三角区域产业富集、城市密集、人口聚集，生态空间相对拥挤，资源环境承载压力大。无论是推进重要生态屏障和生态廊道共同保护，还是加强大气、水、土壤污染综合防治，无论是做强做优绿色低碳产业，还是健全生态产品价值实现机制，坚持系统观念，用好辩证思维，搞好统筹兼顾，才能通过提升"含绿量"来促进"含金量"，推动资源要素优化配置，使经济实现质的有效提升和量的合理增长。以高品质生态环境支撑高质量发展，统筹谋划、错位发展，长三角一体化发展的动能将更加强劲。

长三角三省一市"同饮一江水"，是"近邻"也是"队友"，统筹生态环保和经济发展，是需要各方一起完成的"协奏曲"。比如，浙皖两省持续推动新安江跨省流域生态保护补偿机制改革，从资金补偿到产业协作，从协同治理到共同发展，逐步走出一条上游主动强化保护、下游支持上游发展、上下游产业协同发展的互利共赢之路，新安江流域实现从"共饮"到"共护"再到"共富"。增强一体化意识，坚持一盘棋思想，才能把各地自身优势变为区域优势，提升区域发展整体效能。让生态优势的"高颜值"转化为经济发展的"高价值"，三省一市还需要紧抓"统筹""协同"等关键词，加强生态保护红线无缝衔接，加强节能减排降碳区域政策协同，健全生态补偿机制，建设区域绿色制造体系。

大江奔腾，奋楫者先。今年上海绿电交易累计成交电量突破 20 亿千瓦时；共抓大保护让长江流域生态保护工作结出"硕果"，江豚频频现身。放眼全国、立足全局，有助于促进长三角区域统筹生态环保和经济发展取得更大效益。以重点突破带动全局工作提升，以协同治理强化突出生态环境问题治理，长三角一体化发展一定能不断谱写生态文明建设新篇章，更好支撑和服务中国式现代化。

（2023 年 12 月 25 日）

探索多样化绿色转型路径

——积极稳妥推进碳达峰碳中和①

李　拯

通过合理分工发挥比较优势，通过相互借鉴提升工作效率，才能推动各地梯次有序实现"双碳"目标

在北京，打通碳普惠和碳交易，市民绿色出行获得的碳减排量，可用于植树等公益性活动，也可在碳普惠平台兑换公交地铁充值卡等；在内蒙古，光伏制造追光逐日、向阳而生，整体产业规模锚定千亿目标；在河南，比亚迪第600万辆新能源汽车在郑州工厂下线，绿色产业蓬勃发展……当前，各地推进绿色低碳转型步履坚实，构筑起我国努力实现"双碳"目标的生动图景。

实现"双碳"目标，需要稳中求进、通盘谋划。目前，各省区市均已制定了本地区碳达峰实施方案。不久前，国家发展改革委发布首批碳达峰试点名单。从《中共中央　国务院关于完整准确全面贯彻新发展理念做好碳达峰碳中和工作的意见》《2030年前碳达峰行动方案》等文件印发，到各省份全部制定实施方案，发改、能源、工业、交通运输等部门均出台关键领域和重点行业的"双碳"行动方案，上有顶层设计，下有落实路径，

我国已建立起碳达峰碳中和"1+N"政策体系，为实现"双碳"目标立起四梁八柱、擘画了施工蓝图。

深入分析，各地碳达峰实施方案在时间节点、减排目标等方面和国家要求保持一致，在具体实现方式、指标设定、工作重点等方面则有不同的探索。比如，北京提出"确保如期实现2030年前碳达峰目标"，山西作为国家能源基地，则提出到2030年"在保障国家能源安全的前提下二氧化碳排放量力争达到峰值"；再比如，天津、福建等地明确到2030年单位地区生产总值二氧化碳排放比2005年下降65%以上，上海提出了降幅为70%的目标。各地资源禀赋不同、发展阶段各异，理应立足自身实际，寻找实现"双碳"目标的有效路径。这就要求处理好整体和局部的关系，既要增强全国一盘棋意识，加强政策措施的衔接协调，确保形成合力；又要充分考虑区域资源分布和产业分工的客观现实，研究确定各地产业结构调整方向和"双碳"行动方案，不搞齐步走、"一刀切"。

习近平总书记强调："'双碳'目标是全国来看的，哪里减，哪里清零，哪里还能保留，甚至哪里要作为保能源的措施还要增加，都要从全国角度来衡量。"主动从全国一盘棋的大局中寻找自身定位，有助于各地发挥比较优势，更好把握产业结构升级、绿色低碳转型的时机与节奏。比如，经济发达省份可以充分利用优势，积极突破快速降碳所需要的关键核心技术，发挥引领作用；部分承担能源保供的省份，则可以抓住能源结构和产业结构优化变革机遇，通过可再生能源增量替代化石能源存量，深入推进能源革命。在共性目标下找准自身特色，才能抓住"双碳"带来的历史机遇，为经济发展注入持久的绿色动力。

鼓励差异化探索，并不意味着各自为政、自行其是，而是要根据全国布局进行统筹考虑，让各地的"双碳"工作相互配合、相得益彰。比如，我国东部经济大省是能源主要消费地，而西部能源大省是主要能源供给地，发挥东部的资金技术优势和西部的可再生能源禀赋优势，就能在各地差异化探索基础上实现"1+1>2"的整体效益。再比如，一些地方在新技术新产业上先行先试，可以为其他地区形成示范效应。通过合理分工发挥比较优势，通过相互借鉴提升工作效率，才能推动各地梯次有序实现"双碳"

目标。

实现"双碳"目标是一场广泛而深刻的变革,不是轻轻松松就能实现的。鼓励各地积极探索多样化绿色转型路径,在减排降碳过程中加强相互配合、形成优势互补,就能以"多元"激发主动性和创造力,以"一体"凝聚整体力量,更加积极稳妥地实现"双碳"目标,更好地建设美丽中国。

（2023 年 12 月 08 日）

先立后破　安全降碳

——积极稳妥推进碳达峰碳中和②

周人杰

把稳工作节奏，尽力而为、量力而行，科学调整优化政策举措

作为煤炭大省，山西近年来持续推动产业结构调整优化，加快构建绿色能源供应体系，转向能源绿色低碳发展的新赛道。在晋中市介休市安泰工业园区，企业利用焦炉尾气养殖微藻，转化成高附加值和高营养价值的藻粉产品，既减少了二氧化碳排放，也促进燃煤企业烟道气趋零排放。在完成国家能源保供任务的同时，推动节能降碳取得显著成效，山西由煤炭大省向综合能源大省的转型实践，是我国坚持先立后破，积极稳妥推进"双碳"工作的生动写照。

当前，"双碳"目标正加快成为引领我国经济社会高质量发展的绿色引擎。作为最大发展中国家，我国工业化、城镇化还在持续推进，发展经济和改善民生的任务还很重，能源消费仍将保持刚性增长，这就需要在降碳的同时确保能源安全稳定供应。习近平总书记强调："实现碳达峰碳中和，等不得也急不得，不可能毕其功于一役，必须坚持稳中求进、逐步实现，决不能搞'碳冲锋'、'运动式减碳'。"从各地公布的碳达峰实施方案来看，倡导先立后破、稳中求进、循序渐进，在绿色低碳转型过程中保障国家能源安全、产业链供应链安全、粮食安全和群众正常生产生活，是共同追求。

党的十八大以来，我们启动和稳定运行全球最大的碳市场，年覆盖二氧化碳排放量约 45 亿吨，碳排放强度累计下降超过 35%，扭转了二氧化碳排放快速增长的态势。在降碳的同时，我国非化石能源发电装机容量不断增加，占全部装机比重已突破 50%，历史性超过化石能源。新时代以来，我国以年均 3% 的能源消费增速支撑了年均 6.2% 的经济增长，成为全球能耗强度降低最快的国家之一。我们不仅做到了稳步减排降碳，而且把能源饭碗牢牢端在自己手里，推动能源革命不断跃升，可谓一举多得。

实现"双碳"目标是一场广泛而深刻的变革，不是轻轻松松就能实现的；绿色转型是一个过程，不是一蹴而就的事情。应该看到，富煤贫油少气是我国的国情，以煤为主的能源结构短期内难以根本改变，确保传统能源逐步退出要建立在新能源安全可靠的替代基础上。习近平总书记深刻指出："不能把手里吃饭的家伙先扔了，结果新的吃饭家伙还没拿到手，这不行。既要有一个绿色清洁的环境，也要保证我们的生产生活正常进行。"今年前三季度，全国统调电厂电煤库存保持近 2 亿吨历史高位水平，传统能源与清洁能源共同形成有力有效的能源供给。坚持先立后破，更好统筹发展和安全，才能处理好发展和减排、整体和局部、长远目标和短期目标的关系。

实际上，"立"和"破"并非矛盾，"立"为"破"提供了坚实基础、打开了更大空间。在海南文昌海域，我国首座深远海浮式风电平台"海油观澜号"实现成功并网，正式为海上油气田输送绿电，年均发电量将达 2200 万千瓦时，每年可节约燃料近 1000 万立方米天然气，能满足 3 万人一年的用电需求。在云南昆明，阳宗海绿色铝产业园 106 万平方米的厂区屋顶和空地建起了光伏发电站，集"源网荷储用"于一体的绿色智慧工厂每年可生产绿电约 6000 万千瓦时，节约标煤 1.9 万吨，减排二氧化碳超 5 万吨。加快规划建设新型能源体系，在安全可靠的基础上推进绿色低碳转型，才能切实保障国家能源安全，妥善防范和化解探索中可能出现的风险挑战，确保绿色低碳转型做到"蹄疾而步稳"。

"双碳"逐梦，向绿生长；转型升级，沿绿而行。把稳工作节奏，尽力而为、量力而行，科学调整优化政策举措，我们就能积极稳妥推进碳达峰碳中和，在实现"双碳"目标的进程中推动经济结构转型升级、形成绿色低碳产业竞争优势，为建成青山常在、绿水长流、空气常新的美丽中国筑牢能源安全屏障。

（2023 年 12 月 11 日）

以"含绿量"提升"含金量"

——积极稳妥推进碳达峰碳中和③

孟繁哲

只有转变经济发展方式，加快形成科技含量高、资源消耗低、环境污染少的产业结构，才能兼顾发展和减排，逐步实现"双碳"目标

浙江桐乡一家企业的5G智慧工厂长丝生产车间内，依靠大数据＋云计算系统，大屏上显示生产全过程的能耗情况：生产源头，采用原液着色技术生产免染纤维，仅印染工序每年就可减少污水排放600万吨；末端处理环节，借助超低压蒸汽回收及凝液回收技术，每年可减少95%的固体废物和65%的温室气体排放。包含绿色车间在内的绿色制造体系不断完善，折射出我国推动生产方式绿色低碳转型的显著成效。

习近平总书记强调："要优化调整产业结构，大力发展绿色低碳产业，使发展建立在高效利用资源、严格保护生态环境、有效控制温室气体排放的基础上。"从全国各地公布的碳达峰实施方案来看，能源绿色低碳转型、产业优化升级成为各地共同追求的发展目标。面向未来，只有强化"双碳"目标对产业发展的引领作用，着力构建绿色低碳的经济体系，

才能以发展的"含绿量"提升产业的"含金量"，为高质量发展注入不竭动力。

实现碳达峰、碳中和，不仅对产业结构调整提出紧迫要求，也为产业结构优化升级提供了战略机遇。只有转变经济发展方式，加快形成科技含量高、资源消耗低、环境污染少的产业结构，才能兼顾发展和减排，逐步实现"双碳"目标。在江苏徐州，徐工集团不断推进供应链绿色管理，通过把稳供应商准入关、将绿色指标纳入考核体系等方式，带动链上企业全生命周期开展绿色工艺及绿色精益制造；在安徽宿州，漂浮式光伏电站让"废水"变成全新的电站载体，实现了采煤沉陷区的"变废为宝"。这说明，加快推动发展方式绿色低碳转型，坚持把绿色低碳发展作为解决生态环境问题的治本之策，就能厚植高质量发展的绿色底色，大幅提高经济绿色化程度，持续增强发展的潜力和后劲。

需要认识到，传统产业事关老百姓衣食住行等民生刚需，事关产业链供应链的完整性，在绿色低碳转型中，同样要坚持推动传统产业转型升级，不能把其当成"低端产业"简单退出。贯彻新发展理念，实现绿色化发展，传统产业不仅不是包袱，还能创造新财富。比如，云南铝业公司，以前铝电解熔铸生产过程中的铝灰"埋不了、烧不净、没人要"，现在依靠新技术每年能在铝灰中回收氧化铝约 2 万吨，创造价值 2000 万元以上。这启示我们，推动工艺、技术、装备升级，实现绿色低碳转型并不断提高产业附加值，传统产业大有可为，从业者可以大有作为。

能源是推进碳达峰碳中和的主战场。要看到，我国能源资源禀赋总体状况是富煤贫油少气，长远来看，随着能源清洁低碳转型深入推进，我国将逐步摆脱化石能源依赖。建成以非化石能源为主体、安全可持续的能源供应体系，有利于实现能源领域深度脱碳和本质安全，真正把能源饭碗牢牢端在自己手上。发挥我国产业体系完备和超大规模市场优势，发展以光伏、风电等为代表的可再生能源，把能源产业从"资源属性"转变为"制造属性"，将有力助推能源产业转型升级、能源安全自主可控。

神州大地上，绿色生产方式加快形成，绿色产业发展势头良好，正成为经济发展的新增长点。新征程上，抢抓"双碳"目标带来的新发展机遇，推动产业结构、能源结构调整优化、转型升级，我们定能加快发展方式绿色低碳转型，不断开创高质量发展的新局面。

（2023 年 12 月 18 日）

加快构建"双碳"政策体系

——积极稳妥推进碳达峰碳中和④

邹　翔

进一步挖掘消费侧的降碳潜力，充分激发市场低碳转型内生动力，一项基础工作是加快制定产品碳足迹核算规则标准

扫描一个重组竹地板产品碳标签中的二维码，运输过程、生产加工过程、附加物输入、碳存储核算等各个环节碳排放当量一目了然，产品碳足迹清晰呈现。与二维码相关联的碳足迹评估报告里，不仅有公司与产品的简介，还包含产品的生命周期碳足迹评价方法、碳标签电子证书等内容。这就是浙江安吉县创新开发的竹产品碳标签，为实现产业降碳、企业减碳、产品固碳提供了一条新路径。

什么是碳足迹？产品碳足迹属于碳排放核算的一种，一般指产品从原材料加工、运输、生产到出厂销售等流程所产生的碳排放量总和，是衡量生产企业和产品绿色低碳水平的重要指标。近日，国家发展改革委等5部门联合印发《关于加快建立产品碳足迹管理体系的意见》，对各项重点任务作出系统部署，提出到2025年国家产品碳标识认证制度基本建立的目标。建立碳足迹管理体系，有利于推动产业升级、促进绿色消费、提升外

贸产品竞争力，是加快构建"双碳"政策体系的重要一环，将为实现碳达峰碳中和目标提供有力支撑。

近年来，我国"双碳"工作取得积极成效，碳达峰碳中和"1+N"政策体系构建完成并持续落实。进一步挖掘消费侧的降碳潜力，充分激发市场低碳转型内生动力，一项基础工作是加快制定产品碳足迹核算规则标准，在国家层面建立起统一规范的产品碳标识认证制度，对消费品的绿色低碳属性进行量化评估。加快建立产品碳足迹管理体系，既能够帮助消费者清晰直观地了解产品的碳排放数据，涵养绿色消费观念，也能够助力绿色金融、碳普惠等政策工具更好发挥作用。

实现碳达峰碳中和是一场广泛而深刻的经济社会系统性变革，不是轻轻松松就能实现的。习近平总书记强调，"我们要提高战略思维能力，把系统观念贯穿'双碳'工作全过程"。从进一步完善能耗"双控"制度，到健全"双碳"标准，构建统一规范的碳排放统计核算体系；从健全法律法规，完善财税、价格、投资、金融政策，到充分发挥市场机制作用，完善碳定价机制，加强碳排放权交易、用能权交易、电力交易衔接协调……坚持系统观念，加强政策系统集成和政策措施的衔接协调，打好政策"组合拳"，做到前后呼应、衔接配套，协同发力、形成合力，才能确保"双碳"工作扎实有效推进。

当然，统筹兼顾不能"眉毛胡子一把抓"，而要注重抓主要矛盾和矛盾的主要方面，抓重要领域和关键环节，以重点突破带动整体推进，在整体推进中实现重点突破。例如，针对能源活动碳排放占整体碳排放比例超过80%的实际，我国开展煤电节能降碳改造、灵活性改造、供热改造"三改联动"，建成全球规模最大的清洁发电体系。再如，强化科技创新这一推进"双碳"工作的关键支撑，形成覆盖节能、节水、环保、可再生能源等领域的绿色技术装备制造体系。既从顶层设计层面构筑政策体系的四梁八柱，又抓住重点实现一子落而全盘活，才能以重要领域和关键环节突破带动全局工作，推动经济社会发展全面绿色转型。

"好空气也可以卖钱！"收到村集体首次碳票交易分红的福建三明将乐县高唐镇常口村原党支部书记张林顺高兴地说。截至目前，三明已制发林票 6.3 亿元，惠及林农 7.8 万人，通过碳票带动碳汇交易近 3000 万元，极大提升了当地林农保护森林资源和生态的积极性。一分部署，九分落实。确保"双碳"政策体系落实落地，使之转化为更多人实实在在的获得感、幸福感、安全感，就能为实现"双碳"目标凝聚起更大合力。

（2023 年 12 月 20 日）

发挥"试点建设"先行先试作用

——积极稳妥推进碳达峰碳中和⑤

崔　妍

　　菌草具有强大的固碳储碳能力。近年来,一场关于菌草的"闽苏"合作在江苏盐城展开。探索一体化资源循环利用模式、建立超 150 亩实验基地,从福建来的菌草经过改良"染绿"了盐城滩涂,成为复制推广成功经验、推动实现"双碳"目标的生动缩影。

　　前不久,国家发展改革委发布《国家碳达峰试点建设方案》,选择 100 个具有典型代表性的城市和园区开展碳达峰试点建设,聚焦破解绿色低碳发展面临的瓶颈制约。各地资源禀赋、发展阶段各不相同,开展碳达峰试点建设能够激发地方主动性和创造性,通过推进试点任务、实施重点工程、创新政策机制,加快发展方式绿色转型,探索不同城市和园区碳达峰路径,为全国提供可操作、可复制、可推广的经验做法,助力实现碳达峰碳中和目标。

　　试点建设犹如实现"双碳"目标的轻骑兵,可以先行先试、率先探索,为同一类型城市或地区提供解决问题的思路。在试点选择上,既包括江苏、山东、广东等经济和能耗大省,也包括山西、内蒙古、陕西等传统能源和新能源富集地区。试点方案充分考虑不同地区的区位特点、功能定位、资源禀赋和发展基础，因地制宜确定试点建设目标和任务，有助于探索多元化绿色低碳转型路径。对各个碳达峰试点来说，不能简单以达峰时间早晚或峰值高低来衡量工作成效，而应该聚焦碳达峰碳中和重点领域和关键环节，将探索有效做法、典型经验、政策机制以及实现路径作为重点。

试点建设的目标是由点及面，发挥对全国碳达峰碳中和工作的示范引领作用。因此，试点建设立足在局部，但应着眼于全局，致力于提炼实现"双碳"目标的共性规律。实际上，这次入选试点的地区已有不少积极探索。在内蒙古，以绿为底做增汇"加法"，努力打造全国生态碳汇供给基地；在安徽，绿色发展理念融入工厂车间，推动绿色制造"枝繁叶茂"；在广东，4000公里长的大陆海岸线上"风光"正好，海上风电成为亮丽风景。在此基础上，各个试点城市和园区不仅要在"双碳"路上先行一步，更要在强化科技创新、完善政策机制、开展全民行动等方面深化改革，形成一批可操作、可复制、可推广的创新举措和改革经验。

作为最大的发展中国家，中国将完成全球最高碳排放强度降幅，用最短时间实现从碳达峰到碳中和，难度可想而知。在这个过程中，更好发挥"试点建设"先行先试作用，能够以较小成本探索最优路径。"试点"是小范围的基层探索，风险可控、创新空间大，能够激发人民群众的首创精神，探索出丰富有效的差异化路径；"推广"则是在基层探索基础上的顶层设计，能够依靠强大的国家动力，把基层的成功经验迅速推开。顶层设计和基层探索良性互动、有机结合，使"双碳"工作呈现出先试验、后总结、再推广不断积累的动态过程，不断降低风险、提升效率。

有两幅柱状图让人印象深刻。一幅图是煤炭，2012年，68.5%；2017年，60.6%；2022年，56.2%——煤炭在一次能源消费中的占比，逐年稳定下降。另一幅图是新能源汽车，2014年，22万辆；2017年，153.4万辆；2022年，1310万辆——全国新能源汽车保有量，逐年大幅增长。从这一降一升之间，可以感受到全球第二大经济体实现绿色发展的强劲脉动。以"试点建设"为牵引，带动全国各地创新探索，"双碳"目标勾勒的美好图景将渐行渐近。

（2023年12月22日）

城市"升级"的启示

盛玉雷

在有限的空间和资源中创造更多附加值，以优越的制度环境和文化土壤为发展插上羽翼，凭精细的治理能力提高居民归属感和幸福感，成为城市竞争力的关键所在

住房城乡建设部不久前发布的《2022 年城市建设统计年鉴》显示，广东东莞的城区总人口突破 1000 万人，成为粤港澳大湾区继广州、深圳后第三座达到超大城市规模的城市。既不是省会城市，也不是经济特区，东莞缘何能跻身超大城市行列？从长周期解剖一座城市的发展脉络，能为城市高质量发展找到共性规律。

城市的"扩容"，往往是产业集聚而后吸引人口涌入的结果。东莞的发展历程，一定程度上浓缩了我国改革开放的历史经纬。1978 年，全国第一家"三来一补"企业在东莞落地。自此，东莞充分利用区位、土地、人力、政策等比较优势，改革开放春风劲吹，制鞋、纺织、服装、玩具等产业迅速崛起，新产生的就业机会吸引大量农村劳动力涌入。传统农业县逐渐蜕变为"世界工厂"，甚至有了"东莞一塞车、全球就缺货"的说法。可以说，产业兴盛是城市发展的基石，是吸引人口聚集的"磁石"。

城市的"升级"，必须以城市治理体系和治理能力现代化为支撑。在

城市人口快速增长中，东莞也遭遇了"成长的烦恼"，面临低端产业转型、生态环境保护、"大城市病"治理等一系列难题。弃老路，走新路，就得换思路。城市建设发展不能"脚踩西瓜皮，滑到哪儿算哪儿"，更不能捡到篮里都是菜，优化产业布局是突破口。东莞以创新激发城市发展新动能，顶住了外部冲击、走出了发展新路，推动电子信息、高端装备制造等行业达到千亿级规模。打造"科技创新＋先进制造"的城市特色，引导民营企业"增强信心、轻装上阵、大胆发展"，吸引了更多海内外人才向这片热土涌来。产业高端化、产值高附加，带来城市人口年轻化、人才高端化，推动了城市的可持续发展。这表明，走高质量发展之路，一座城市才能增强韧性，永葆发展活力。

习近平总书记强调："城市的核心是人，城市工作做得好不好，老百姓满意不满意、生活方便不方便，是重要评判标准。"人口持续增加，折射出人们对城市的归属感。放宽户籍限制，扩大惠民政策覆盖面，加快基本公共服务均等化，是近些年东莞持续推进的民生工程，也是深受市民欢迎的民心工程。无论职业、年龄，来到这座城市拼搏奋斗的人，都能享受教育、医疗、养老等城市公共资源。"我来东莞十七年，其中来图书馆看书有十二年……"一名外来务工者在东莞图书馆留言，感慨知识惠东莞、知识惠农民工，这令人真切感受到城市的温度。城市不仅是聚集人的空间，更是服务人的平台。为人才施展才华提供广阔舞台，为人们追求梦想免除后顾之忧，才能持续提升城市的吸引力。

东莞的发展历程，折射出产、城、人之间的深刻关联。在城镇化的"上半场"，有产业、有就业，就能比较容易地吸引大批人口涌入。如今，城市发展进入新阶段，拼的是更多生产资源要素的集聚、更多公共基础设施的配备、更多创新创业人才的扎根。在有限的空间和资源中创造更多附加值，以优越的制度环境和文化土壤为发展插上羽翼，凭精细的治理能力提高居民归属感和幸福感，成为城市竞争力的关键所在。只有立足资源禀赋、提升治理水平、涵养良好环境，才能更好建设和谐宜居、富有活力、独具特色的现代化城市。

在东莞，曾经有一个"辣椒指数"，指的是卖菜的阿姨能根据辣椒卖得好不好，更早感知经济冷暖。如今，正发挥同样功能的"咖啡奶茶指数"，反映出年轻创业者、科研工作者等为城市注入的新动能。城市的日新月异，离不开人的蓬勃向上。以"尽精微"提升治理效能，以"变则通"激活创新动能，定能不断实现个人奋斗与城市发展的同频共振。

（2023 年 12 月 05 日）

善用法治利剑严惩网络暴力

周人杰

以钉钉子精神抓好各类法律法规、政策文件的实施，方能进一步提升网络治理成效

科学认识网络治理规律，积极探索、及时总结实践中的好经验、好办法，不断优化、完善法律法规

当网络暴力从"女子取快递被造谣出轨""在评论区侮辱英烈"等人们熟知的典型案例，逐步转向"网课爆破""深度合成"等新形态、新技术，监管利剑如何跟上？

法治社会绝不允许网络暴力。在网络犯罪呈现出新形式、新特点的背景下，用法治力量严惩网络暴力、维护公民权益和网络秩序，对营造和谐、理性、有序的网络环境至关重要。不久前，最高人民法院、最高人民检察院、公安部联合发布了《关于依法惩治网络暴力违法犯罪的指导意见》，对网络暴力违法犯罪案件的法律适用和政策把握等作了全面、系统的规定。

习近平总书记强调："网络空间是亿万民众共同的精神家园。网络空间天朗气清、生态良好，符合人民利益。"近年来，为了震慑不法分子、保障网民权益、整治顽瘴痼疾、引导社会风气，从刑法、民法典以及治安管

理处罚法等作出规定，到相关部门陆续出台文件、发布典型案例、开展专项行动等，法律篱笆不断扎紧，法治利剑日渐擦亮。自今年4月开始的为期100天的网络谣言打击整治专项行动期间，全国公安机关共侦办案件2300余起，依法关停违法违规账号2.1万余个，清理网络谣言信息70.5万余条。持续的行动、务实的举措，展现出政府部门依法严惩网络暴力的决心，坚定了全社会打击网络暴力的信心。

也应看到，治理网络暴力是一项复杂工作。与传统违法犯罪不同，网络暴力往往针对素不相识的陌生人，受害人在确认侵害人、收集证据等方面存在现实困难，维权成本极高。充分认识网络暴力的社会危害，人民法院、人民检察院、公安机关坚持严惩立场，依法能动履职，为受害人提供有效法律救济，维护公民合法权益，维护公众安全感，维护网络秩序。不弃微末、久久为功，以钉钉子精神抓好各类法律法规、政策文件的实施，方能进一步提升网络治理成效，让网络空间更加风清气正。

"精准"和"有效"是衡量法治利剑的关键尺度。今年9月公布的一批依法惩治网络暴力违法犯罪典型案例中，造谣祖孙合照为"老夫少妻"的吴某某获刑1年。观察该判决，法院认定了受害者的截屏证据并结合其他事实以诽谤罪定罪量刑，体现了"精准"；法院综合考量了情节的严重性、危害社会秩序的程度，给予了网暴者应有的惩罚，彰显了"有效"。坚持问题导向，借鉴典型案例、做到宽严相济，努力从具体罪名适用、从重处罚情形、证据与公诉标准等方面着手，法治利剑就能精准、有效发力。

严惩网络暴力，也迫切需要及时完善相关法律制度。人工智能、大数据、云计算等新技术新应用快速发展，催生一系列新业态新模式，但相关法律制度还存在时间差、空白区。在发展中规范、在规范中发展，提高依法治网的前瞻性、预见性，就必须科学认识网络治理规律，积极探索、及时总结实践中的好经验、好办法，不断优化、完善法律法规。

前段时间，湖北武汉黄陂区人民检察院干警走进校园，为400余名师生讲授了一堂别开生面的法治课，图文并茂讲解了遭遇网络暴力侵害后的固定取证方法、应对措施等。清除网络暴力，需要凝聚各方合力。推动全社会增强法治意识，善用法治利剑压实责任、筑牢堤坝、细化监管，我们一定能让向上向善、诚信互助的网络风尚更加浓厚，让网络空间天朗气清、生态良好。

（2023 年 12 月 01 日）

点燃消费"主引擎",促进经济固本培元

周人杰

消费活力旺盛,市场销售增长,折射出消费信心的持续恢复,印证了消费潜力的不断释放,孕育着国民经济固本培元、恢复向好的新动能

进一步促消费,既需要从需求侧发力,聚焦个性化、品质化和多样性的消费新需求、新动向,也需要从供给侧创新,不断以新产品、新服务回应市场的期待、大众的呼唤

不久前,吉林长春九台区庙香山温泉滑雪度假区迎来新雪季首滑。该景区新购置了雪服、头盔,新增了单板公园、越野雪道等设施,吸引众多滑雪爱好者前往打卡游玩。随着北方入冬,多地冬季旅游热度攀升,冬季运动相关消费品销售持续走高,生动反映出我国消费回暖继续跑出"加速度"。

统计数据显示,今年 10 月份,全国社会消费品零售总额同比增长 7.6%,比上月提高 2.1 个百分点,消费需求回升势头比较显著。延续今年中秋国庆假期文旅出行等的火热态势,入冬以来"温泉"和"滑雪"关键词搜索热度明显上升,预订热潮也比去年提前了一周左右。前往海南三亚、广西北海等南方城市的避寒游客中,有近七成启程时间早于往年。消费活

力旺盛，市场销售增长，折射出消费信心的持续恢复，印证了消费潜力的不断释放，孕育着国民经济固本培元、恢复向好的新动能。让扩内需、促消费政策继续发力，消费的"主引擎"作用必将进一步彰显。

线下消费有序恢复，已成为经济增长的主拉动力。上半年，全国 61 个国家体育旅游示范基地平均接待游客达 50 万人次，游客规模几乎达到 2022 年全年水平。今年 1—10 月份，服务零售额同比增长 19.0%。正是由于服务消费的加快复苏，三季度最终消费支出拉动经济增长 4.6 个百分点，对经济增长贡献率达 94.8%，比二季度提高 10.3 个百分点。透过纷繁现象看本质、观大势，在服务消费、升级类消费等加快增长的有效带动下，我们巩固国民经济恢复向好的态势有坚实基础，完成全年发展目标任务有充足信心。

进一步促消费，既需要从需求侧发力，聚焦个性化、品质化和多样性的消费新需求、新动向，也需要从供给侧创新，不断以新产品、新服务回应市场的期待、大众的呼唤。在江苏南京，玄武区打造的城市漫步街区，融合社交、游览、餐饮消费等多种元素，24 小时"不打烊"，让游客领略古今交融的秦淮风情；在四川成都，"体育 +"产业蓬勃发展，"体育潮流运动""体育风尚集市"等活动受到欢迎，运动、绿道、音乐、餐饮等多种消费新场景日益丰富；在新疆和田，约特干故城景区夜间演出，让众多游客跟着演艺的节奏在景区内展开沉浸式夜游，感受当地特色文化。深化供给侧结构性改革，不断提供有效供给，有助于培育消费新增长点，释放超大规模市场的更多潜能。

进一步促消费，离不开"有形之手"的积极作为。《国内旅游提升计划（2023—2025 年）》推出丰富优质旅游供给、改善旅游消费体验、加强市场综合监管等一系列有力举措；《促进户外运动设施建设与服务提升行动方案（2023—2025 年）》提出到 2025 年推动户外运动产业总规模达到 3 万亿元的行动目标。发展规划作向导，政策激励作支撑，有助于从供需两侧增强消费活力与动能。群众多层次多样化消费新需求越旺盛，越要强化各类政策协调配合，完善促进消费的体制机制，以强化监管保障消费者敢消费，以优化环境让消费者愿消费。

习近平总书记强调："要积极释放消费需求，拓展消费新模式，把消费潜力充分释放出来。"下一步，把恢复和扩大消费摆在优先位置，落实落细稳经济一揽子政策举措和接续政策，消费的"主引擎"作用将更加彰显。从长远来看，我们还需要建立和完善扩大居民消费的长效机制，促进全国商品和服务市场高水平统一、高标准建设。多措并举、久久为功，就能促进消费不断繁荣向好，为经济社会高质量发展持续注入强劲动力。

（2023 年 11 月 29 日）

老字号当有新作为

尹双红

消费市场瞬息万变，但也有一条不变的准绳：消费者满意是关键。守正创新，是一些老字号能够历经沧桑而生生不息的"传家法宝"，也是构筑品牌新优势、实现长远发展的"不二法门"

近日，商务部等5部门对中华老字号进行了复核，将长期经营不善甚至已经破产、注销、倒闭，或者丧失老字号注册商标所有权、使用权的55个品牌，移出中华老字号名录。消息一出，在网络上引发了广泛关注。

有人说，老字号的优势在于"老"，劣势一定程度上也源于"老"。"老"，一方面意味着，经过多年积淀，老字号打磨了工艺、塑造了品牌、积累了声誉；另一方面也意味着，相较于年轻品牌，其在年轻群体中接受程度不够高，在解决观念陈旧、机制落后、顾客流失等问题上更为迫切。随着市场发展，产品供给越来越丰富，消费者的需求日趋多样化、个性化。当长板不再突出、短板日渐显现，一些老字号的发展便步入了十字路口。

优胜劣汰是市场竞争的规律。此次复核，对不同经营、发展状况的品牌分别作出移出名录、限期整改、保留中华老字号称号等决定。这一顺应市场规律的举措，有利于保持中华老字号"金字招牌"的成色。同时，"有进有出"的动态管理机制也是对企业的一种警示：被认定为中华老字号并不意味着可以高枕无忧。面对市场的变化和新兴品牌的冲击，踟蹰不前或是躺在功劳簿上"吃老本"，注定会在激烈的竞争中败下阵来，甚至会被市场淘汰。如何跟上市场发展节奏，交出令消费者满意的答卷，是每个老字号企业在发展道路上必须面对的课题。

消费市场瞬息万变，但也有一条不变的准绳：消费者满意是关键。聚焦想要吃得更健康的需求，研发低糖低脂的新口味；针对需求愈发个性化，推出跨界联名的定制包装；着眼消费习惯和渠道发生的变化，积极"触网"直播带货……近年来，不少老字号发力新零售，在生产、销售等各个环节进行创新，推动品牌年轻化，成功探索出转型之路。据统计，今年前三季度，中华老字号企业营业收入已超过 2022 年全年水平，发展势头良好。从江苏无锡惠山泥人厂结合当地特色美食设计系列主题盲盒、月销量最高时达上万盒，到北京吴裕泰推进"老字号 + 文化 + 体验"的发展模式、市场份额不断扩大，再到浙江绍兴咸亨酒店开发主题宴与文化活动、受到年轻消费者喜爱，市场的正向反馈有力证明，瞄准消费者的新需求，守正创新发展，就能把老字号的招牌越擦越亮。

作为我国工商业发展历史中孕育的"金字招牌"，老字号既有很高的经济价值，也有丰富的文化价值。商务部、文化和旅游部、国家文物局联合印发的《关于加强老字号与历史文化资源联动促进品牌消费的通知》提出，"充分发挥老字号在促进消费持续恢复、弘扬中华优秀传统文化等方面的积极作用"。抓住消费新潮流兴起的机遇，充分挖掘、活化利用文化资源，用以赋能产品质量和服务，老字号品牌才能培育更多消费新热点，在更好满足人民日益增长的美好生活需要的同时，厚植竞争优势，赢得发展未来。

变则通，通则久。守正创新，是一些老字号能够历经沧桑而生生不息的"传家法宝"，也是构筑品牌新优势、实现长远发展的"不二法门"。坚守匠心工艺、提升质量水平，准确识变、科学应变、主动求变，立足优势锻长板、与时俱进补短板，把保护传承与创新发展有机结合起来，老字号企业就能在新时代焕发新生机、散发新魅力。

（2023 年 11 月 24 日）

以解决问题的暖心，筑牢民企发展的信心

李　拯

　　打通政策传导的"最后一公里"，让民营企业真切感受到国家想让政策准确、快速落到企业身上的决心，做到以暖心筑牢信心

　　继续营造有利于各类企业公平竞争、竞相发展的市场化、法治化、国际化一流营商环境，真正为民营企业发展排忧解难

　　微观创新活力，在生产线上展现得淋漓尽致。江苏常州微亿智造科技有限公司提供的检测设备，运用大数据和人工智能，每小时可以检测 9000 个产品；流水线上只见一片亮光闪烁，60 套视觉探头能够精准捕捉零部件的细小瑕疵。数字化赋能让效率提升约 30 倍。当地适度超前谋划推进工业互联网建设，使制造业数字化转型获得坚实支撑，也为民营经济创新发展注入新动能。

　　近日，国家市场监督管理总局发布的数据显示，前三季度，新设民营企业、个体工商户数量双双实现两位数增长，全国新设民营企业 706.5 万户，同比增长 15.3%。截至今年 9 月底，全国登记在册民营企业数量超过 5200 万户，民营企业在企业总量中的占比达到 92.3%。同时，新设外商投资企业稳步回升，中国市场的机遇依然吸引着全球投资者。经营主体数量

增加、活力奔涌，展现出中国经济强大的韧性与活力。

深入观察，前三季度新设民营企业结构更加优化，体现着我国经济高质量发展的大势。东、中、西、东北四大板块民营企业均保持稳中向好的发展态势，中部和西部地区新设民营企业同比增长更快，体现着区域发展更加均衡；第一、二、三产业新设民营企业分别为 28.4 万户、111.6 万户、566.5 万户，第三产业占比超过八成，印证着产业结构的优化升级；新设"四新"经济民营企业 300.4 万户，占同期新设企业总量的四成，展现着新经济新业态的强劲态势。数量更多、质量更高、成色更足，更加贴近民生、占据科技前沿，新设民营企业展现出蓬勃生机与旺盛活力，提升了经济恢复向好态势的内生动力。

新设民营企业量质齐升，离不开更加肥沃的民营经济发展土壤。今年以来，从出台《中共中央国务院关于促进民营经济发展壮大的意见》，到国家发展改革委内部设立民营经济发展局，再到支持民营经济发展壮大的系列措施，顶层设计、机构设置、具体政策等多管齐下，形成了共促民营企业高质量发展的合力。也要看到，当前国内需求仍显不足，经济回升向好基础仍需巩固，民营企业面临的不少发展难题仍待破解。习近平总书记指出："在民营企业遇到困难的时候给予支持，在民营企业遇到困惑的时候给予指导。"政策千万条，落地第一条。要以更加务实的举措将党中央决策部署落到实处，真正为民营企业解决实际问题，打通政策传导的"最后一公里"，让民营企业真切感受到国家想让政策准确、快速落到企业身上的决心，做到以暖心筑牢信心。

为民营企业解决实际问题，需要各地区各部门直击企业痛点，创新方式方法。有这样一个案例值得参考。浙江嘉兴桐乡经济开发区，近百家新能源汽车相关企业集聚。从事汽车装备生产的双环传动精密制造有限公司，经常跑到数百公里之外甚至更远的地方去订购包装箱。殊不知，隔着两条街的浙江正基塑业股份有限公司，就生产这种产品。当地有关部门深调研、摸实情，及时牵线搭桥，双方一拍即合，降本增效立竿见影。当地还举一反三，搭建起产业链互助平台，信息实时播发，上下游企业自主"配对"，提升产业链整体效率。企业的实际困难各不相同，需要有针对性的解决方案。有关部门不妨以点带面，从个性问题中找共性难题，由典型案例推导普遍方法，就可以把具体经验机制化、体系化，为解决民营经济的一类问题提供整体思路和长效机制，从而进一步培厚民营企业高质量发展的土壤。

民营经济是推进中国式现代化的生力军，是高质量发展的重要基础。继续营造有利于各类企业公平竞争、竞相发展的市场化、法治化、国际化一流营商环境，真正为民营企业发展排忧解难，就能促进企业预期转好、市场活力提升，为经济长期健康发展奠定坚实的微观基础。

（2023 年 11 月 23 日）

深化媒体融合　唱响时代强音

尹双红

牢牢把握数字化、智能化发展方向，写好创新这篇大文章

"这个我记得""这个视频很感人""这个 H5 我看过，互动做得真好"……2023 媒体融合发展论坛会场里，《生死金银潭》《今天，发条微信一起点亮武汉》等融媒体作品名单在屏幕上滚动播放，唤起与会嘉宾的记忆。嘉宾的共鸣，折射出优秀融媒体作品的强大传播力、影响力，见证着媒体融合发展的铿锵步伐。

今年是习近平总书记作出"加快传统媒体和新兴媒体融合发展"重要指示 10 周年。10 年来，主流媒体深入学习贯彻习近平总书记关于媒体融合发展的重要论述，主力军全面挺进主战场，全媒体传播体系不断完善，党的声音传播得更深更广，媒体融合发展取得重大进展和显著成效。本届论坛将主题定为"新征程新使命　新格局新作为"，既总结回顾媒体融合发展 10 年来取得的成绩和经验，又聚焦智慧融媒和国际传播等领域，为推动媒体融合发展再上新台阶提供了交流平台，促进主流媒体更好担当文化建设新使命。

旗帜鲜明坚持正确的政治方向、舆论导向、价值取向是党的新闻舆论工作的生命线，也是推进媒体融合发展的价值底色。正如与会嘉宾所言，要深入学习贯彻习近平文化思想，坚持政治家办报和党性原则，确保全媒体传播沿着正确导向发展，让正能量更强劲，主旋律更高昂。通过媒体融合发展扩大主流价值影响力版图，让党的声音传得更开、传得更广、传得更深入，才能更好发挥主流媒体的作用，形成网上网下同心圆，使全体人民在理想信念、价值理念、道德观念上紧紧团结在一起。

随着信息化迅猛发展，信息无处不在、无所不及、无人不用，舆论生态、媒体格局、传播方式发生深刻变化。但万变不离其宗，内容生产始终是媒体的立身之本。媒体融合发展必须坚持内容为王，充分发挥采编队伍专业、信息渠道权威、采编流程规范等内容生产优势，紧紧围绕党的基本理论、基本路线、基本方略和党中央重大决策部署，精心开展宣传报道。通过理念、内容、形式、方法、手段等创新，使正面宣传质量和水平有一个明显提高，用更深度、权威、专业、多元的内容来坚定信心、凝聚共识、汇聚众力，才能掌握舆论场主动权和主导权，让大流量澎湃正能量。

从纸上到屏幕，人们获取信息的方式发生了变化，媒体的产品形态也更趋多元多样，新技术的不断涌现为媒体融合发展带来了更多可能性。在此次论坛"智融未来"·AI成果展示会"AI之夜"现场，京剧演员与虚拟数字人"跨屏合作"，一段《新定军山》引来叫好声不断。这从一个侧面说明，推进媒体深度融合发展，需要善用新兴科技，保持对新一代数字技术的敏感性，牢牢把握数字化、智能化发展方向，写好创新这篇大文章。既将新一代数字技术运用在新闻采集、生产、分发、接收、反馈中，不断推出新产品、新模式，又实现信息内容、技术应用、平台终端、管理手段共融互通，才能实现媒体融合发展效果的最大化和最优化。

习近平总书记在党的二十大报告中强调："加强全媒体传播体系建设，塑造主流舆论新格局。"加快推动媒体融合发展，主流媒体更要充分发挥媒体融合优势，始终保持强大传播力、引导力、影响力、公信力。惟其如此，方能做大做强主流舆论，不断巩固全党全国各族人民团结奋斗的共同思想基础，不断提升国家文化软实力和中华文化影响力。

（2023 年 11 月 14 日）

坚持党中央对金融工作的集中统一领导

——坚定不移走中国特色金融发展之路①

李　斌

坚持党中央对金融工作的集中统一领导，既是中国金融发展的特色，也是中国金融发展的优势

梳理新时代以来我国金融事业发展成绩单，历史性成就令人瞩目。建成全球最大的银行体系，中国债券纳入全球三大债券指数，普惠金融走在世界前列，中国本外币绿色信贷余额规模居全球前列……我国金融事业高质量发展的铿锵步履，是"经济兴，金融兴；经济强，金融强"的有力印证，更是党中央领导下中国特色金融发展之路不断开拓的生动写照。

不久前召开的中央金融工作会议围绕奋力开拓中国特色金融发展之路强调了"八个坚持"。在"八个坚持"中，"坚持党中央对金融工作的集中统一领导"放在了首位。坚持党中央对金融工作的集中统一领导，把党领导经济工作的制度优势转化为治理效能，既是我国金融事业发展的成功经验，也是新时代做好金融工作的根本保证。

金融工作具有很强的政治性。回顾百余年风雨历程，我们党一直牢牢把握金融事业发展和前进的方向，指引我国金融事业从无到有、由弱变强。

创办"扁担银行""马背银行"，有效打破敌对势力对根据地的经济封锁；建立独立、自主、统一的人民币本位制度，结束货币制度混乱的历史；金融体制逐步向市场化、法治化、国际化转型，现代金融体系建设为高质量发展提供有力支撑……我国金融事业的奋进历程，印证了坚持党中央对金融工作的集中统一领导的历史必然性。

坚持党中央对金融工作的集中统一领导，既是中国金融发展的特色，也是中国金融发展的优势。上世纪八九十年代我国出现过几轮严重通货膨胀，针对这一实际问题，党中央要求中国人民银行坚决维护币值稳定，明确财政赤字不得向央行透支，这带来了近30年来我国货币金融环境的长期基本稳定。党的十八大以来，在以习近平同志为核心的党中央坚强领导下，金融系统加大力度服务实体经济、防控金融风险、深化金融改革，经受住一系列严重风险冲击，成功避免若干全面性危机，有力支撑经济社会发展大局，为如期全面建成小康社会、实现第一个百年奋斗目标作出了重要贡献。实践证明，党中央的集中统一领导是做好金融工作的最大政治优势，习近平新时代中国特色社会主义思想为加快建设金融强国提供了强大思想武器和科学行动指南。

维护党中央权威和集中统一领导，不是抽象的，而是具体的，要在各方面各环节落实和体现，从制度安排上发挥党的领导这个最大的体制优势。中央金融工作会议就完善党领导金融工作的体制机制进行了系统部署，提出要"发挥好中央金融委员会的作用，做好统筹协调把关""发挥好中央金融工作委员会的作用，切实加强金融系统党的建设""发挥好地方党委金融委员会和金融工委的作用，落实属地责任"等。对此，各地区各部门特别是金融系统要进一步把思想和行动统一到习近平总书记重要讲话精神和党中央决策部署上来，抓好会议精神宣传贯彻，确保工作部署落地落实。

金融是国家核心竞争力的重要组成部分，在推进中国式现代化新征程上，金融监管改革任务艰巨，必须继续坚持和加强党的全面领导。回应人民期盼，破解时代难题，金融系统要切实提高政治站位，胸怀"国之大者"，强化使命担当，以金融高质量发展助力强国建设、民族复兴伟业。

习近平总书记强调："做好新形势下金融工作，要坚持党中央对金融工作集中统一领导，确保金融改革发展正确方向，确保国家金融安全。"面向未来，在以习近平同志为核心的党中央坚强领导下，把握新时代金融发展规律，坚定不移走中国特色金融发展之路，推进金融高质量发展，必能为以中国式现代化全面推进强国建设、民族复兴伟业提供有力支撑。

（2023 年 11 月 10 日）

坚持以人民为中心的价值取向

——坚定不移走中国特色金融发展之路②

周珊珊

做好金融工作，必须深刻把握金融工作的人民性

以更高的覆盖率、更强的可得性，下沉到更多的消费群体和更丰富的消费场景中，金融服务就能在不断增进民生福祉中，实现经济价值和社会价值有机统一

浙江省台州市仙居县杨三山村，千亩高山梯田是优质稻米生产基地。村党总支书记周方平至今还记得，今年春耕前"送上门来"的贷款。不用跑银行，白天忙完农活就迎来了仙居农商银行的客户经理"夜访"。不久后，180万元"强村共富贷"到账。金融服务进村、入户、到田，生动展现普惠金融的中国温度，折射金融为民的中国理念。

金融工作的人民性是党的宗旨决定的。人民性是马克思主义的本质属性，全心全意为人民服务是我们党的根本宗旨，这也决定了我国金融事业必然要贯彻以人民为中心的发展思想。不久前召开的中央金融工作会议高度概括坚定不移走中国特色金融发展之路的"八个坚持"，"坚持以人民为中心的价值取向"是其中重要一条。我们党干革命、搞建设、抓改革，都是

为了让人民过上幸福生活。做好金融工作，必须深刻把握金融工作的人民性。

实现人民对美好生活的向往，始终是我们做好经济工作、推动金融高质量发展的出发点和落脚点。党的十八大以来，从依靠科技赋能、改善金融服务效率，到优化信贷结构、增强金融服务的普惠性，从完善监管规则、保护消费者权益，到加强风险源头管控、维护市场稳定……金融系统坚持正确价值取向，既有力支撑经济社会发展大局，也更好守护着老百姓手里的钱袋子。实践证明，把以人民为中心的价值取向贯穿到做好金融工作的全过程和各方面，才能不断满足经济社会发展和人民群众日益增长的金融需求。

坚持以人民为中心的价值取向，金融高质量发展才能打开新空间、开创新局面。金融事业起于为人民服务，兴于为人民服务。扶贫小额信贷助力千家万户圆梦小康，"银税互动"助力小微企业破解融资难，棚户区改造贷款帮助许多人圆上安居梦……持续丰富产品、优化服务，让金融服务触达更多"长尾客户"，收获新的增长点。正是在为人民服务中，我国建成了全球最大银行体系，第二大保险、股票和债券市场，普惠金融走在世界前列。以更高的覆盖率、更强的可得性，下沉到更多的消费群体和更丰富的消费场景中，金融服务就能在不断增进民生福祉中，实现经济价值和社会价值有机统一。

更好满足人民群众的金融需求，必须持续深化金融供给侧结构性改革，着力解决人民最关心最直接最现实的利益问题。从第三支柱养老保险改革试点取得重大进展，到股票发行注册制改革全面落地，再到稳妥降低存量首套房贷利率等金融"组合拳"促进房地产市场平稳健康发展……一系列举措充分体现了发展为了人民、发展依靠人民、发展成果由人民共享的价值取向，也为建设金融强国奠定了坚实基础。

金融为民、金融利民、金融惠民、金融便民，这不只是一句口号，更是具体的实践。把人民对美好生活的向往作为工作目标和前进动力，积极运用金融手段和力量用心用情用力解决好群众"急难愁盼"问题，一件接着一件办，锲而不舍向前走，我国金融业必将在高质量发展中使广大人民群众享有更加充实、更有保障、更可持续的获得感、幸福感、安全感。

（2023 年 11 月 13 日）

坚持把金融服务实体经济作为根本宗旨

——坚定不移走中国特色金融发展之路③

李洪兴

"新的保鲜膜生产线开起来了！"实现了扩产计划，湖北一家小微企业的负责人颇为感慨。企业去年曾因融资难打起了"退堂鼓"，关键时刻，湖北银行及时送上"订单贷"服务，破解了企业"拿不出抵押物"的困境。企业凭出货单获得授信、扩大产能，经营加快回暖，银行也收获了优质客户。一贷一还，生动诠释金融和实体经济的共生共荣关系。

金融是实体经济的血脉，为实体经济服务是金融的天职，是金融的宗旨。今年1月至9月，新发放企业贷款加权平均利率为3.91%，比去年同期下降0.32个百分点，其中9月新发放企业贷款加权平均利率为3.82%，处于历史较低水平。截至9月末，绿色贷款余额、制造业中长期贷款余额、"专精特新"中小企业贷款会额分别同比增长36.8%、38.2%、18.6%，均远高于各项贷款增速。总量上流动性合理充裕，融资成本不断降低，结构上金融资源向重点领域和薄弱环节持续倾斜，这充分表明金融与实体经济良性循环逐步形成、金融服务能力日益提高。

实体经济是我国发展的本钱，是构筑未来发展战略优势的重要支撑。不久前召开的中央金融工作会议高度概括坚定不移走中国特色金融发展之路的"八个坚持",其中重要一条就是"坚持把金融服务实体经济作为根本宗旨"。这为进一步明确金融功能定位、推动金融健康发展提供了科学指引。坚持和落实这一根本宗旨,金融业必须把为实体经济服务作为出发点和落脚点,构建有效支持实体经济的体制机制,全面提升服务效率和水平,积极服务国家重大战略实施和培育新动能,降低社会综合融资成本,不断为实体经济注入"源头活水",为经济实现高质量发展、可持续增长营造更加良好的货币金融环境。

持续改善金融服务,化解资金进入实体经济的痛点、难点、堵点,才能有效推动实体经济融资成本下降,更好地促进金融资源向现实生产力转化。现代化产业体系是现代化国家的物质技术基础,必须把发展经济的着力点放在实体经济上。服务好实体经济,也是金融的使命。党的十八大以来,从不断畅通直接融资渠道,到持续加大对制造业、科技创新、小微企业等领域的支持力度,从完善金融支持创新体系,到推动社会融资成本明显下降,金融系统深化了对金融本质和规律的认识,锚定实体经济、紧扣实体经济、服务实体经济,为实体经济发展提供源源不断的优质金融服务,为推动高质量发展贡献了有力之举、有效之策。

我们这么一个大国要强大,要靠实体经济,不能泡沫化,不能走脱实向虚的路子。要清醒认识到,实体经济是金融的根基,脱离实体经济的支撑,金融就会成为无源之水、无本之木。近年来,金融监管部门针对资金空转、套利等开展了市场乱象专项治理,全面实施资管新规,坚决清理脱实向虚、乱加杠杆等活动,P2P网贷平台全部退出经营,互联网金融转入常态化监管,类信贷影子银行规模较历史峰值压降约30万亿元。针对当前"金融服务实体经济的质效不高"的问题,必须进一步发挥金融为实体经济"输血"的能效,更好支持扩大内需、提振信心。重点再聚焦,政策再加力,就能使金融血脉更畅通、实体经济筋骨更强健,为推进强国建设、民族复兴伟业奠定坚实的物质技术基础。

实体经济根深蒂固,金融才能枝繁叶茂;金融与实体经济循环畅通,实体经济才会蓬勃发展、充满生机活力。坚持以服务实体经济、服务人民生活为本，强化金融服务功能，找准金融服务重点，拓展金融服务深度和广度，必将为实体经济发展提供更高质量、更有效率的金融支持，更好推动经济社会高质量发展。

（2023 年 11 月 14 日）

坚持把防控风险作为金融工作的永恒主题

——坚定不移走中国特色金融发展之路④

何　娟

金融安全是经济平稳健康发展的重要基础。加强和完善现代金融监管，强化金融稳定保障体系，才能持续强化金融风险防控能力

坚持目标导向、问题导向，对风险早识别、早预警、早暴露、早处置，健全具有硬约束的金融风险早期纠正机制

守住风险底线，是一切金融工作的前提，也是金融服务实体经济的根本保障。今年前三季度，银行业共处置不良资产1.9万亿元，截至三季度末，商业银行不良贷款率同比下降0.05个百分点；延长房地产"金融16条"实施期限，指导金融机构用好3500亿元专项借款、2000亿元保交楼贷款支持计划，保持房地产融资平稳有序。当前我国金融业运行总体平稳，金融系统坚持猛药去疴治已病、抓早抓小治未病，防范化解风险各项工作有序推进。

金融是经营管理风险的行业，防范化解金融风险特别是防止发生系统性金融风险，是金融工作的根本性任务。不久前召开的中央金融工作会议

高度概括坚定不移走中国特色金融发展之路的"八个坚持","坚持把防控风险作为金融工作的永恒主题"是其中之一。党的十八大以来,我们切实把维护金融安全作为治国理政的一件大事,坚持统筹发展和安全,既紧盯重点领域和关键环节,也着眼建立健全体制机制,推动防范化解重大金融风险攻坚战取得重要阶段性成果,有力维护了国家经济金融稳定和人民财产安全,同时丰富了风险治理的认识论和方法论。新时代新征程,加快建设金融强国,必须继续积极稳妥防范化解金融风险。

金融安全是经济平稳健康发展的重要基础。加强和完善现代金融监管,强化金融稳定保障体系,才能持续强化金融风险防控能力。要把握好全面和有效的关系,切实提高金融监管有效性,依法将所有金融活动全部纳入监管,全面强化机构监管、行为监管、功能监管、穿透式监管、持续监管,消除监管空白和盲区,严厉打击非法金融活动。要把握好权和责的关系,健全权责一致、激励约束相容的风险处置责任机制。要把握好快和稳的关系,在稳定大局的前提下把握时度效,扎实稳妥化解风险。按照"稳定大局、统筹协调、分类施策、精准拆弹"的基本方针,用好辩证法,步步为营、稳扎稳打,金融高质量发展将为强国建设、民族复兴伟业提供有力支撑。

防控金融风险,要提高前瞻性和主动性,既要抓末端、治已病,更要抓前端、治未病。坚持目标导向、问题导向,对风险早识别、早预警、早暴露、早处置,健全具有硬约束的金融风险早期纠正机制,能有效"防之于未萌,治之于未乱"。当前,经济金融风险隐患仍然较多,金融监管部门正推动建立常态化金融风险处置机制,逐步夯实防范化解金融风险长效机制,重点领域风险得到稳妥处置;审计部门充分发挥经济运行"探头"作用,深入揭示重大财务舞弊、重大会计失真等突出风险,及时反映影响经济安全的苗头性、倾向性、普遍性问题,推动源头治理、防患于未然。坚持底线思维、增强忧患意识,就要善于预见和预判各种风险挑战,不忽视一个风险,不放过一个隐患,优化监管技术、方法和流程,牢牢守住不发生系统性风险的底线。

"君子以思患而豫防之。"防范化解风险是攻坚战,更是持久战。做到居安思危、未雨绸缪，牢牢抓住"全面加强监管、防范化解风险"这个重点，健全金融监管机制，建立健全监管责任落实和问责制度，有效防范化解重点领域金融风险，我们定能为不断开创新时代金融工作新局面筑牢安全屏障、夯实安全底座。

（2023 年 11 月 15 日）

坚持在市场化法治化轨道上推进金融创新发展

——坚定不移走中国特色金融发展之路⑤

周人杰

市场促创新、增活力，法治控风险、守底线，双轮驱动，金融创新发展才能行稳致远

保持经济平稳健康发展，一定要把金融搞好；把金融搞好，必须在市场化法治化轨道上推进金融创新发展

今天的中国金融创新发展呈现怎样的生动图景？

在天津，金融监管部门推动试点金融机构探索建立符合科技创新企业特点的差异化管理清单，强化信贷投放和保险保障；在上海，上海金融法院在全国首创大宗股票司法协助执行机制、批量不动产司法处置机制，有效提升金融审执质效与群众满意度；在四川，"税电指数贷"等创新产品将税务、电力数据变成授信依据，助力解决小微企业融资难题；在陕西，西安长安区东台新村成为陕西秦农银行授予的信用村，不少村民在信贷支持下办民宿、搞旅游、发展特色种植，收入大幅增长……实践告诉我们，走好市场化法治化的创新之路，就能更好维护金融市场稳健运行，更大激发市场活力和社会创造力。

市场促创新、增活力，法治控风险、守底线，双轮驱动，金融创新发展才能行稳致远。不久前召开的中央金融工作会议鲜明提出"以加快建设金融强国为目标"，强调了"八个坚持"，"坚持在市场化法治化轨道上推进金融创新发展"是其中之一。新时代以来，我国金融市场保持韧性和活力，金融治理体系和治理能力现代化持续推进，金融业有了更加厚实的"底子"，以市场化促进创新、以法治化规范发展是宝贵的成功经验。也要清醒看到，金融领域各种矛盾和问题相互交织、相互影响，有的还很突出，金融生态、法治环境和信用体系建设任重道远，我们要继续以市场化法治化方式推动金融高质量发展。

资本是社会主义市场经济的重要生产要素，也是带动各类生产要素集聚配置的重要纽带。发挥资本促进社会生产力发展的积极作用，就要充分发挥市场在资源配置中的决定性作用，更好发挥政府作用。党的十八大以来，在以习近平同志为核心的党中央坚强领导下，我国推出科创板、设立北交所、全面实行股票发行注册制，金融产品与服务实现创新提质，利率市场化改革取得突破进展，金融要素市场化改革取得重要进展，金融资源配置更加高效。正确把握金融本质，强化市场规则，打造规则统一、监管协同的金融市场，畅通资本要素流动渠道，保障不同经营主体平等获取资本要素，就能推动资本要素配置实现效益最大化和效率最优化。

社会主义市场经济是法治经济，必须坚持法治思维、增强法治观念，依法调控和治理经济。近年来，从强化反垄断、防止资本无序扩张、依法将各类金融活动全部纳入监管，到建立金融领域定期修法协调机制、推进金融领域修法工作进程，从夯实债券市场法律基础、持续加大对违法违规行为打击力度，到严厉打击非法集资、加强金融监管执法等，金融法治建设扎实推进。法治是现代金融监管的核心要义。充分发挥法治的重要作用，及时推进金融重点领域和新兴领域立法，更加自觉地运用法治思维和法治方式来规范金融市场发行和交易行为，我们才能筑牢现代金融监管的法治根基，为金融业发展保驾护航。

保持经济平稳健康发展，一定要把金融搞好；把金融搞好，必须在市场化法治化轨道上推进金融创新发展。市场配置资源是最有效率的形式，依法治理是最可靠、最稳定的治理。着力打造现代金融机构和市场体系，加强金融法治建设，坚持在市场化法治化轨道上推进金融创新发展，中国特色金融发展之路必将愈行愈开阔。

（2023 年 11 月 16 日）

坚持深化金融供给侧结构性改革

——坚定不移走中国特色金融发展之路⑥

崔　妍

　　针对"金融服务实体经济的质效不高"的问题，还是要坚持深化金融供给侧结构性改革，促进经济和金融共生共荣

　　坚持创新驱动，继续加大对重大战略、重点领域和薄弱环节的支持力度，推动实体经济融资成本稳中有降

　　广东江门新会柑园，大红柑正值采摘上市季。繁育种苗、化果为皮，今年新会陈皮全产业链产值预计突破230亿元，同比增长逾21%。

　　小陈皮变身百亿级大产业，产业信贷资金是催化剂。协会平台牵线，邮储银行进园，量身打造陈皮快捷贷、陈皮农担贷等专项贷款服务，为全产业链注入金融活水，让农户愿扩种、商户敢存皮、渠道变多元，产业进入快速发展的红利期。

　　补短板、优结构，健全农村金融服务体系，提高金融服务乡村振兴的效率和水平，正是金融供给侧结构性改革的缩影。以支持新会陈皮产业发展的邮储银行广东省分行为例，截至2023年9月末，涉农贷款余额突破1100亿元，较2020年同期增长61%；普惠性涉农贷款余额约370亿元，

较 2020 年同期增长 78%。通过深化供给侧结构性改革，更高质量的金融服务为推动乡村振兴点燃助推器。

跳出乡村看全国。高质量发展是全面建设社会主义现代化国家的首要任务。坚持以供给侧结构性改革为主线，我国供给体系质量和效率才能进一步提升。深化金融供给侧结构性改革为实体经济做大做强创造条件、提供支持，统筹好扩大内需和深化供给侧结构性改革也有助于防范化解经济金融领域风险。

不久前召开的中央金融工作会议高度概括坚定不移走中国特色金融发展之路的"八个坚持"，其中重要一条就是"坚持深化金融供给侧结构性改革"。党的十八大以来，我们坚持从供给侧结构性改革上想办法、定政策，为实体经济发展壮大提供了更优质、更便捷的金融服务。针对"金融服务实体经济的质效不高"的问题，还是要坚持深化金融供给侧结构性改革，促进经济和金融共生共荣。

深化金融供给侧结构性改革，必须贯彻落实新发展理念，强化金融服务功能，以服务实体经济、服务人民生活为本，以金融体系结构调整优化为重点，推动金融服务结构和质量来一个转变。新时代以来，从构建全方位、多层次金融支持服务体系，到持续改善科技创新、小微企业、绿色发展、"三农"等领域金融服务，再到对实体经济发放的人民币贷款余额年均增速保持在 10% 以上，金融服务质效不断提升。确保把服务实体经济放到更加突出的位置，瞄准期限错配、资本结构错位、资源投向错位等问题攻坚克难、深化改革，我们将为实体经济发展提供更高质量、更有效率、更加安全的金融服务。

创新是深化金融供给侧结构性改革的强大动力，人民对美好生活的向往是改革的奋斗目标。供给和需求严重失衡错位、循环不畅，是经济金融领域重大风险的根源之一。坚持问题导向、系统思维，着力解决人民群众所需所急所盼，以产品和服务创新助力打通产业链堵点卡点、畅通经济循环，金融供给侧结构性改革便会激活一池春水。中央金融工作会议指出："做好科技金融、绿色金融、普惠金融、养老金融、数字金融五篇大文章。"这为改革下达了任务，指明了方向。坚持创新驱动，继续加大对重大战略、重点领域和薄弱环节的支持力度，推动实体经济融资成本稳中有降，金融供给体系将更好适应需求结构变化，为高质量发展提供更有力有效的支持。

目前，我国金融体系整体稳健，金融风险可控，金融机构整体健康，金融市场平稳运行。这为深化金融供给侧结构性改革提供了有利条件。统筹发展和安全，兼顾当下与长远，继续深化利率汇率市场化改革，健全市场化利率形成、调控和传导机制，推动金融机构体系在规模、结构、区域布局上更加合理，中国特色现代金融体系将在深化改革中加快构建，经济高质量发展的引擎必将释放更强劲的动能。

（2023 年 11 月 17 日）

坚持统筹金融开放和安全

——坚定不移走中国特色金融发展之路⑦

尹双红

> 高水平开放吸引各类外资金融机构纷至沓来，丰富了经营主体，优化了金融供给，提升了市场融资功能和资源配置效率
>
> 防范化解金融风险，事关国家安全、发展全局、人民财产安全，是实现高质量发展必须跨越的重大关口

"自由贸易账户为我们提供了很大帮助"，上海振华重工（集团）股份有限公司相关负责人表示，自由贸易账户免去企业开立多个本外币账户的烦恼，让境内外资金高效流通。自 2015 年以来，该企业已累计获得境外贷款 520 多亿元人民币，有效减少了资金成本压力。

开放带来进步，封闭必然落后。扩大金融业对外开放是建设中国式现代化的必然要求。新时代以来，有序扩大金融业高水平开放，大力吸引国际资本，稳步推进人民币国际化，为我国金融高质量发展注入了澎湃动力。截至今年 9 月末，共有 1110 家境外机构进入中国债券市场，来自 52 个国家和地区的 202 家银行在华设立了机构。十年来，在华外资保险公司资产增长了 552%。各方用实际行动投出信任票，彰显了中国特色金融发展之

路的魅力。

金融开放是我国对外开放的重要组成部分，金融安全是国家安全的重要组成部分。习近平总书记强调："维护金融安全，是关系我国经济社会发展全局的一件带有战略性、根本性的大事。"统筹好发展和安全，是确保经济持续健康发展和社会大局稳定的关键。不久前召开的中央金融工作会议高度概括坚定不移走中国特色金融发展之路的"八个坚持"，其中的重要一条就是"坚持统筹金融开放和安全"。安全是发展的前提，发展是安全的保障。坚持发展和安全并重，在着力推进金融高水平开放的同时，确保国家金融和经济安全，方能实现高质量发展和高水平安全的良性互动。

金融高水平开放是实现高质量发展的内在要求。无论是提高我国金融业的全球竞争能力，还是更好满足实体经济发展和百姓生活需要，都需要扩大金融高水平开放。经济合作与发展组织编制的金融业外商直接投资限制指数显示，中国是近年来金融业开放水平排名提升最快、改善幅度最大的国家。新时代以来，高水平开放吸引各类外资金融机构纷至沓来，丰富了经营主体，优化了金融供给，提升了市场融资功能和资源配置效率，激活了我国金融业的竞争活力与发展潜力。稳步扩大金融领域制度型开放，提升跨境投融资便利化，将吸引更多外资金融机构和长期资本来华展业兴业。

金融开放是双向的，不仅要高质量"引进来"，还要高水平"走出去"。以共建"一带一路"为例，从印尼雅万高铁，到巴基斯坦卡洛特水电站，再到泰国曼谷首个垃圾发电项目……在中方投融资支持下，众多优质项目在"一带一路"共建国家落地生根。伴随着"走出去"的坚定步伐，截至2023年6月底，共有13家中资银行在50个共建国家设立145家一级机构，131个共建国家的1770万家商户开通银联卡业务。坚持"引进来"和"走出去"并重，提升了我国金融机构的全球服务能力，有利于服务构建新发展格局，助力深度参与全球产业分工合作、维护多元稳定的国际经济格局和经贸关系，为中国式现代化拓展了发展空间。

金融开放不是"一放了之"，必须牢牢守好安全底线。金融活，经济活；金融稳，经济稳。金融风险的突发性、传染性和危害性非常强，防控风险是金融工作的永恒主题。金融开放越是向纵深推进，我们越要清醒地认识到：防范化解金融风险，事关国家安全、发展全局、人民财产安全，是实现高质量发展必须跨越的重大关口。防范风险跨区域、跨市场、跨境传递共振，加强外汇市场管理，保持人民币汇率在合理均衡水平上的基本稳定，在维护国家金融利益、确保国家金融安全的原则下，稳步有序推进对外开放，才能为金融市场高质量发展注入新动力。

高水平开放，一定是以安全为基石的开放。前进道路上，把握好开放和安全的关系，织密织牢金融开放安全网，更好发挥金融业支持扩大内需、促进稳外贸稳外资的作用，定能推动我国加快从金融大国迈向金融强国。

（2023 年 11 月 20 日）

坚持稳中求进工作总基调

——坚定不移走中国特色金融发展之路⑧

张　凡

> 稳中求进工作总基调是治国理政的重要原则，也是做好金融工作的方法论
>
> 在守住根基、稳住阵脚的基础上积极进取、攻坚克难，金融系统高质量发展才能取得长足进步，金融服务实体经济和国家战略的能力和效率才能大幅提升

稳中求进工作总基调是治国理政的重要原则，也是做好金融工作的方法论。今年以来，金融系统坚持以习近平新时代中国特色社会主义思想为指导，坚持稳字当头、稳中求进，针对经济形势的变化，精准有力实施宏观调控，切实加强金融监管，着力扩大内需、提振信心、防范风险，推动经济运行持续回升向好。实践证明，把握好"稳"与"进"的辩证统一关系，才能为经济高质量发展营造良好的金融环境。

发展是硬道理，稳定也是硬道理，抓发展、抓稳定两手都要硬。不久前召开的中央金融工作会议，高度概括坚定不移走中国特色金融发展之路的"八个坚持"，"坚持稳中求进工作总基调"是其中重要一条。这是工作

要求，也是策略和方法。党的十八大以来，我国金融事业取得历史性成就的一条宝贵经验，就是在保持大局稳定的前提下谋进。前进道路上，要把稳中求进这个方法论运用好，贯彻到金融高质量发展各个方面，既稳定大局、稳扎稳打，又锐意进取、奋发有为，着力夯实"稳"的基础、更多激发"进"的动能，不断开创新时代金融工作新局面。

稳中求进，稳字当头，"稳"是主基调，是大局。改革是经济社会发展的强大动力，发展是解决一切经济社会问题的关键，稳定则是改革发展的前提。实施稳健的货币政策、坚持宏观审慎管理、加强和完善现代金融监管、保持汇率在合理均衡水平上基本稳定、促进资本市场平稳健康发展等一切金融工作，都是在保持大局稳定的前提下稳妥推进的。

金融稳，经济才能稳，市场才能稳，人心才能稳。金融运行稳定，是保持经济健康发展的重要前提。防控金融风险也是深化金融改革的一个重要目标。只有金融事业发展的大方向稳、方针政策稳、战略部署稳，牢牢守住不发生系统性金融风险的底线，才能稳住宏观经济大盘，为深化金融供给侧结构性改革、推动金融高质量发展赢得有利条件和空间。

稳中求进，不是无所作为，不是强力维稳、机械求稳，而是要在把握好度的前提下奋发有为，争取最好结果。定向降准、债券融资、再贴现等"组合拳"连连发力，着力解决企业融资难题；机构整合、股权重构、市场退出等改革措施持续推出，中小金融机构改革化险稳妥推进；严厉打击违法违规金融活动，出台《防范和处置非法集资条例》，非法集资新发案件数量、涉及金额和人数连续多年下降……在守住根基、稳住阵脚的基础上积极进取、攻坚克难，金融系统高质量发展才能取得长足进步，金融服务实体经济和国家战略的能力和效率才能大幅提升。

把握好"稳"与"进"的辩证统一关系，要坚持系统观念、底线思维，把实践作为检验各项政策和工作成效的标准。中央金融工作会议对当前和今后一个时期的金融工作作出部署。无论是"盘活被低效占用的金融资源"，还是"推动股票发行注册制走深走实"，无论是"稳步扩大金融领域制度型开放"，还是"稳慎扎实推进人民币国际化"，都要坚持稳中求进工作总基调，把握好平衡，把握好时机，把握好度，争取在"稳"与"进"

的良性互动中，不断推动金融高质量发展取得新突破、实现新跃升。

越是问题复杂、任务重大，越要以稳谋进、以进固稳。认真学习贯彻中央金融工作会议精神，坚持稳中求进工作总基调，持续推进金融事业实践创新、理论创新、制度创新，坚定不移走中国特色金融发展之路，我们信心十足，步履坚定。

（2023 年 11 月 21 日）

进一步夯实经济回升基础

——保持经济运行恢复向好态势①

周人杰

> 来之不易的成绩单表明，我国经济发展不仅在量的合理增长上取得新成效，更在质的有效提升上实现新进展，为实现全年目标打下了坚实基础

国民经济持续恢复向好，高质量发展稳步推进。今年前三季度统计数据发布，多个领域、多项指标都出现积极的变化。看增长，GDP 同比增长5.2%，在国际主要经济体中名列前茅；看就业，全国城镇调查失业率平均值同比回落 0.3 个百分点，且逐月好转；看物价，居民消费价格总体平稳，工业生产者出厂价格连续 3 个月降幅收窄；看市场活力与企业预期，社会消费品零售总额同比增长 6.8%……经济持续恢复向好，彰显了巨大韧性、潜力和活力，说明宏观经济政策是有力有效的。接下来要狠抓落实，进一步夯实经济回升基础。

前三季度，规模以上工业增加值同比增长 4.0%，比上半年加快 0.2 个百分点；全国居民人均可支配收入扣除价格因素实际增长 5.9%，比上半年加快 0.1 个百分点。9 月份，服务业生产指数同比增长 6.9%，增速连续 2

个月回升，进出口总额环比连续 2 个月增长。今年以来，这些主要经济指标的稳步向好，再次印证了我国经济"长期向好的基本面没有改变"的战略判断，展现了宏观调控"用好政策空间、找准发力方向"的明显成效。这是我们弥足珍贵的信心所在，更是接续奋斗的底气所在。

迈向高质量发展的中国经济，稳的基础不断巩固，进的动能日益充沛。前三季度，高技术产业投资同比增长 11.4%，电动载人汽车、锂电池和太阳能电池"新三样"出口同比增长 41.7%，装备制造业增加值增长比全部规模以上工业快 2.0 个百分点，同时城镇和农村居民收入都稳定增长。来之不易的成绩单表明，我国经济发展不仅在量的合理增长上取得新成效，更在质的有效提升上实现新进展，为实现全年目标打下了坚实基础。

全面看、辩证看、长远看，要透过短期之"形"、长期之"势"，读懂经济运行的大逻辑，增强宏观调控的前瞻性、针对性、有效性。当前，影响经济向好的积极因素累积增多。随着相关政策措施的接续落地、改革开放的持续深化，经济内生动力将继续增强，中国经济会继续保持恢复向好态势。也要看到，经济还在恢复过程中，国内需求仍显不足，外部环境更趋复杂严峻，必须着力加大宏观调控，着力扩大国内有效需求，着力激发经营主体活力，抓好已出台政策落地见效，持续稳预期、强信心、挖潜力。

把握经济规律，保持信心定力。坚持稳中求进工作总基调，勇于担当作为、善于攻坚克难，以钉钉子精神抓落实，形成共促高质量发展合力，我们必将推动经济运行持续好转、内生动力持续增强、社会预期持续改善、风险隐患持续化解，实现全年经济社会发展目标。

（2023 年 11 月 01 日）

把恢复和扩大消费摆在优先位置

——保持经济运行恢复向好态势②

李洪兴

不断增强消费能力、改善消费条件，使居民有稳定收入能消费、没有后顾之忧敢消费、消费环境优获得感强愿消费，消费增长就会获得源源不断的新动力

10月23日，山东青岛一名消费者网购了一件羽绒服。这件产品产自江苏常熟工厂，前置于青岛一个仓库内，当天即送达。国家邮政局快递大数据平台实时监测数据显示，这是2023年我国第1000亿件快件，比2022年达到千亿件提前了39天。快递业连着千家万户、连通线上线下，贯穿生产、分配、流通、消费等多环节，其年业务量连续第三年突破千亿件级别，折射出我国消费市场的蓬勃活力，是经济恢复向好的生动写照。

消费是观察经济运行状况的重要窗口。今年以来，假日经济不断升温，餐饮消费加速回暖，休闲旅游稳步复苏，人们感受到消费恢复的强劲动能。国家统计局发布的数据显示，今年前三季度，社会消费品零售总额同比增长6.8%，全国网上零售额同比增长11.6%，服务零售额同比增长18.9%。居民消费需求加快释放，消费新业态新热点持续涌现，表明我国消费市场

呈现恢复增长态势，消费结构不断优化升级。

消费是最终需求，直接关系经济发展和民生改善。随着一系列促消费政策举措落地见效，各领域的消费增长汇成合力，助推经济回升向好。前三季度，最终消费支出对经济增长贡献率是83.2%，拉动 GDP 增长 4.4 个百分点。随着居民消费信心逐步回升，消费拉动作用将进一步显现，市场活力也将不断增强。

需求牵引供给，供给创造需求。更好满足消费新需求，助推消费市场不断做大做强，一个重要着力点是优化产品结构、增加高品质供给。随着人们的品质生活要求提高、绿色环保理念增强，升级类和绿色商品成为新的消费增长点。比如前三季度我国新能源乘用车零售量同比增长 33.8%。顺应新趋势，优化供给，提高供给体系适配性，以高质量供给催生更多新需求，实现高水平供需动态平衡，方能畅通国内大循环，最大限度发挥我国超大规模市场优势。

市场发力，政策给力，才能让消费市场持续"暖"起来。有效恢复和扩大消费，需要优化消费环境、提升消费能力。发放针对汽车、家电等实物商品的消费券，聚焦文旅市场重点领域关键环节加大执法检查力度，加快城乡消费基础设施建设……今年以来，各地区各部门多措并举，着力完善消费促进政策，激发出更大的消费活力。在就业形势总体改善、居民收入保持平稳增长的当下，不断增强消费能力、改善消费条件，使居民有稳定收入能消费、没有后顾之忧敢消费、消费环境优获得感强愿消费，消费增长就会获得源源不断的新动力。

消费一头连着宏观经济大盘，一头连着千家万户的美好生活。当前，随着政策效应不断累积，积极因素逐步增多，消费需求正稳步回暖，消费拉动经济增长的基础性作用更加稳固。把握好发展的时与势，把恢复和扩大消费摆在优先位置，瞄准消费新需求，建立和完善扩大居民消费的长效机制，定能进一步释放消费潜力，助推我国经济持续回升向好、长期向好。

（2023 年 11 月 02 日）

发展更高层次的开放型经济

——保持经济运行恢复向好态势③

刘天亮

> 我们需要提高在全球配置资源的能力，增强国内国际两个市场、两种资源的联动效应
>
> 进一步加大引资力度、提升引资质量，发展更高层次的开放型经济，才能加快塑造国际竞争合作新优势，为高质量发展蓄积更强的动力

中国开放的大门不会关闭，只会越开越大，这是中国对世界的承诺。

不久前，习近平主席在第三届"一带一路"国际合作高峰论坛开幕式上发表主旨演讲时宣布："全面取消制造业领域外资准入限制措施。"作为制造业大国，我国不断深化这一领域的对外开放，彰显了以高水平开放促进高质量发展的坚定态度和决心。

积极吸引和利用外资，是改革开放以来我国实现快速发展的重要经验。长期以来，我国坚持打开国门搞建设，吸引了大量优质外资企业在华发展深耕。商务部发布数据显示，今年1至9月，全国新设立外商投资企业37814家，同比增长32.4%；实际使用外资金额9199.7亿元，在去年同

期基数较高的情况下，引资规模有所下降，但仍处于历史高位。外资来华发展势头不减，创造了新的市场机会，也有助于提振信心、改善预期。

随着对外开放的广度和深度不断拓展，我国深度融入全球产业链供应链体系，同世界经济的联系更加紧密，这对吸引和利用外资提出了更高要求。我们需要提高在全球配置资源的能力，增强国内国际两个市场、两种资源的联动效应。近年来，我国不断优化外商投资促进评价，更加注重引资对经济社会发展的实际贡献，引进了更多高质量外资。前三季度，高技术制造业实际使用外资增长12.8%；一些发达经济体对华投资力度加大，法国、英国、加拿大实际对华投资分别增长121.7%、116.9%、109.2%。面对激烈的国际竞争，进一步加大引资力度、提升引资质量，发展更高层次的开放型经济，才能加快塑造国际竞争合作新优势，为高质量发展蓄积更强的动力。

增强中国市场对优质外资的吸引力，还要以制度型开放为重点，加快建设更高水平开放型经济新体制。近年来，从进一步压缩外资准入负面清单，到在国家服务业扩大开放综合示范区以及有条件的自由贸易试验区和自由贸易港率先对接国际高标准经贸规则，再到不断深化国家服务业扩大开放综合试点示范，我国以开放促改革、促发展的主动作为，吸引了越来越多懂得中国经济增长逻辑、具有未来眼光的投资者长期投资中国，为我国经济长期稳定发展创造了有利环境。

当前，世界经济复苏乏力，通胀加剧，需求不足，全球跨国直接投资持续低迷。招商引资国际竞争更加激烈，我们必须更加主动对接高标准国际经贸规则，把对外开放提高到新水平。一方面，要实施更大范围、更宽领域、更深层次的对外开放，增强政策透明度和可预期性，切实解决外资企业关注的各种突出问题。另一方面，要细化优化营商环境配套措施，加快构建国内统一大市场，不断扩大理念契合点、利益汇合点，以更加优质的服务、更有价值的创新、更高质量的人才等，进一步提升中国投资市场的吸引力。

开放是中国经济高质量发展的必需品。拥有超大规模市场、完备的产业体系、丰富的创新应用场景、充足的人才资源，中国吸引外资长期向好的趋势并未改变。保持好已有优势，同时不断拓展对外开放的广度和深度，我们一定能以对外开放的主动赢得经济发展的主动，有力推动经济持续回升向好，不断以中国新发展为世界提供新机遇。

（2023 年 11 月 03 日）

不断开辟绿色发展新赛道

——保持经济运行恢复向好态势④

尹双红

绿色发展是可持续的发展，只有把绿色发展的底色铺好，才会有今后高质量发展的高歌猛进

当绿色发展理念不断深入人心，传统产业绿色升级改造需求和绿色消费需求，将催生一个规模巨大的绿色市场，为构建绿色低碳循环经济体系提供有力支撑

今年4月，国内首个全装配式"摩天工厂"深圳坪山新能源汽车产业园区一期竣工交付。采用全装配式智能建造等技术，工期节省15%、水电节省20%、垃圾排放减少20%。这样的工业厂房，可以实现土地集约利用，有助于园区推进资源循环利用，是制造业绿色化发展的缩影。

推动经济社会发展绿色化、低碳化是实现高质量发展的关键环节。近年来，我国着力打造绿色低碳发展新增长点，取得了显著成效。先看制造业，今年前三季度，太阳能电池、充电桩产量分别增长63.2%、34.2%，新能源汽车产销量同比增长均超过30%。再看能源产业，截至9月底，全国太阳能发电装机容量同比增长45.3%，风电装机容量同比增长15.1%。各

领域各行业，绿色技术、绿色产品不断涌现，有力促进了产业结构优化，也彰显了产业升级的良好态势。

作为新动能，绿色产业的培育壮大，能为经济发展创造更广阔空间。绿色循环低碳发展，是当今时代科技革命和产业变革的方向，是最有前途的发展领域。更好地把握绿色转型机遇，就能在未来的竞争中占据主动和有利位置。海关总署数据显示，前三季度，以电动载人汽车、锂电池、太阳能电池为代表的"新三样"产品合计出口 7989.9 亿元，同比增长 41.7%。我国在一些绿色产业领域实现跨越式发展，充分证明了这一赛道的重要性。

绿色发展是可持续的发展，只有把绿色发展的底色铺好，才会有今后高质量发展的高歌猛进。我国在这方面的潜力相当大，可以形成很多新的经济增长点。习近平总书记主持召开进一步推动长江经济带高质量发展座谈会时强调："协同推进降碳、减污、扩绿、增长，把产业绿色转型升级作为重中之重，加快培育壮大绿色低碳产业，积极发展绿色技术、绿色产品，提高经济绿色化程度，增强发展的潜力和后劲。"我国可再生能源产业发展迅速，能源设备、节水设备、污染治理等多个领域技术领先，都市现代农业、生态旅游、田园综合体等生态产业新模式快速发展，生态产品价值实现路径不断拓宽……走在绿色发展的康庄大道上，未来我国经济发展的"含绿量"还将稳步提升。

绿色发展是对生产方式、生活方式、思维方式和价值观念的全方位、革命性变革。推动绿色产业发展壮大，要坚持系统观念，统筹推进生产、流通、消费等环节的绿色化，积极引导和动员全社会参与绿色发展，汇聚起共同推动绿色发展的合力。当绿色发展理念不断深入人心，传统产业绿色升级改造需求和绿色消费需求，将催生一个规模巨大的绿色市场，为构建绿色低碳循环经济体系提供有力支撑，不断增强我国的发展潜力和后劲。

随着我国现代化建设的不断推进和人民生活水平的不断提高，绿色发展理念已浸润我们生活的方方面面。把握好时与势，进一步厚植绿色发展根基，开辟新领域新赛道，塑造新动能新优势，定能不断开创高质量发展的新局面，让经济发展既保持量的合理增长又实现质的稳步提升，让人民群众在优美生态环境中有更多获得感、幸福感、安全感。

（2023 年 11 月 06 日）

牢牢把握高质量发展这个首要任务

——保持经济运行恢复向好态势⑤

陈　凌

质的提升，表现在经济结构的持续优化，反映在效率效益的不断改善

经济恢复中遇到的问题，许多都是前进中的问题、发展中的问题，我们完全能够在推动经济高质量发展中逐步解决

听不到人声鼎沸、看不见火花四溅。如今，走进一些钢铁企业的智能车间，"一键式"的自动化高炉炼铁、远程智能管控体系让人大开眼界，钢铁厂再也不是脑海中的传统模样。工业和信息化部前不久发布的数据显示，截至三季度末，全国已建设近万家数字化车间和智能工厂。国家统计局的数据也显示，前三季度，高技术产业投资同比增长 11.4%，增速比 1—8 月份加快 0.1 个百分点，比全部固定资产投资高 8.3 个百分点。协同推进数字产业化和产业数字化，着力补齐短板、拉长长板、锻造新板，高技术产业投资增势良好，先进制造业加快发展，见证中国经济转型升级的稳健步伐。

观察中国经济，既要看量的增长，更要看质的提升。全国规模以上工业增加值同比增长 4%，比上半年加快 0.2 个百分点；以电动载人汽车、锂电池和太阳能电池为代表的"新三样"保持较快增长；全国居民人均可支配收入累计实际同比增长 5.9%，比上半年加快 0.1 个百分点……翻开中国经济前三季度成绩单，一系列积极变化生动体现着我国经济高质量发展的铿锵足音。

质的提升，表现在经济结构的持续优化。前三季度，第三产业增加值同比增长 6.0%，对经济增长的贡献率为 63.0%；最终消费支出对经济增长贡献率为 83.2%，拉动 GDP 增长 4.4 个百分点。消费需求对经济发展的基础性作用逐步巩固，推动着我国经济运行持续好转。

质的提升，反映在效率效益的不断改善。以工业互联网平台为例，目前跨行业跨领域工业互联网平台达到 50 家，连接设备近 9000 万台套。数字技术的广泛应用，有效促进制造业提质增效。工业和信息化部新闻发言人在前三季度工业和信息化发展情况新闻发布会上透露，据研究机构调查，85% 的受调查企业生产效率明显提升，产线时间缩短 20%。这从一个侧面印证着，深化供给侧结构性改革，着力提高供给体系质量和效率，才能增强经济持续增长动力。

实际上，科技创新持续赋能实体经济，新动能不断壮大，对经济增长的带动作用正在持续提升。今年以来，从自主三代核电技术"华龙一号"全球首堆示范工程通过竣工验收，到我国首个万吨级光伏制氢项目投产，再到全球首台 16 兆瓦海上风电机组并网发电、国产大飞机 C919 单笔最大订单落地，一系列新技术、新产品、新服务不断涌现，成为我国经济新动能不断增强的生动写照。创新能力持续提升，创新活力持续释放，为我国经济发展注入更多确定性。随着高水平科技自立自强扎实推进，经济发展新动能将持续增强。

应该认识到，国际环境更趋复杂严峻和不确定，我国经济发展面临新的挑战，推动高质量发展取得的成绩殊为不易。经济恢复中遇到的问题，许多都是前进中的问题、发展中的问题，我们完全能够在推动经济高质量发展中逐步解决。提振信心、防范风险，用好我们的优势和条件，完全能够推动经济运行持续好转，让高质量发展成色更足。

习近平总书记强调："高质量发展是全面建设社会主义现代化国家的首要任务。"牢牢把握这个首要任务，保持战略定力，坚定历史自信，着力扩大国内需求，加快建设现代化产业体系，切实落实"两个毫不动摇"，更大力度吸引和利用外资，有效防范化解重大经济金融风险，中国经济航船定将行稳致远。我们创造出了举世瞩目的经济发展成就，我们还将创造新的更大的经济发展成就。

（2023 年 11 月 07 日）

"既要各展优势，又要协同发展、错位发展、联动发展"

陈　凌

　　在进一步推动长江经济带高质量发展座谈会上，有这样一个细节引人深思：习近平总书记亲切询问来自 11 个省市的负责同志，他们花了多长时间到南昌。昔日翻山越岭、跋山涉水的漫长路途，如今耗时不过两三个小时。

　　交通之变，折射发展之变；发展之变，背后是观念之变。今天，俯瞰长江流域，大江奔流，巨龙起舞，长三角一体化"龙头"昂扬，中游地区高质量发展"龙身"腾飞，成渝地区双城经济圈"龙尾"舞动，陆海联动，东西互济，百舸争流。万里长江的万千新气象，正得益于沿江各省市增强系统思维，坚持上中下游协同发展、东中西部互动合作。

　　在这次座谈会上，习近平总书记指出："在产业发展上，沿江省市既要各展优势，又要协同发展、错位发展、联动发展。"这是对发展经验的深刻总结，是对发展规律的深刻把握，更是对未来发展的科学指引。

　　先看协同发展。协同，就要处理好整体和局部的关系。习近平总书记今年在四川考察时说到了京津冀。"京津冀一体化相得益彰，最后说谁也没有吃亏，谁都得到自己想要的好东西。"过去的北京，胡同里恨不得挤块"巴掌地"办工业。如今，一大批非首都功能疏解到河北，既破解了"大城市病"，也带动了河北发展。协同的结果是实现多方共赢。

事实上，无论是京津冀协同发展，还是长江经济带高质量发展，从区域协调发展角度来看，抱团联合比单打独斗效果要好，朝着顶层设计的目标协同发展才能产生"一加一大于二"的整体效应。反之，抱着自己拥有"一亩三分地"的想法，形不成合力，是难以成事的。"推动好一个庞大集合体的发展，一定要处理好自身发展和协同发展的关系"，这是明确要求，也是发展的方法论。在各自发展过程中从整体出发，把自身发展放到协同发展的大局之中，才能做好区域协调发展"一盘棋"这篇大文章。

再说错位发展。错位，就要处理好长板与短板的关系。习近平同志在浙江工作时，曾在种茶大户姜德明家召开座谈会，给淳安县下姜村的发展"把脉问诊"。他说，从大家讲的情况看，蚕桑、茶叶、早稻的产量都不算低。那么，为什么辛苦一年，收获不理想呢？种的全是大路货。没有做到优质高效和错位发展。没有优质，就没有市场竞争力。而没有错位发展，就不可能做到人无我有。

对各地而言，同质化竞争、产业结构趋同，是难以发挥比较优势的，也就难以把资源优势转化为发展优势；立足资源禀赋和产业基础，做好特色文章，才有可能把长板加长、把短板变成"潜力板"。比如，有的地区经济欠发达，但生态环境良好，做好生态利用文章，完全能把生态财富转化为经济财富。这里的关键，就在于找准路子、突出特色，实现差异竞争、错位发展。

再来看联动发展。联动，就要处理好个体与共同体的关系。长江经济带作为流域经济，覆盖 11 个省市、横跨东中西三大板块，且涉及水、路、港、岸、产、城等多个方面。在这个意义上而言，推动长江经济带高质量发展是一项系统工程。就像精密仪器的齿轮相互咬合，沿江省市坚持省际共商、生态共治、全域共建、发展共享，增强区域交通互联性、政策统一性、规则一致性、执行协同性，稳步推进生态共同体和利益共同体建设，才能破解发展难题，激发发展活力。

以赤水河流域保护治理为例。2013 年，云贵川三省签订联合执法协议；2018 年，跨省生态补偿机制建立；2021 年，三地赤水河流域保护条例出台……正是在三省共护下，赤水河一年更比一年清。正确处理个体与共同体的关系，联动协作，共商共建，才能有效解决矛盾问题，把工作做得更好。生态保护如此，经济发展亦是如此。

接纳百川，汇聚千流，奔流不息的长江有着开放包容、兼容并蓄的特质，为区域协同融通提供良好自然条件和深厚文化底蕴。坚持协同发展、错位发展、联动发展，长江经济带高质量发展将奏响更加澎湃的精彩乐章。

（2023 年 10 月 30 日）

以文化繁荣赋能乡村振兴

崔　妍

　　把文化元素融入美丽乡村建设，既丰富了农民群众精神文化生活，也涵养了文明乡风，塑造着乡村的文明新风貌

　　深入挖掘乡村文化资源，培育更多乡村文化人才，强化文化赋能，乡村振兴"一池春水"将被更好激活，乡亲们的日子将越过越有滋味

　　不久前，在江西考察时，习近平总书记来到上饶市婺源县秋口镇王村石门自然村。得知当地发展特色旅游、茶产业，推进乡村振兴成效显著，习近平总书记十分高兴。在村民热烈的掌声中，总书记亲切地说："中国式现代化既要有城市的现代化，又要有农业农村现代化，我很关注乡村振兴。希望你们保护好自然生态，把传统村落风貌和现代元素结合起来，坚持中华民族的审美情趣，把乡村建设得更美丽，让日子越过越开心、越幸福！"

　　乡村振兴，既要塑形，也要铸魂。乡村文化振兴是乡村振兴的重要内容和有力支撑。随着农村物质生活条件大幅改善，农民群众的精神文化需求也在不断增长。因此，在推进乡村振兴的过程中，必须不断提升乡村公共文化服务水平，丰富农民群众精神文化生活。如今，在广大乡村，一项项民俗活动热闹起来，一座座乡村文化礼堂亮了起来，一家家农家书屋改

建提升……把文化元素融入美丽乡村建设，既丰富了农民群众精神文化生活，也涵养了文明乡风，塑造着乡村的文明新风貌。

推动乡村文化建设，不仅具有社会效益，也具有经济效益。以贵州省台江县老屯乡长滩村为例，漫步村中，银饰刺绣非遗庭院、龙舟模型制作小院、粮画艺术庭院鳞次栉比，文化项目丰富多样；每逢节庆，稻田捉鱼、吹笙踩鼓、篝火晚会等农耕民俗活动，为游客带来别样体验；村里巧手的绣娘参与制作的特色文创产品，成为游客们喜爱的纪念品……当地依托文化资源优势，走出了一条"小而精""小而特"的农文旅一体化发展路子，越来越多村民在家门口吃上了"旅游饭"。挖掘乡村文化资源，推进文化和旅游深度融合发展，不仅有利于形成旅游亮点、以差异化体验赢得市场，还能拓宽农民增收致富渠道，进而增强乡村振兴的内生动力。

近年来，各地乡村文化活动丰富活跃，展现出繁荣发展的蓬勃气象。"村BA""村超"等乡村文化体育活动火热开展，特色"村晚"颇受欢迎，非遗展演引游客驻足……绚丽绽放的乡村文化之花，扮靓村民文化生活空间，充实着人们对美好生活的信心。但也应看到，推动乡村文化建设，仍面临一些现实问题。解答好这些问题，才能更好激发文化活力，为乡村振兴持续赋能。

深入挖掘乡村文化资源是基础。我国地大物博、历史悠久，广袤的乡村大地蕴藏着各具特色的文化资源。从物质文化层面来看，乡村有着大量文物古迹、传统村落、民族村寨以及自然风光、田园景观等；从非物质文化层面而言，乡村在民族文化、传统民俗、戏曲曲艺等方面，也有着十分丰富的特色资源。加强历史文化保护传承，推动优秀传统乡村文化创造性转化、创新性发展，方能激活乡村文化的生命力。在此基础上，各地依据资源禀赋，因地制宜走差异化发展之路，乡村文化就能形成百花齐放的繁荣态势。

以文化繁荣赋能乡村振兴，人是关键因素。在福建省柘荣县靴岭尾村，村里邀请柘荣剪纸非遗传承人为村民们上课，村民们学到了好手艺、文化多了传承者，村里办民宿、做研学，推出文创产品，发展乡村旅游，村民年人均可支配收入达2.8万元。在湖南省汨罗市，当地大力实施文化资源普查、非遗抢救性记录、方言调查"响应"计划、汨罗江档案等"乡村记忆"工程，许多热爱乡土文化的非遗传承人、民间文艺工作者等参与其中，挖掘整理本地乡土文化，创作编排了一系列乡土文化文艺精品。从实践来看，无论是聚众力保护好文化资源，还是集众智推动传承创新，都需要不断扩充文化传承队伍。

针线流转，绣出"锦绣"生活；歌声嘹亮，咏唱浓厚乡情；戏曲悠扬，诠释价值观念……乡村文化蕴含着培养文明风尚、助力乡村振兴的强大力量。深入挖掘乡村文化资源，培育更多乡村文化人才，强化文化赋能，乡村振兴"一池春水"将被更好激活，乡亲们的日子将越过越有滋味。

（2023 年 10 月 23 日）

推动亚运成果全民共享

石　羚

　　以杭州亚运会为契机，继续发挥竞技体育的带动作用，夯实群众体育的参与基础，必将更好推动我国由体育大国向体育强国迈进

　　用好亚运遗产，共享亚运成果，不断放大赛会溢出效应，推动体育事业高质量发展，应当成为举办亚运会必须写好的"下半篇文章"

　　在秋分时节的西子湖畔拉开帷幕，在金秋十月的美丽季节挥手作别。第十九届亚洲运动会在杭州圆满落下帷幕，为世界呈现了一届"中国特色、亚洲风采、精彩纷呈"的体育盛会。这些日子里，八方来客汇集之江大地，世界目光再次聚焦中国，来自亚洲45个国家和地区的1万多名运动员在赛场上释放运动激情、展现竞技风采，诠释了激情与梦想、勇气与力量、友谊与团结。

　　13岁小将崔宸曦在滑板项目女子街式决赛中夺得金牌，成为本届亚运会中国体育代表团最年轻的冠军；中国游泳队选手汪顺从2010年至今的4届亚运会，连续4次站上男子200米个人混合泳项目领奖台；中国田径队包揽男、女100米和男、女4×100米接力4项冠军……赛场内，中国队

运动员顽强拼搏、勇敢逐梦，实现了运动成绩和精神文明双丰收，传递着积极向上的精神力量。赛场外，许多观众通过电视、网络等关注赛会动态，分享运动喜悦，在亚运会的带动下，不少群众积极参与线下体育活动，全民健身热情高涨，营造出全民亚运、共享精彩的浓厚氛围。

习近平总书记在党的二十大报告中强调，"促进群众体育和竞技体育全面发展"。群众体育是竞技体育的基础，竞技体育是群众体育的延伸。本届亚运会包括武术、围棋、象棋等项目，以及霹雳舞等受年轻人喜爱的项目，它们具有广泛的群众基础。让大众喜闻乐见的项目进入专业赛场，朝职业化、规范化、健康化方向发展，将为竞技体育创造更多可能性。同时，通过亚运会平台，更多人能感受各类体育项目的魅力，也有助于相关体育运动在民间推广普及。以杭州亚运会为契机，继续发挥竞技体育的带动作用，夯实群众体育的参与基础，必将更好推动我国由体育大国向体育强国迈进。

检验训练成果、积累大赛经验，对于中国队运动员而言，亚运会是重要的练兵场。本届亚运会上，中国体育代表团多点开花、争金夺银，取得优异成绩，蝉联金牌榜、奖牌榜首位，展现出极高的竞技水平，为运动员备战 2024 年巴黎奥运会积累了实战经验，为教练员发现人才、优化训练提供了重要参考。运动员们把亚运会参赛热情延伸到其他赛场，不断超越自我、勇攀高峰，将进一步带动群众体育发展。

亚运成果，全民共享。从去年 5 月开始，亚运会竞赛场馆和训练场馆便陆续向公众开放，市民尽享"亚运惠"。赛事的举办，也带动了体育产业的发展，让更多人在运动中收获健康和快乐。同时，从基础设施改造、环境综合治理，到公共服务提升、城市面貌改善，亚运会还扮靓了城市环境，提升了文旅体验。可以说，亚运盛会创造了巨大的经济效益和社会效益，留下了丰富的物质、文化和人才遗产。用好亚运遗产，共享亚运成果，不断放大赛会溢出效应，推动体育事业高质量发展，应当成为举办亚运会必须写好的"下半篇文章"。

体育强则中国强，国运兴则体育兴。从 1990 年北京亚运会《亚洲雄风》响彻大江南北，到 2010 年广州亚运会展现东方大国新形象；从 2008 年北京奥运会在全国范围掀起全民健身热潮，到 2022 年北京冬奥会"带动三亿人参与冰雪运动"……一次次体育盛会见证着中国体育事业的长足发展，也折射出大国前行的铿锵步履。以杭州亚运会为新的起点，推动群众体育、竞技体育、体育产业等协调发展，定能不断开创我国体育事业发展新局面，为强国建设、民族复兴注入不竭力量。

（2023 年 10 月 17 日）

培养更多高技能人才和大国工匠

尹双红

工业机器人系统操作赛项上，选手通过对工业机器人进行参数设置、编程调试，使机器人能独自完成物料的自动输送、定位抓取、成品入库等流程；虚拟现实工程技术赛项区，参赛选手们认真了解规则后，即刻着手在规定时间内完成三维模型构建；移动机器人赛项现场，机器人在选手的操控下，模拟完成不同场景下的药品摆放、病床搬运等任务……前不久，第二届全国技能大赛在天津市落下帷幕，来自全国各地的 4000 多名参赛选手切磋交流，既展现了不凡身手，也展现了高技能人才在现代化建设中的新作为、新形象。

技能人才是我国人才队伍的重要组成部分，是支撑中国制造、中国创造的重要力量。党的二十大报告将大国工匠、高技能人才纳入国家战略人才力量，充分彰显加强新时代高技能人才队伍建设的重要性。培养更多高素质技术技能人才、能工巧匠、大国工匠，必能为全面建设社会主义现代化国家提供有力人才和技能支撑。

三百六十行，行行出状元。对个人而言，掌握一技之长，是实现个人价值的重要途径。凭借精湛技艺，钳工郑志明被评为广西汽车集团有限公司特级技师、首席技能专家；16 岁开始学砌墙的邹彬，勇夺第四十三届世界技能大赛优胜奖，如今已成长为中建五局总承包公司的一名项目质量总监；作为一名继电保护员，云南电网有限责任公司昆明供电局的李辉带领团队先后完成技术攻关 60 余项，主导制定 2 项国家标准，取得 50 项国家专利……一个个平凡劳动者通过技能成才的故事生动说明，苦练技艺、掌握精湛技能，能够开辟事业舞台，实现人生出彩。

细微之处见真章。第二届全国技能大赛上，"执着专注、精益求精、一丝不苟、追求卓越的工匠精神"在选手身上得到生动体现。心心在一艺，其艺必工；心心在一职，其职必举。从一枚螺丝钉的打磨，到一个焊点的焊接，再到精确至毫米级的工艺，小环节里有大学问，能做出大成果。把工匠精神倾注于一个个零件、一道道工序、一次次试验，就能在平凡岗位上干出不平凡的业绩。

当前，我国正处于经济转型升级的关键期。不论是实施创新驱动发展战略、建设制造强国，还是破解结构性就业矛盾、满足社会发展需求，都对加快技能人才培养提出了更高要求。数据显示，目前我国技能人才总量超过 2 亿人，高技能人才超过 6000 万人。但是，与推动高质量发展、构建新发展格局的人才需求相比，现有技能人才总量仍然不足，技能人才供需矛盾仍然存在。这一方面需要进一步办好职业教育，培养高素质技能人才；另一方面也需要完善和落实技术工人培养、使用、评价、考核机制，提高技能人才待遇水平，畅通技能人才职业发展通道，完善技能人才激励政策。惟其如此，才能激励更多劳动者走技能成才、技能报国之路，培养更多高技能人才和大国工匠。

千工易寻，一技难求。从国务院印发《国家职业教育改革实施方案》，到人力资源社会保障部制定出台《关于健全完善新时代技能人才职业技能等级制度的意见（试行）》，再到中办、国办印发《关于加强新时代高技能人才队伍建设的意见》……一系列有力举措，为技能人才成长成才创造了良好条件。靠技能成才、以技能报国，大有可为，也大有作为。搭建平台、提供舞台，在全社会营造人人皆可成才、人人尽展其才的良好环境，未来一定会涌现更多高技能人才和大国工匠，书写更多技能成才、技能报国的精彩篇章。

（2023 年 10 月 13 日）

露营休闲，安全文明不能忘

邹　翔

夯实安全基石，涵养文明习惯，让露营行业在健康有序的轨道上稳步向前

走进山林听溪水潺潺，置身山谷看云卷云舒，与孩子一起在户外享受野餐乐趣……如今，露营日益成为广受欢迎的休闲娱乐方式，越来越多人在亲近自然中放松身心、乐享生活。同时，不少地方将音乐会、露天电影院、市集等内容融入露营活动，推出"观星＋露营""赏花＋露营""房车＋露营""旅拍＋露营"等各具特色的露营产品，让露营热度持续走高。

从小众爱好到大众风尚，露营给人们带来了新鲜体验，丰富了大众的旅游休闲方式。但与此同时，也出现了一些亟须重视并加以规范的问题。比如，在"露营热"的带动下，一些"野景点"、未开发的"景区"成为热门"打卡地"。再比如，露营时，有人乱停车辆，阻碍交通，对当地群众正常生产生活造成不良影响；有人随意丢弃垃圾，破坏环境；还有人违规使用明火，给森林防火安全带来隐患。这些问题，应该引起足够重视。

露营赏景，安全先行。参加露营活动，安全意识必须放在首位。去年8月，四川省彭州市龙门山镇龙漕沟突发山洪，致多人死伤。龙漕沟本属于地质灾害点位，易发生泥石流、山洪等自然灾害，却在一些平台被标注

· 100 ·

为"景点"，成为不少人眼中的"网红露营打卡地"。类似事件，值得我们警醒。对露营者而言，帐篷露营地应选择在安全区域，远离森林防火区、防洪区、地质灾害易发区、饮用水水源保护区和野生动物生息繁衍区，并严格遵守户外用火、森林防火和环境卫生等有关规定。同时，还应提高防灾避灾意识，提前了解天气情况，时刻关注安全风险预警和提示信息，做好防雾、防雹、防雷电等方面准备。只有严格遵守各地安全管理规定，筑牢安全底线，才能更好地纵情山水，享受自然之美、露营之乐。

更好地拥抱"诗和远方"，还需守住文明底线。损坏花草树木、随地乱扔垃圾等不文明行为，不仅会对自然环境造成冲击，也会影响其他人的露营体验，阻碍露营行业的发展。在可耐受地面行进和露营、妥善处理垃圾、保持自然原貌、保护野生动物等"环境最小冲击"原则，应当成为露营者的出游准则。保护生态环境，人人有责，也人人可为。培养文明、绿色、安全露营习惯，实现"无痕露营"，自觉做好公共环境卫生维持、公共秩序维护、公共设施规范使用，是厚植文明健康理念、践行绿色环保生活的题中应有之义。

数据显示，去年我国露营经济核心市场规模达 1134.7 亿元，预计 2025 年这一数字将升至 2483.2 亿元，带动市场规模超万亿元。露营经济前景广阔，推动露营旅游休闲实现健康有序发展，一方面，应整治乱象、加强管理，对危险和不文明露营行为进行约束，让露营更安全、更环保、更舒适。另一方面，应在扩大优质供给、完善配套设施、丰富露营产品等方面下更大力气。推动公共营地建设、扩大公共营地规模，提高露营产品品质，加强业态融合创新，露营旅游休闲将在促进旅游休闲消费、培养绿色健康生活方式、便利人民群众就近出游等方面进一步发挥积极作用。

"露营+钓鱼""露营+沙滩派对""露营+篝火晚会"……层出不穷的露营新玩法不断丰富着游客的出游体验，拓宽着露营经济的产业链条。夯实安全基石，涵养文明习惯，让露营行业在健康有序的轨道上稳步向前，才能更好满足个性化、差异化、多层次旅游休闲需求，助力实现人民群众对美好生活的向往。

（2023 年 10 月 10 日）

提升扫码消费的服务体验

周人杰

把恢复和扩大消费摆在优先位置，就要为消费者创造安心、清朗的消费环境

扫码消费如何不"扫兴"？前不久，一项关于二维码生活场景应用情况的调查，引发关注和思考。调查显示，扫码消费降低了人力成本，提高了服务效率，也为餐饮、文旅等产业的提质增效带来新契机。但同时，强制关注、夹杂广告、操作繁琐等问题，让消费者深受困扰。比如，有消费者驾驶车辆离场前停车系统已识别并显示费用，但扫码后的界面仍要求手动输入车牌号等才能支付；有消费者到店就餐被告知只能扫码下单，并且后续广告推送让人不胜其扰；个别文旅景点忽视老年人、残障人士等特殊消费群体需求，完全依赖线上预订……破解这些问题，亟待加强监管、协同施策。

今年年初发布的《2022年移动支付安全大调查研究报告》显示，77.5%的手机用户每天都会使用移动支付，受访者月均消费总支出的86.1%由移动支付完成。而在移动支付满足消费者数字生活基本需要的过程中，各类不安全行为还不少，欺诈、受骗事件屡有发生。对此，北京市消协发文劝导相关经营者，"不得强制消费者关注公众号或使用手机APP、

小程序进行自助点餐或购物、缴费"，上海市有关部门也针对网络点餐不同场景下餐饮经营者收集、使用、保管消费者个人信息等提出具体合规要求和操作准则。各地实践启示我们，提升扫码消费的服务体验，首先需要保护好个人信息，筑牢安全屏障。

扫码消费中存在的问题，不仅影响消费体验，而且涉嫌违反相关法律法规。比如，在点餐方式上，消费者应享有充分的选择权，既可选择人工点餐，也可选择扫码点餐；又如，扫码支付中过度收集性别、手机号、生日甚至身份证号等与消费服务无关的数据，涉嫌违反个人信息保护的法律法规；再如，"诱导精准定位""关联搭售""关注公众号才能开发票"等不合理限制，违反了《互联网用户公众账号信息服务管理规定》等规章制度。要杜绝扫码乱象，必须坚持法治思维、增强法治观念，以更强有力的监管举措，将法律法规落实落细。

把恢复和扩大消费摆在优先位置，就要为消费者创造安心、清朗的消费环境。提升扫码消费的服务体验，既需要市场监管部门强化对相关企业的监管力度，也要建立联合执法和监督机制，完善投诉渠道和线上、线下调解机制。未来，虚拟现实和人工智能等新一代互联网技术将带来更丰富的消费选择，这既是企业数字化转型的新机遇，也是消费者保护的新挑战。无论是引导扫码服务提供者收集个人信息时遵循最小必要原则，还是监管部门打好抽查、暗访、约谈、罚没、整改等"组合拳"，都需要坚持前瞻性思考，秉持法律这个准绳、用好法治这个方式。

消费是我国经济增长的重要引擎。8月份，社会消费品零售总额同比增长 4.6%，增速比 7 月份加快 2.1 个百分点。巩固居民消费稳步扩大的态势，通过终端需求带动有效供给，都要求不断提升消费体验，营造安全放心的消费环境。从阶段性治标到中长期治本，从强化权益保护到促进科技向善，建立和完善扩大居民消费的长效机制，使居民有稳定收入能消费、没有后顾之忧敢消费、消费环境优获得感强愿消费，我们就能够更好发挥消费拉动经济增长的基础性作用，不断推动经济运行持续好转。

（2023 年 10 月 09 日）

中国式现代化新征程前景光明

李　拯

一条康庄大道，浓缩跨越百年的沧桑巨变。100多年前，孙中山先生在《建国方略》中描绘了一份中国现代化蓝图，有外国记者认为这完全是一种"空想"。如今，铁路进青藏、公路密成网、高峡出平湖、港口连五洋、产业门类齐、"天和"驻太空、"祝融"探火星……中国高质量发展的画卷远比百年前的设想壮阔。面对当年的那份蓝图，习近平总书记感慨："只有我们中国共产党人实现了。"进入新时代，中国式现代化更加气象万千、前景光明。

习近平总书记强调："在新中国成立特别是改革开放以来长期探索和实践基础上，经过十八大以来在理论和实践上的创新突破，我们党成功推进和拓展了中国式现代化。"回望过往的奋斗路，眺望前方的奋进路，如何认识这条实现强国建设、民族复兴的正确道路？怎样沿着这条道路继续披荆斩棘、砥砺前行？近日，由中央宣传部理论局组织编写的《中国式现代化面对面》出版发行，以透彻的说理、平实的文风和活泼的形式，深入浅出阐释中国式现代化的中国特色、本质要求和重大原则，为读者提供了一道丰盛的理论大餐。

理论只要彻底，就能说服人；理论一经掌握群众，也会变成物质力量。从"思想之旗领航向"，回答如何理解习近平新时代中国特色社会主义思想是全面推进强国建设、民族复兴的科学指引；到"人间正道是沧桑"，回答如何理解以中国式现代化全面推进中华民族伟大复兴；再到"文脉国脉紧相连"，回答如何理解全面建设社会主义现代化国家必须推进文化自信自强……《中国式现代化面对面》围绕 17 个方面问题，融汇理论和实践、联结历史与现实，对中国式现代化进行了立体而生动、系统而鲜活的阐释。这本书既回望历史又着眼当下，既立足中国又放眼世界，兼具认识论和方法论，让理论有味道、有血肉、有文采，有助于激发亿万人民沿着中国式现代化道路奋勇前行。

现代化是人类社会从传统文明向现代文明转变的历史过程，成为世界各国普遍追求的潮流。每个国家的历史传承、文化传统、基本国情不同，关键是要找到适合自身的现代化道路。中国式现代化之所以取得成功，就是因为它符合中国实际、反映中国人民意愿、适应时代发展要求，是我们党扎根中国大地、独立自主探索出来的现代化道路。沿着中国式现代化道路，我们推动物质文明、政治文明、精神文明、社会文明、生态文明协调发展，创造了人类文明新形态，超越了西方以资本为中心的现代化、两极分化的现代化、物质主义膨胀的现代化、对外扩张掠夺的现代化老路。实践充分证明，中国式现代化道路不仅走得对、走得通，而且走得稳、走得好，是实现中华民族伟大复兴的有效路径，必须倍加珍惜、始终坚持、不断拓展和深化。

康庄大道并不等于一马平川。习近平总书记指出，"推进中国式现代化，是一项前无古人的开创性事业，必然会遇到各种可以预料和难以预料的风险挑战、艰难险阻甚至惊涛骇浪"。当前，世界百年未有之大变局加速演进，世界进入新的动荡变革期。推进中国式现代化涉及思想观念、生产方式、利益格局的深刻变革，还有一系列难点、卡点、堵点需要突破。越是在这样的时候，越要有道不改、志不变的决心，坚持以中国式现代化推进中华民族伟大复兴，推动中国号航船平稳驶向更加辽阔的水域。

当代中国，江山壮丽，人民豪迈，前程远大。沿着中国式现代化道路，我们书写着人类现代化历史上亘古未有的奇迹。展望未来，正如《中国式现代化面对面》阐述的："中国式现代化植根于绵延5000多年的中华文明沃土，既赓续文明又更新文明，赋予中华文明以现代力量，具有深厚的生命力和强大的包容性，必将推动中华文明重焕荣光，必将蹚出一条人类走向美好未来的文明新路。"

（2023 年 09 月 14 日）

培养更多优秀的博物馆讲解人才

崔　妍

在对博物馆讲解服务"堵偏门"的同时，还需向社会上的各类高水平讲解人才"开正门"，保障好参观者多元多样的文化体验需求

一颗牙齿，蕴藏着某地区最早的人类活动证据；一枚铜钱，记载着两地的贸易往来；一支金钗，记录着当时的审美风格与制作工艺水平……近段时间，"逛博物馆"变为越来越多人的生活方式，"听讲解"也成为备受青睐的参观选择。文物不言，但讲解可以代替它们开口讲述厚重历史。不少人逛博物馆的动力就源于在听讲解中对话时空、探索知识，从内心深处增强历史自信、文化自信。

就博物馆讲解服务而言，揭秘氤氲在历史文献、文物中的文化密码，真实、准确是基本要求，传递正确历史观、文化观是根本前提。然而，有一些非正规的讲解服务，为了吸引眼球，或是出现常识性错误，或是大谈秘闻、传说、野史等未经考证的内容，甚至将考古与盗墓混为一谈，不仅给参观者带来误导和不适感，还可能造成青少年在价值观上的认知偏差。对此，最近辽宁、河南、广东、陕西等地的多个省级博物馆明确规定，原则上不允许社会人士在馆内组织开展讲解活动。

前不久发布的《国家文物局关于进一步提升博物馆讲解服务工作水平的指导意见》提出，"适度增加固定时段免费人工讲解频次，定期组织博物馆馆长、相关领域专家学者、科研人员或策展团队开展公益讲解活动"。强化高质量讲解服务供给，是不断满足观众参观需求的重要途径。比如，深入挖掘藏品价值内涵，围绕中华文明突出特性，提高解说词的撰写质量；针对不同观众群体的需求，提供分众化、特色化的讲解内容和服务；借助现代技术手段，升级更新自助讲解设备、丰富服务形式；等等。在解决"有没有"的基础上，探索解决好"优不优"，让博物馆讲解服务有韵味、好滋味，才能让参观者在参观游览中听得津津有味、收获更多知识。

现实中，不同群体对博物馆讲解服务有着不同的偏好，社会上也不乏高水平的讲解人才。在对博物馆讲解服务"堵偏门"的同时，还需向社会上的各类高水平讲解人才"开正门"，保障好参观者多元多样的文化体验需求。针对讲解质量参差不齐等问题，相关部门应把好监管关、扩充人才库，对社会讲解人员进行培训、规范和引导，培养更多优秀的讲解人才。各地博物馆可以探索备案、考核等机制，重点加强内容审核，及时发现并纠正不良讲解行为。讲解人员也要自觉敬畏文物、尊重史实，加强历史文化知识学习，为观众提供客观、真实、准确的讲解服务。

文化事业发展离不开多方同向而行。随着人民生活品质的提升和博物馆事业的发展，公众对博物馆服务的数量和质量都有了更多期盼。刚刚过去的暑假，多家博物馆、美术馆延长参观时间、增设夜场、提升预约量，有的还改变了"周一闭馆"的惯例。生动实践启示我们，无论是转变观念释放存量，还是创新方式打造增量，凝聚携手共建的力量，提供精细化、多样化的博物馆服务，"博物馆热"才能不断延续，文化盛宴才能让更多人受益。

一座博物馆就是一所大学校。走进这所大学校的人越多，博物馆发挥出的社会教育价值和公共服务效益就越大。建设好人们与博物馆间的桥梁，是题中应有之义。期待完善博物馆讲解服务的创新之举不断涌现，有力托举起文化惠民的发展旨归。

（2023 年 09 月 12 日）

形成预防网络游戏沉迷合力

李洪兴

监管持续发力、企业落实义务、家校引导陪伴，有助于形成预防网络游戏沉迷的合力，共同为未成年人健康成长营造良好环境

近年来，随着互联网技术发展，网络游戏互动性、沉浸性、仿真性更强，对未成年人具有很强吸引力。未成年人身心发育尚不成熟，自控能力相对较弱，容易沉迷网络游戏、产生依赖。正因如此，防止未成年人沉迷网游的工作，一直备受关注。

加强监管要有据可依。为切实保护未成年人身心健康，国家新闻出版署在 2021 年 8 月下发《关于进一步严格管理 切实防止未成年人沉迷网络游戏的通知》，要求严格限制向未成年人提供游戏服务的时间、加大检查频次和力度、强化企业监管，同时重申严格落实网络游戏用户账号实名注册和登录。这一举措，旨在推动防沉迷工作从严从紧，为未成年人健康成长保驾护航。

如今两年多时间过去，有关调查数据显示，超过 80% 的家长认可现阶段防沉迷工作成效。中国音数协游戏工委发布的相关报告指出，未成年人游戏总时长、月活跃用户数、消费流水等数据，都已有较大幅度减少。这

在一定程度上表明，游戏行业未成年人保护工作取得一定成效。下一步，应在既有的未成年人防沉迷系统基础上，坚持多方共治、多措并举，不断筑牢未成年人保护的"防火墙"。

网络游戏沉迷是社会性问题，防沉迷工作是系统性工程。任何一个环节缺失，防沉迷的保护系统就容易被打破，各方面努力就可能白费。比如，网络游戏黑灰产业链的危害不容小觑。现实中，有不法商家通过租号、帮充值等方式，引诱未成年人绕过防沉迷监管。聚焦突出问题、关键环节，进一步加大监管力度，斩断黑灰产业链，防沉迷系统才不会形同虚设，网络游戏领域未成年人权益保护才能更好实现全覆盖、无死角的目标。

做好未成年人防沉迷工作，需要各方面持续用劲、凝聚合力。政府部门、行业企业应始终把防沉迷作为游戏管理的重中之重，严格防沉迷管理的制度和执行。游戏企业和平台是防沉迷工作的主体，必须坚持把社会效益放在首位，坚决落实防沉迷工作各项要求，做到不变通、不走样。同时，应推动家校协同发力，确保广大家长、老师更好履行监护教育职责，加强关爱陪护和约束规范，引导孩子们养成良好生活习惯和用网习惯。监管持续发力、企业落实义务、家校引导陪伴，有助于形成预防网络游戏沉迷的合力，共同为未成年人健康成长营造良好环境。

当下的未成年人是在互联网时代成长起来的，较之以往更有条件、更有机会、更有能力接触网络，在网络空间中十分活跃。我国未成年网民数量已超过1.9亿，要在引导未成年人文明用网、科学上网、健康上网上发力，不断提高他们的网络素养。实践告诉我们，推动防沉迷工作不断取得新成效，必须站在塑造网络新风、净化网络空间的高度，为未成年人学习、社交、娱乐提供丰富而安全的网络场景，共建网上美好精神家园。

坚持问题导向、效果导向，进一步完善法律、变革技术、提升素养，必能让未成年人的网络空间更加天朗气清。

（2023 年 09 月 06 日）

暑期消费热的多重启示

李　斌

无论是扎实推进共同富裕还是不断满足人民对美好生活的向往，都需要重视消费、提振消费

纵览今年暑期消费市场，文旅、餐饮、零售、交通等行业的繁荣景象让人印象深刻。暑期档电影票房、民航旅客月度运输量、铁路暑运单日旅客发送量等都创造了历史新高；各类博物馆、科技馆门庭若市，热门演唱会、音乐节一票难求；"城市漫步""山居生活""研学游"等新兴文旅形式不断涌现；消夏避暑消费需求持续释放，"凉需求""凉资源"转化为热度爆表的新引擎。

暑期是观察消费市场景气程度和发展趋势的重要窗口。国家统计局发布的 7 月份国民经济运行情况显示，暑假旅游等服务消费明显回暖，对消费扩大支撑作用明显。透过火爆的暑期消费，我们可以捕捉到许多促消费、稳增长的启示。

时代在发展，需求在变化，人们越来越看重精神上的愉悦、文化上的满足、身心上的健康。物质消费外，娱乐放松、学习提升等精神消费也在增加；食品消费不仅为了饱腹，也更加注重营养、健康；除了传统个人消

费，养老、亲子等消费需求同样旺盛……消费需求在品类、品牌、渠道等方面转型升级，更多元、更个性，唯一不变的是指向美好生活。

与需求端的消费个性化、品质化和多样性趋势相适应，供给端需要准确识变、科学应变、主动求变，创新经营模式、优化产品服务、丰富消费形态。以城市商场为例，不少地方把图书市集、冲浪戏水、亲子游戏等模式引入，重新吸引了客流、打响了口碑。从西安、洛阳等网红城市看，文旅经济蓬勃兴起的重要驱动力在于文化赋能。深挖文化内涵、讲好文史故事，有助于文旅消费增添更多"文化味"。

改善消费条件，释放消费潜力，"有形之手"显现重要作用。不久前出台的《关于恢复和扩大消费的措施》，围绕稳定大宗消费等六个方面，提出 20 条具体政策举措；文化和旅游部围绕传统节日、法定假日和暑期等旅游旺季，商务部围绕 52 个消费场景，开展了各类促消费活动；许多城市通过发放消费券等形式，支持消费复苏。当前，消费恢复特别是进一步扩大的基础仍然不够牢固，还需要以改革破除阻碍消费需求释放的体制机制障碍，完善分配制度，增加居民收入。

对大多数消费者而言，消费行为建立在真实的生活需求之上。正如有关部门指出的，促消费政策的出发点是帮助居民节约开支，买到性价比更高、满意度更高的新产品。促成需求与供给的动态匹配，改善消费环境是一个重要支撑。提振汽车、电子产品、家居等大宗消费，推动体育休闲、文化旅游等服务消费，都需要着力营造安全、可靠、放心的消费环境。

从"山野露营"到"围炉煮茶"，从"创意市集"到"沉浸式文旅"，消费场景不断翻新、迭代、升级，背后是"中国制造"的加持，离不开创新驱动与产业升级。积极扩大国内需求，通过终端需求带动有效供给，是把实施扩大内需战略同深化供给侧结构性改革有机结合起来的题中应有之义。供给优化了，需求释放了，国民经济循环畅通起来，消费拉动经济增长的基础性作用就会愈发显现出来。

消费与百姓生活息息相关，无论是扎实推进共同富裕还是不断满足人民对美好生活的向往，都需要重视消费、提振消费。政府搭台、市场唱戏，促进消费新业态、新模式不断涌现，必能带动消费场景不断拓宽、消费体验不断提升、消费潜能进一步释放。

（2023 年 09 月 05 日 ）

让司法有力量有温度

孟繁哲

法律是成文的道德，道德是内心的法律。当人们真切感受到公平正义就在身边，全社会就能形成遵法守法、崇德向善的情感认同和行为自觉

当司法回归本源，让司法有力量、有温度，就能为促进社会公平正义筑牢坚实堤坝，实现法律效果和社会效果的有机统一

司法案例是"活教材"，是生动的法治课。前不久，最高人民法院发布15个人民法院抓实公正与效率践行社会主义核心价值观典型案例，涉及英雄烈士名誉荣誉保护、诚信经营、见义勇为等主题。这些案例，明确支持了正当行为免责、自甘风险自负其责的基本理念，坚决防止"谁闹谁有理"等"和稀泥"做法。在分清是非的基础上定分止争，有助于更好地维护社会公平正义、弘扬社会正气。

通过司法案例明确司法对于各种社会行为的判断，有助于引导当事人对纠纷解决结果形成合理预期，引导公众循法而为。"谁闹谁有理"等观念之所以还有一定市场，或是因为部分当事人对自身权责利不够了解，或是因为之前的某些案例给了一些人不合理预期。此次发布的案例中，原告张某不配合安检人员安检被阻拦倒地受伤。其间，安检人员没有使用暴力，

也没有其他过激行为，阻拦原告进站系履行安检职责的正当行为。因此，人民法院驳回原告的诉讼请求。这一案例，阐明了正当履行职务者不承担责任的司法理念，对于引导公众遵守公序良俗，以社会主义核心价值观引领推动社会治理能力现代化具有积极意义。

习近平总书记强调："努力让人民群众在每一个司法案件中感受到公平正义。"公正是法治的生命线。当社会遇到"扶不扶""救不救""管不管"等法律和道德难题时，司法裁判必须亮明态度、辨明是非，如此才能成为引领社会风气、维护公序良俗的风向标。近年来，一件件典型案例的判决，明确支持正当行为免责，为行善者撑腰、让失德者失利，同时让广大群众认识到，法律既是必须遵守的行为规范，更是保障自身权利的有力武器。法律是成文的道德，道德是内心的法律。当人们真切感受到公平正义就在身边，全社会就能形成遵法守法、崇德向善的情感认同和行为自觉。

随着社会发展，人民群众的法治观念、权利意识普遍增强，明确是非对错的公平正义成为社会对司法结果的期待。比如，对于见义勇为，明确支持正当行为免责，才能鼓励更多人敢做好事、愿做好事。本次发布的典型案例中，明确保障了善意施救者的损害赔偿请求权利，让助人者觉得更踏实、更有保障。实践证明，在司法判决中彰显"法不能向不法让步"的法治精神，对于激浊扬清、惩恶扬善，具有十分重要的意义。

衡量和判断司法工作的成效，既要看法律效果，也要看社会效果。司法的社会效果建立在依法公正裁判基础上，是实践中形成的一种司法公信。比如，在云南省临沧市住建局诉临沧市人社局工伤保险资格认定案中，戴某某被确诊脑死亡后因医院进行捐献器官手术，导致医院出具死亡证明超48小时而不被认定为工伤，法院依法纠正了不认定工伤的不合理决定，依法维护当事人的合法权益，不使社会公益之举受挫。当司法回归本源，让司法有力量、有温度，就能为促进社会公平正义筑牢坚实堤坝，实现法律效果和社会效果的有机统一。

法律的权威，源自人民内心拥护和真诚信仰。通过一个个公正合理的判决，回应群众对司法热点问题的关切，在价值层面昭示法治捍卫公平正义的宗旨，有助于坚定"法不庇恶、邪不压正"的决心和信心，强化全社会对法治的信仰。当遵法守纪者扬眉吐气、违法失德者寸步难行成为普遍的社会共识和现实，全社会充满正气、正义，法治中国的光辉将照亮每一个人。

（2023 年 08 月 31 日）

把恢复和扩大消费摆在优先位置

周人杰

> 把扩大消费同改善人民生活品质结合起来，适应不同收入群体实际需要，以高质量供给提高居民消费意愿

促进消费是当前恢复和扩大需求的关键所在。在北京，第四届"8·8"北京体育消费节暨京津冀体育消费节启动。为推动新能源汽车下乡，浙江提出到2025年累计建成充电桩230万个以上、乡村不少于90万个，实现公共充电站"县县全覆盖"、公共充电桩"乡乡全覆盖"。今年暑期，多地组织开展各类消费季、发放多种消费券，着力提振消费。

消费是推动经济增长的基础性力量。7月份，餐饮收入同比增长15.8%，新能源汽车销量同比增长31.6%，民航旅客运输量同比增长83.7%。也要看到，社会消费品零售总额环比微降，一些消费品类增长势头仍不稳固，一些领域消费体验不佳、感受不好。我国有14亿多人，总体消费水平还不高、余地还很大。面向未来，着力扩大内需、巩固经济恢复向好基础，我们要发挥消费拉动经济增长的基础性作用，贯彻落实《关于恢复和扩大消费的措施》（以下简称《措施》），更好满足人民群众对美好生活的需要。一方面必须通过增加居民收入扩大消费，通过终端需求带动有效供给，另一方面要丰富促消费政策，完善促消费的体制机制，切实提振汽车、电子

产品、家居等大宗消费，推动体育休闲、文化旅游等服务消费。

扩大消费，最根本的是促进就业，完善社保，优化收入分配结构，扩大中等收入群体，通过增加居民收入来提升消费能力。今年上半年全国居民人均可支配收入 19672 元，同比实际增长 5.8%。随着宏观调控的精准有力实施，我国经济巨大的发展潜力必将进一步释放，居民就业、收入水平和消费能力也必将进一步提升。7 月底发布的《措施》，从提升家装家居和电子产品消费、全面落实带薪休假制度，到大力发展乡村旅游、推广绿色消费，再到完善消费基础设施建设支持政策、加强金融对消费领域的支持等，具体政策都力求长短兼顾、务实有效。以钉钉子精神抓好落实，确保《措施》落地见效，建立和完善扩大居民消费的长效机制，才能更好稳住消费基本盘，激发更多内生动力。

消费直接关系到经济发展和民生改善。要把扩大消费同改善人民生活品质结合起来，适应不同收入群体实际需要，以高质量供给提高居民消费意愿。在《措施》中，优化汽车购买使用管理、支持刚性和改善性住房需求、促进文娱体育会展消费、提升健康服务消费等，都事关民生。在扩大消费中持续不断改善民生，既能有效解决群众后顾之忧，又可以催生新的经济增长点。实现扩大消费和民生改善良性循环，就能在发展中不断增进民生福祉，为经济发展创造出更多有效需求。

"夜"显活力，上半年广东夜间文旅消费活力超过白天，支出占全天文旅消费比重的 61.62%；"绿"增动能，今年"618"促销活动期间绿色智能产品引人关注，节能空调、超薄嵌入式冰箱等绿色智能家电成交额同比明显上升……上半年，最终消费支出对经济增长的贡献率达到 77.2%，明显高于去年。下半年，恢复和扩大消费增长的有利条件继续汇聚。把握好发展的时与势，打好促消费的"组合拳"，牢牢把握惠民基点，全面创新提质，打通各环节堵点难点，使居民收入稳定能消费、后顾无忧敢消费、环境优化愿消费，我们就一定能以新气象新作为推动高质量发展取得新成效，努力完成全年目标任务。

（2023 年 08 月 30 日）

增强基本公共服务均衡性和可及性

刘天亮

对基本公共服务范围和保障标准进行常态化动态调整，有助于实现国家基本公共服务标准与群众需求及各领域发展情况"同频共振"

我国人口众多、发展很不平衡，应优先考虑制度覆盖城乡全体居民，满足基本需求，再随经济社会发展逐步提升统筹层次和保障水平

义务教育阶段免除学杂费，慢性病患者健康管理，城镇棚户区住房改造……基本公共服务，是由政府主导、保障全体公民生存和发展基本需要、与经济社会发展水平相适应的公共服务。国家基本公共服务标准，是合理配置基本公共服务资源的基础依据，也是衡量均等化水平的重要工具。对基本公共服务范围和保障标准进行常态化动态调整，有助于实现国家基本公共服务标准与群众需求及各领域发展情况"同频共振"。

不久前，国家发展改革委等部门联合印发《国家基本公共服务标准（2023 年版）》，这是自 2021 年国家基本公共服务标准发布实施以来的首次调整。这一动态调整，涉及 48 项服务事项，占总项目数的 60%，将对今后一段时期的政府职责、群众生活产生广泛而实际的影响。

国家基本公共服务标准是民生保障的底线标准，是各领域民生底线的汇总集合。出台新版国家基本公共服务标准，实质上就是政府对群众作出了新的民生保障承诺。对照这一标准，人们对现阶段保障基本民生"重点要保什么""保到什么程度"，都能心中有数。

自其变者而观之，增加服务项目、提高服务标准、扩大服务对象、增加服务内容等调整，既考虑了经济社会发展新情况，也考虑了群众新需求，体现了通过公共服务体系建设"增进民生福祉，提高人民生活品质"的政策目标。比如，县、乡、村和社区基层公共服务机构是提供基本公共服务的网底和基础，也是公共服务体系的短板和薄弱环节。本次纳入国家基本公共服务标准的"增补叶酸预防神经管缺陷服务"，将为准备怀孕的农村生育妇女在孕前3个月至孕早期3个月增补叶酸，并提供健康指导、追踪随访等服务，弥补了此前的不足。此外，"农村义务教育学生营养膳食补助""农村危房改造"等服务项目的调整，同样体现了推动公共服务向农村延伸、社会事业向农村覆盖的政策导向，既有利于织密筑牢民生网底，又增强了基本公共服务的均衡性。

自其不变者而观之，新版国家标准与旧版国家标准的文件框架、表述方式保持总体稳定、大体一致，保持了政策连续性，有利于逐步推动制度成熟定型。更重要的是，这是必须予以兑现的"硬承诺"。换言之，国家基本公共服务，必须强化其可及性。2021年，国家首次出台基本公共服务标准，提出的80项基本公共服务项目如今已基本落实到位，为保障和改善民生发挥了积极作用。新版国家标准，也是在充分考虑经济发展状况和财政负担能力的基础上作出的调整，同样要做到"承诺必达"。

近年来，我国基本公共服务标准体系建设取得明显成效。但也应看到，我国人口众多、发展很不平衡，应优先考虑制度覆盖城乡全体居民，满足基本需求，再随经济社会发展逐步提升统筹层次和保障水平，提高基本公共服务均等化程度。从这个意义上讲，推进基本公共服务均等化是一项长期任务。一方面，要积极回应群众期盼，结合本地实际，抓紧调整本地区基本公共服务实施标准，确保不低于国家标准，让人民群众可获得、有感受。另一方面，要进行严格的财政承受能力评估，落实好人员等各类资源配置，把有限的财力用到人民群众最关心的领域、生活中最关键的环节，确保服务可持续。

公共服务关系民生，连接民心。习近平总书记在党的二十大报告中强调，"健全基本公共服务体系，提高公共服务水平，增强均衡性和可及性"。聚焦人民群众的"急难愁盼"，及时更新完善国家标准，不断优化资源配置，逐步扩大范围，定能以标准化推动基本公共服务均等化，切实兜住兜牢民生底线，不断增强人民群众获得感、幸福感、安全感。

（2023 年 08 月 23 日）

构建优质均衡的基本公共教育服务体系

周人杰

不久前，中办、国办印发《关于构建优质均衡的基本公共教育服务体系的意见》（以下简称《意见》），提出"以公益普惠和优质均衡为基本方向，全面提高基本公共教育服务水平"，要求各级党委和政府"把构建优质均衡的基本公共教育服务体系作为实现共同富裕的一项重大民生工程，列入党委和政府重要议事日程"。推进基本公共教育服务覆盖全民、优质均衡，必将对基础教育质量和育人格局乃至经济社会发展产生深远影响。

教育公平是社会公平的重要基础，建设教育强国是促进全体人民共同富裕的有效途径。党的十八大以来，我们建成了世界上规模最大的教育体系，教育普及水平实现了历史性跨越。从基本均衡迈向优质均衡，是更好满足群众对"上好学"的需要的必然选择，是以教育公平促进社会公平正义的题中应有之义。根据《意见》部署，到2027年优质均衡的基本公共教育服务体系初步建立，到2035年绝大多数县（市、区、旗）域义务教育实现优质均衡。把《意见》落到实处，加快推进教育现代化，定能以教育之力厚植人民幸福之本，以教育之强夯实国家富强之基。

办好人民满意的教育，必须坚持以人民为中心发展教育。促进义务教育优质均衡发展，要聚焦人民群众所急所需所盼，不断缩小教育的城乡、区域、校际、群体差距。《意见》就促进区域协调发展、推动城乡整体发展、加快校际均衡发展、保障群体公平发展、加快民族地区教育发展、提高财政保障水平等方面提出了有针对性的举措。比如，针对城镇挤、乡村弱现象，《意见》提出"以城带乡、整体推进"，全面推进城乡学校共同体建设等；再如，针对校际办学质量差距问题，《意见》提出促进新优质学校成长，办好群众"家门口"的学校，制定校长和优秀骨干教师交流轮岗具体实施方案等。这些部署和安排在促进基本均衡的基础上，更加注重教育质量提升、内涵发展，从而让适龄儿童享有公平优质的基本公共教育服务。

习近平总书记强调："从教育大国到教育强国是一个系统性跃升和质变，必须以改革创新为动力。"构建优质均衡的基本公共教育服务体系，要坚持系统观念，统筹推进育人方式、办学模式、管理体制、保障机制改革，把促进教育公平融入深化教育领域综合改革的各方面各环节。教育资源分布和教育公共服务水平，是由多重因素决定的，实现优质均衡的教育不可能一蹴而就。构建优质均衡的基本公共教育服务体系是一项重大改革，工作具有长期性、复杂性、艰巨性。坚持优先保障、坚持政府主责、坚持补齐短板、坚持改革创新，持续深化综合改革，破解体制机制障碍，优化资源配置方式，尽力而为、量力而行、循序渐进、动态调整，才能不断提升教育质量，促进教育公平，提升群众满意度。

攻坚克难靠真抓，梦想成真唯实干。在浙江，支援山区26县和6个海岛县组建跨地区城乡义务教育共同体被列入省级民生实事，全省公办义务教育学校教共体结对覆盖率超过95%；在四川，"四川云教"惠及民族地区、偏远地区1600余所薄弱学校，43万余名学生享受到省内优质教育资源……构建优质均衡的基本公共教育服务体系，必须强化省级统筹，充分发挥市级政府作用，落实以县为主的管理责任，形成工作合力。时间表明确，路线图清晰，政策措施翔实，把好事办好、实事办实，努力让每个孩子享有公平而有质量的教育，建设教育强国步伐就越稳、后劲就越足。

（2023 年 08 月 16 日）

用好政策空间　找准发力方向

——以新气象新作为推动高质量发展取得新成效①

周人杰

中流击水，奋楫者进。日前召开的中共中央政治局会议指出，今年以来，国民经济持续恢复、总体回升向好，高质量发展扎实推进。围绕做好下半年经济工作，会议强调要不断推动经济运行持续好转、内生动力持续增强、社会预期持续改善、风险隐患持续化解。精准有力实施宏观调控，积极扩大国内需求，大力推动现代化产业体系建设，加大民生保障力度……我们要把思想和行动统一到党中央关于经济形势的分析判断和决策部署上来，乘势而上，努力以新气象新作为推动高质量发展取得新成效。

事非经过不知难，成如容易却艰辛。读懂上半年经济恢复向好、开局良好的成绩单，就要读懂宏观政策靠前协同发力的实践逻辑。积极的财政政策加力提效，各地发行专项债券 21721 亿元，支持建设实施一大批惠民生、补短板、强弱项的项目；稳健的货币政策精准有力，新发放企业贷款加权平均利率为 3.96%，推动实体经济融资成本稳中有降；千方百计扩大就业，上半年实现城镇新增就业 678 万人，完成全年目标任务的 57%……各项政策效果持续显现，高质量发展扎实推进，经受风雨而韧性依旧、潜力巨大、活力不减，充分证明了宏观调控方向是正确的、经济发展前景是光明的。笃定信心、稳中求进，用好政策空间、找准发力方向，就一定能实现既定的目标。

对于我们这么大的经济体而言，保持经济平稳运行至关重要。要认识到，疫情防控平稳转段后，经济恢复是一个波浪式发展、曲折式前进的过程。上半年，我们突出做好稳增长、稳就业、稳物价工作，经济增长好于预期，市场需求逐步恢复，经济发展呈现回升向好态势，经济运行实现良好开局。也要看到，当前我国经济运行好转主要是恢复性的，内生动力还不强，需求仍然不足，经济转型升级面临新的阻力，推动高质量发展仍需要克服不少困难挑战。"逆水行舟用力撑，一篙松劲退千寻。"我们要坚持用全面、辩证、长远的眼光把握长期大势，坚持底线思维，打好政策"组合拳"，着力扩大内需、提振信心、防范风险，在转方式、调结构、增动能上下更大功夫，把发挥政策效力和激发经营主体活力结合起来，形成推动高质量发展的强大合力。

习近平总书记强调，"宏观调控必须适应发展阶段性特征和经济形势变化，该扩大需求时要扩大需求，该调整供给时要调整供给，相机抉择，开准药方"。我们要抓住宝贵的年中时间窗口，围绕高质量发展这个首要任务和构建新发展格局这个战略任务，精准有力实施宏观调控，加强逆周期调节和政策储备。一方面用好政策空间，继续实施积极的财政政策和稳健的货币政策，保持人民币汇率在合理均衡水平上的基本稳定，活跃资本市场，提振投资者信心；另一方面找准发力方向，延续、优化、完善并落实好减税降费政策，发挥总量和结构性货币政策工具作用，大力支持科技创新、实体经济和中小微企业发展。考验之中强筋骨，风雨过后见彩虹。以钉钉子精神把各项调控措施落实落细落好，中国经济大船必将乘风破浪、一往无前。

"犯其至难而图其至远"，向最难之处攻坚，追求最高远的目标。坚持目标导向和问题导向相结合，坚持在因地制宜、因势而动、顺势而为中把握战略主动，担当作为、攻坚克难，以全面深化改革开放进一步激发经营主体发展活力，以调控精准发力进一步提振经营主体发展信心，我们有能力有条件推动经济持续回升向好、推动高质量发展迈上新台阶。

（2023 年 08 月 02 日）

积极扩大国内需求

——以新气象新作为推动高质量发展取得新成效②

邹　翔

在创造新需求的同时激发出更大消费潜力，采取更有力、更有针对性的举措来优化投资环境、释放投资活力，是解决当前问题的应时之举、顺时之策

暑期来临，人们真切感受到国内消费市场的活力和动能。截至8月1日，2023年暑期档总票房（含预售）突破130亿元。7月1日至8月31日暑运期间，全国铁路预计发送旅客7.6亿人次；某旅游平台上，暑期前两周出行的机票预订量较2019年同期增长35%……活力十足的暑期文旅消费，正是国内需求持续扩大的生动体现。

内需是我国经济发展的基本动力，扩大内需也是满足人民日益增长的美好生活需要的必然要求。今年以来，随着扩大内需各项政策措施落地生效，内需潜力持续释放。上半年，市场销售增势较好，社会消费品零售总额同比增长8.2%；固定资产投资持续增长，基础设施和制造业投资同比增长7.2%和6%。有效激活的国内大市场，在经济总体回升向好、民生福祉改善等方面发挥了"助推器""稳定剂"作用。

也要看到，尽管内需总体回暖，但市场需求不足、内生动力不强的问题仍不容忽视。7月24日召开的中共中央政治局会议指出，"国内需求不足"是当前经济运行面临的困难挑战之一，强调"要积极扩大国内需求，发挥消费拉动经济增长的基础性作用，通过增加居民收入扩大消费，通过终端需求带动有效供给，把实施扩大内需战略同深化供给侧结构性改革有机结合起来"。推动经济持续回升向好，要科学把握供给和需求的关系，积极扩大国内需求，做到"任凭风浪起，稳坐钓鱼台"。

千钧将一羽，轻重在平衡。实现经济在更高水平上的动态平衡，关键是要抓住扩大内需这个战略基点，提高供给和需求的适配性，持续激发经济发展内生动力。消费，对经济发展有着基础性作用；投资，对优化供给结构有着关键作用。看上半年经济的成绩单，既有餐饮收入同比增长21.4%，也有超市零售额同比下降0.4%；既有专业技术服务业、科技成果转化服务业投资同比分别增长51.6%、46.3%，也有民间投资同比下降0.2%。不难看出，无论是满足人民对美好生活的向往还是充分发挥超大规模市场优势，无论是更高效率促进经济循环还是支持技术更新迭代，扩大内需都有空间、有必要。

在直面问题中舒展答卷，要凝聚促消费、扩内需的强大合力；在闯关夺隘中开拓新局，需激发稳投资、见实效的带动作用。一方面，消费是最终需求，对经济具有持久拉动力。要把恢复和扩大消费摆在优先位置，提振汽车、电子产品、家居等大宗消费，推动体育休闲、文化旅游等服务消费。另一方面，今天的投资就是明天的供给。要更好发挥政府投资带动作用，加快地方政府专项债券发行和使用；制定出台促进民间投资的政策措施；多措并举，稳住外贸外资基本盘。在供需两方面共同发力，更好推动供给创造需求、需求牵引供给，充分发挥消费的基础作用和投资的关键作用，方能为经济发展提供具有决定意义的支撑。

辩证看，发展前景光明；务实干，信心日益汇聚。在江苏省，着眼"今天的投资力度就是明天的发展速度"，数据中心、工业互联网、人工智能等新基建投资占比不断提升。在四川省，成都市春熙路上穿梭的"火锅巴士"，吸引了一批批消费者品当地美食、享文化大餐。积极扩大国内需求，在创造新需求的同时激发出更大消费潜力，采取更有力、更有针对性的举措来优化投资环境、释放投资活力，是解决当前问题的应时之举、顺时之策，更是促进我国长远发展和长治久安的战略抉择。

一分部署，九分落实。因地制宜优化汽车限购措施、降低新能源汽车购置使用成本，持续推动家电下乡，优化对民间投资项目的融资支持，搭建民间投资问题反映和解决渠道……近期，多部门陆续出台促进消费和投资的措施。加强协同配合，增强政策举措的灵活性、协调性、配套性，就能够持续提升内需对经济增长的贡献度，高质量完成全年经济发展的目标任务。

（2023 年 08 月 04 日）

大力推动现代化产业体系建设

——以新气象新作为推动高质量发展取得新成效③

周珊珊

练好内功、站稳脚跟，切实提升产业链供应链韧性和安全水平

海河之滨，世界经济论坛发布了最新一期"灯塔工厂"名单，我国"灯塔工厂"增至 50 座，排名全球第一。东海之畔，首艘国产大型邮轮顺利出坞，从"静态建造"转向"动态调试"，距离交付市场、投入运营更近一步。岭南大地，伴随着一辆纯电动汽车缓缓驶下生产线，我国新能源汽车生产累计突破 2000 万辆。今年以来，各地区各部门通过创新引领、转型提质，产业升级厚积薄发、成效明显，有力推动我国经济发展焕发新活力、迈上新台阶。

现代化产业体系是新发展格局的基础，也是现代化国家的物质技术基础。7 月 24 日召开的中共中央政治局会议指出，要大力推动现代化产业体系建设。上半年，我国工业投资保持扩张，其中高技术制造业和高技术服务业投资分别增长 11.8%、13.9%，产业发展基础继续稳固；在 41 个工业大类行业中，电气机械和器材制造业、通用设备制造业、汽车制造业利润总额同比分别增长 29.1%、17.9%、10.1%，产业发展质量和效益不断提高。

一组组数据，直观呈现出推动现代化产业体系建设的坚实步伐，真切展示出产业优化升级的信心和底气、韧性和潜力。实践告诉我们，只有继续大力推动短板产业补链、优势产业延链、传统产业升链、新兴产业建链，打造自主可控、安全可靠、竞争力强的现代化产业体系，才能夯实新发展格局的基础、增强发展的安全性主动权，让高质量发展的动能更丰沛。

企业因"新"而活，产业因"新"而变，经济因"新"而进。在长沙市三一重卡超级工厂，22万平方米厂房内只有110名工作人员，信息化效率较传统工厂提升10倍。重庆小康动力有限公司车间，机器人、无人搬运车、红外检测等自动化设备忙碌运行，生产线每分钟可生产1台发动机。突破一批"顶天"又"立地"的关键技术，众多企业向着"高质"又"高效"努力。最新数据显示，各地建设数字化车间和智能工厂近8000个，其中2500余个达到智能制造能力成熟度2级以上水平，基本完成数字化转型。我国有世界最完整的产业体系和潜力最大的内需市场，练好内功、站稳脚跟，切实提升产业链供应链韧性和安全水平，抓紧补短板、锻长板，就能把握发展新机遇、有效应对新挑战，更好推动实现质量变革、效率变革、动力变革。

关键核心技术决不能受制于人，产业链供应链在关键时刻决不能掉链子。我国已基本形成规模大、体系全、竞争力较强的产业体系，但一些产业"大而不强""全而不优"的问题依然存在，重点领域和关键环节存在不少瓶颈短板。确保国民经济循环畅通、加快实现产业体系升级发展，要求我们加快培育壮大战略性新兴产业、打造更多支柱产业。一方面需要推动数字经济与先进制造业、现代服务业深度融合，既提升制造业这一实体经济主体的竞争力，又善用新一代信息技术赋能，做好智能化、绿色化、融合化大文章；另一方面，需要推动平台企业规范健康持续发展，提升常态化监管水平，支持平台企业在引领发展、创造就业、国际竞争中大显身手。

今天的中国，1分钟时间里，110片柔性显示屏在成都生产，45台冰箱、50台洗衣机、64台空调在合肥出厂，360吨货物经武汉阳逻港运送至38个国家……每一分钟的蓬勃活力，折射出我国产业体系的基础优势。既逆势而上，在短板领域加快突破，也顺势而为，在优势领域做大做强，建设起具有完整性、先进性、安全性的现代化产业体系，我们就一定能提高产业链供应链稳定性和现代化水平，为构建新发展格局、推动高质量发展提供更有力保障。

（2023 年 08 月 08 日）

持续深化改革开放，坚持"两个毫不动摇"

——以新气象新作为推动高质量发展取得新成效④

崔　妍

上半年经济发展成绩单中，6月中小企业发展指数为89.1，比5月上升0.2点，结束连续3个月下降态势，且高于2022年同期水平。改革开放蹄疾步稳，营商环境优化改善，市场活力有效释放，有力促进了经济运行整体回升向好。7月24日召开的中共中央政治局会议强调，要持续深化改革开放，坚持"两个毫不动摇"，切实提高国有企业核心竞争力，切实优化民营企业发展环境。

当前，国民经济持续恢复、总体回升向好，但也要看到，国际环境复杂严峻，发展压力依然较大，应对国内外挑战，把握发展主动权，必须进一步深化改革开放。要看到，全面深化改革，是稳大局、应变局、开新局的重要抓手。在北京、上海等7地设立科创金融改革试验区；13部门印发《关于促进家居消费的若干措施》，提出4方面11条措施……一系列改革举措加快落地，持续推动科技创新、制度创新，为各类经营主体发展助力。开放是国家繁荣发展的必由之路。今年初的广交会上，40个国家和地区的508家企业在12个专业展区参展，其中"一带一路"沿线国家和地区的参展企业占73%。开放的大市场为各国企业发展提供了更多机遇。实践告诉我们，坚持全面深化改革、扩大高水平对外开放，就能持续增强国内外大循环的动力和活力，为推动经济高质量发展增添新动能、拓展新空间。

国有企业是中国特色社会主义经济的"顶梁柱"，民营经济是推进中国式现代化的生力军。今年以来，从发布《中共中央国务院关于促进民营经济发展壮大的意见》、出台一系列促进民间投资的政策措施，到深化国资国企改革、加快打造现代产业链领军企业；从全面注册制改革正式启动、加快资本要素市场化配置，到加快清理地方保护、市场分割等妨碍公平竞争的政策措施，全面深化改革向广度和深度进军，持续提振经营主体信心。我们要增实力，突出抓好国有企业改革深化提升行动，引导民营企业完善治理结构和管理制度；优环境，坚决整治乱收费、乱罚款、乱摊派，解决政府拖欠企业账款问题；强交流，建立健全与企业的常态化沟通交流机制，鼓励企业敢闯、敢投、敢担风险，积极创造市场。直面问题与挑战，完善支持政策直达快享机制，真正问需于企、问计于企，破除影响各类所有制企业公平竞争、共同发展的法律法规障碍和隐性壁垒，就能形成推动高质量发展的强大合力。

广东自贸试验区前海蛇口片区，巨轮往来频繁，集卡川流不息；海南博鳌乐城国际医疗旅游先行区充分发挥特许政策优势，加速汇聚国际优质医疗资源。持续深化改革开放，推动政策精准直达，促进各种所有制经济共同发展，以"闯"的精神应对挑战，以"创"的劲头点燃热情，以"干"的作风开拓新局，推动国内国际两个市场两种资源联动循环，经济整体回升向好的基础就能不断稳固，发展的巨大潜力和内生动力就能不断激活。

（2023 年 08 月 09 日）

加大民生保障力度

——以新气象新作为推动高质量发展取得新成效⑤

张　凡

"种植牙降价了！" 4 月 20 日起，种植牙集采价格落地，"种牙"费用下降明显。在全国各地，不少患者"瞄着这个日子"到医院进行治疗，享受改革释放的"民生红利"。今年以来，从新版国家医保药品目录正式执行，居民医保筹资标准明确；到基本养老金水平持续上调，养老保险全国统筹稳妥推进；再到生育支持政策体系逐渐完善，一项项彰显温度的民生实事，不断满足人民对美好生活的向往，勾勒出一幅高品质生活的民生画卷。

7 月 24 日召开的中共中央政治局会议强调，要加大民生保障力度，把稳就业提高到战略高度通盘考虑，兜牢兜实基层"三保"底线，扩大中等收入群体。民生稳，人心就稳，社会就稳。采取更多惠民生、暖民心的举措，切实做好保障和改善民生工作，才能不断提高人民生活品质，实现经济发展和民生改善良性循环。

增进民生福祉是发展的根本目的。今年上半年，全国一般公共预算支出中社会保障和就业支出、住房保障支出同比分别增长 7.9%、8.5%，新开工改造城镇老旧小区 4.26 万个、惠及居民 742 万户，城镇新增就业 678 万人、同比增加 24 万人，城镇居民人均可支配收入和农村居民人均可支配收入同比分别名义增长 5.4% 和 7.8%。一组组数据，见证着群众不断增强的获得感、幸福感、安全感，也为经济发展创造出更多有效需求。

就业是最基本的民生。今年二季度，全国城镇调查失业率均值为 5.2%，比一季度回落 0.3 个百分点，就业基本盘总体改善，就业形势保持稳定。同时要看到，就业的总量压力和结构性问题仍然存在，青年人的"求职难"和部分行业"招工难"并存，稳就业仍需通盘考虑、持续加力。推行"直补快办"模式，加大对吸纳能力强的行业企业支持力度，强化对困难毕业生和长期失业青年的结对帮扶，深化百万见习岗位募集计划，建设好"家门口"就业服务站，实施防止返贫就业攻坚行动……坚持经济发展就业导向，在加大宏观政策调控力度的基础上落实落细就业优先政策，强化政策支持、完善服务举措、发力权益保障，才能实现人们对"更稳定的工作"的期盼。

习近平总书记强调："保障和改善民生是一项长期工作，没有终点站，只有连续不断的新起点"。民生事项千头万绪，涉及方方面面，既要抓住重点、精准施策，也要统筹兼顾、久久为功；既要立足当下、解决急难愁盼问题，也要着眼长远、实现人民高品质生活。切实防范化解重点领域风险，适时调整优化房地产政策，加强"一老一小"服务供给，缩小县域内城乡教育差距，打造"15 分钟医保服务圈"，保障迎峰度夏能源电力安全稳定供应……把桩桩件件民生实事办实办好，在幼有所育、学有所教、劳有所得、病有所医、老有所养、住有所居、弱有所扶上持续用力，我们才能更好推动人民生活全方位改善。

"国家政策好，不愁没钱挣。"河南省桐柏县脱贫户李修钦，在专业合作社带动下，承包荒山种植茶叶，去年收入 4 万多元。"这份职业让我的生活有保障，也给了我梦想和责任。"安徽省太湖县扎根山区小学 5 年多的老师徐学平心里很踏实，他和在县城任教的妻子每月工资合计 1 万多元。补齐民生短板、破解民生难题，改革发展成果正在更多更公平惠及广大人民群众。保持战略定力、增强发展信心，加大民生保障力度，使民生改善和经济发展有效对接、良性循环、相得益彰，我们就一定能以新气象新作为推动高质量发展取得新成效，不断交出人民群众满意的发展新答卷。

（2023 年 08 月 10 日）

促进民营经济做大做优做强

周人杰

我国民营经济只能壮大、不能弱化。把民营企业和民营企业家当作自己人，依法依规为其解难题、办实事

今年上半年，广大民营企业迎难而上、积极进取，进出口规模占我国外贸进出口总值的比重提升至52.7%，继续保持了外贸主力军地位，助力高质量发展稳步推进。作为我国经济制度的内在要素、推动经济持续健康发展的重要力量，民营经济长期以来在稳定增长、促进创新、增加就业、改善民生等方面发挥了积极作用。

民营经济是推进中国式现代化的生力军，是高质量发展的重要基础，是推动我国全面建成社会主义现代化强国、实现第二个百年奋斗目标的重要力量。7月24日召开的中共中央政治局会议强调，"要持续深化改革开放，坚持'两个毫不动摇'，切实提高国有企业核心竞争力，切实优化民营企业发展环境"。此前，《中共中央国务院关于促进民营经济发展壮大的意见》（以下简称《意见》）发布，围绕持续优化民营经济发展环境等6个方面作出重大部署，引发社会关注。

6月，央行增加支农支小再贷款、再贴现额度2000亿元，进一步加大对"三农"、小微和民营企业金融支持力度；上海出台加大力度支持民间

投资发展若干政策措施；河南省财政梳理出台支持中小企业发展的 10 大类 53 条财政政策……今年以来，从中央到地方，为民营企业排忧解难的利好政策持续推出。《意见》的出台，必将进一步助力民营经济迎来更加广阔的发展舞台和更加光明的发展前景。

我国民营经济只能壮大、不能弱化。当前，我国中小企业呈现出"量质齐升"的发展态势。截至 6 月底，已累计有 1446 家专精特新中小企业在 A 股上市。6 月中小企业发展指数为 89.1，比上月上升 0.2 点。同时也要看到，上半年民间固定资产投资同比下降 0.2%，一些民营企业面临问题和困难，内生动力还不强，需求仍然不足，预期和信心亟待提振。此次《意见》明确提出"持续破除市场准入壁垒""强化政策沟通和预期引导""健全涉企收费长效监管机制""全面构建亲清政商关系""培育尊重民营经济创新创业的舆论环境"等要求，我们要深刻领会、准确把握，创造性落实好各项举措。

进一步激发民营经济发展活力，必须坚持目标导向和问题导向相结合，在民营企业遇到困难时给予支持，在民营企业遇到困惑时给予指导。抓好《意见》落实，一方面要坚持目标导向，明确各自分工，压实部门责任，加强动态跟踪，防止变形走样；一方面要坚持问题导向，深入了解新情况新问题，及时研究苗头性、倾向性和潜在性问题，改进政策举措、优化落实方式。把民营企业和民营企业家当作自己人，依法依规为其解难题、办实事，营造全社会关心支持民营企业改革发展的氛围，才能提升民营企业谋发展、谋改革、谋创新的积极性和主动性，让民营经济创新源泉充分涌流，创造活力充分迸发。

公有制经济和非公有制经济都是社会主义市场经济的重要组成部分，都是我国经济社会发展的重要基础。以钉钉子精神抓好《意见》落实，弘扬企业家精神，破除影响各类所有制企业公平竞争、共同发展的法律法规障碍和隐性壁垒，着力增强经营主体活力，激发民间资本投资信心，我们一定能促进民营经济做大做优做强，更好推动经济社会高质量发展。

（2023 年 07 月 31 日）

把地方特色食品做成大产业

周珊珊

培育地方特色食品产业，既应立足于"特色"，也要着眼于"产业"

"你会因为美食去旅游吗？"此前有媒体发布微博调查，超八成网友选择"会"。如今，品味美食已成为旅游的重要内容，"跟着味蕾去旅行"也日渐流行。广东云吞面、广西柳州螺蛳粉、云南鲜花饼……暑期旅游季，各地在做好景点景区游览服务的同时，也铆足劲用地方特色食品吸引游客。

在游客眼中，美食是好味道、好体验；对于当地而言，地方特色食品则可能是大产业、金名片。食品产业是"为耕者谋利、为食者造福"的重要民生产业，传统优势食品产区和地方特色食品产业是我国食品工业重要发展载体和增长引擎。2022年，我国食品工业规模以上企业营业收入同比增长5.6%，利润同比增长9.6%。地方特色食品产业发展前景广阔、潜力巨大。

引导地方充分发挥资源禀赋优势，推动形成"百花齐放"的特色食品产业发展格局，既能够更好满足人民群众美好生活需要，也有助于培育产业发展新动能，为地区经济增长发挥更重要的作用。正因此，工业和信息化部等11个部门联合发布《关于培育传统优势食品产区和地方特色食品产业的指导意见》，明确了传统优势食品产区和地方特色食品产业的发展目标，提出到2025年基本形成"百亿龙头、千亿集群、万亿产业"的地方特色食品发展格局，为地方特色食品产业高质量发展描绘蓝图。这有助于引导各地实现特色化、差异化发展，推动食品产业培育发展新动能。

培育地方特色食品产业，既应立足于"特色"，也要着眼于"产业"。加强特色化，升级现有产品，突出差异属性，才能形成比较优势，带动可持续发展。聚焦产业化，把具有地方特色的农产品资源、小吃转化为有标准、可溯源、便携可运的现代食品，才能形成规模效益。还应看到，地方特色食品产业一定程度上诠释了当地独特的饮食文化，要培育好这一产业，原料、技术、品牌缺一不可。增强优质原料保障能力，提升技术、装备和设计水平，在品牌建设方面持续发力，方能保证地方特色食品"原汁原味"，促进地方特色食品产业创新发展，有效激发消费者对于品牌的认同感，推动地方特色食品由区域走向全国。

酒香也怕巷子深。扩大地方特色食品影响力，光靠产品好还不够。北京市大兴区庞各庄镇给西瓜贴上溯源码，扫码可查询生产企业、育苗来源等信息，让消费者"安心买"；安徽推动臭鳜鱼实现全产业链发展，顾客在网络上可以随时下单；湖北潜江举办龙虾节活动，把小龙虾产业和文娱、旅游相结合，赚了人气也进一步打响了品牌……不少地方通过促进特色食品产业与旅游、电商等产业融合发展，培育了新业态新模式，取得良好效果。这也启示我们，让"家乡味道"美名远扬，还需要促进线上线下融合发展，培育创新业态，打造多元融合消费场景。

作为老工业基地，重庆市大渡口区大力培育重庆小面产业，抢抓契机推出预制重庆小面。2022年，重庆市小面产业园快消品全产业实现营收24.3亿元、同比增长47.3%，成为当地经济转型升级的重要助力。深入挖掘各地优势资源，构建具有地域特色的食品产业体系，形成多元化、差异化的产业竞争格局，地方特色食品产业的未来，值得期待。

（2023年07月26日）

中国式现代化关键在科技现代化

孟繁哲

实现高质量发展是中国式现代化的本质要求之一。加快实现高水平科技自立自强，是推动高质量发展的必由之路

只有把科技的命脉掌握在自己手中，才能真正掌握竞争和发展的主动权，形成国际竞争新优势

如果把科技创新比作我国发展的新引擎，那么改革就是点燃这个新引擎必不可少的点火系

这是活力无限的创新中国。在浙江宁波舟山港，依靠自主研发的集装箱码头生产操作系统，卸货、运输、存放实现全流程智能化；在福建泉州中科三安无人植物工厂，"光配方"大显身手，让植物生长速度更快、产量更高；在广东广州广汽埃安智能生态工厂总装车间，机械臂上下挥舞，每53秒就有一台新能源汽车下线……放眼神州大地，科技创新成为引领现代化建设的重要动力，一幅推进高水平科技自立自强的生动画卷正徐徐铺展。

近日，习近平总书记在江苏考察时指出："中国式现代化关键在科技现代化。"科技立则民族立，科技强则国家强。从提出"创新是引领发展的第一动力"，到强调"要加强关键核心技术攻关，牵住自主创新这个'牛

鼻子'",再到要求"努力把关键核心技术和装备制造业掌握在我们自己手里"……党的十八大以来,以习近平同志为核心的党中央把科技创新摆在国家发展全局的核心位置,全面谋划科技创新工作。我国深入实施创新驱动发展战略,跻身创新型国家行列,形成了支撑发展和保障安全的科技创新发展新的战略格局。

实现高质量发展是中国式现代化的本质要求之一。加快实现高水平科技自立自强,是推动高质量发展的必由之路。要看到,建设现代化经济体系,推动质量变革、效率变革、动力变革,都需要强大科技支撑。也要看到,我国社会主要矛盾已经转化为人民日益增长的美好生活需要和不平衡不充分的发展之间的矛盾,为满足人民对美好生活的向往,必须推出更多涉及民生的科技创新成果。还要看到,推动国内大循环,必须坚持供给侧结构性改革这一主线,提高供给体系质量和水平,以新供给创造新需求,科技创新是关键;畅通国内国际双循环,也需要科技实力,保障产业链供应链安全稳定。形势逼人,挑战逼人,使命逼人。加快实现高水平科技自立自强,加快建设科技强国,我们不能等待、不能观望、不能懈怠。

自力更生是中华民族自立于世界民族之林的奋斗基点,自主创新是我们攀登世界科技高峰的必由之路。关键核心技术是要不来、买不来、讨不来的。从中国空间站全面建成,到"神威·太湖之光"超级计算机首次实现千万核并行第一性原理计算模拟,再到"国和一号"和"华龙一号"三代核电技术取得新突破……一个个自主创新的成功范例告诉我们,只有把科技的命脉掌握在自己手中,才能真正掌握竞争和发展的主动权,形成国际竞争新优势,才能"任凭风浪起,稳坐钓鱼船",成功应对外部环境变化和各种外部冲击。

如果把科技创新比作我国发展的新引擎,那么改革就是点燃这个新引擎必不可少的点火系。新时代以来,我国科技体制改革向纵深推进,科技创新的基础性制度框架基本确立,重点领域和关键环节改革取得实质性进展和显著成效,极大释放了创新引擎的动能。着眼未来,强化企业科技创新主体地位,深化科技体制改革和人才发展体制机制改革,破除一切制约创新的思想障碍和制度藩篱,方能最大限度解放和激发科技作为第一生产力所蕴藏的巨大潜能。

一代人有一代人的奋斗，一个时代有一个时代的担当。面对科技创新发展新趋势，世界主要国家都在寻找科技创新的突破口。我们不能在这场科技创新的大赛场上落伍，必须迎头赶上、奋起直追、力争超越。积极抢占科技竞争和未来发展制高点，加快实现高水平科技自立自强，把我国发展进步的命运牢牢掌握在自己手中，我们有这样的能力和信心。

（2023 年 07 月 18 日）

合作共赢是共同期盼

周人杰

"2022年中国制造业增加值占全球制造业比重近30%，未来将在亚洲区域制造体系构建中发挥重要作用""我们对中国各地可再生能源项目进行了大量投资，这是真正的长期投资"……在第十四届夏季达沃斯论坛上，从通力合作、促进能源转型，到直面挑战、推动绿色发展，从商业新模式、消费新趋势，到数字新技术、产业新方向，各方嘉宾展开深入对话与交流，表达了对中国经济发展的坚定信心和对中国市场的强烈兴趣。

本届论坛以"企业家精神：世界经济驱动力"为主题，是新冠疫情暴发三年多来首次恢复线下举办。过去几年，世纪疫情和百年变局交织叠加，国际环境复杂严峻，全球经济复苏乏力，世界更加渴望稳定性和确定性，大部分国家谋求合作共赢的愿望变得更为强烈。在这样的背景下举办夏季达沃斯论坛，展现了我国坚定扩大高水平开放、与世界各国共享发展机遇的决心。来自90多个国家和地区的约1500名各界代表参会，表明世界在关键时刻渴望听到中国声音，期待中国为世界经济复苏和增长提供强大动力。

投资中国、深耕中国，将为各国企业提供更广阔的发展空间。世界经济论坛总裁博尔格·布伦德表示，中国采取了许多正确的措施支持经济增长，他对中国经济增长前景充满信心。今年5月，我国生产供给持续增加，消费和投资逐步恢复，外贸稳中提质，就业和消费价格总体稳定，高质量发展稳步推进，经济运行延续恢复态势。外资外商以实际行动继续投下"信任票"。今年1—5月份，我国实际使用外资金额5748.1亿元，其中制造业同比增长5.9%、高技术产业同比增长7.5%。展望未来，我们全年有望实现5%左右的预期增长目标，有信心、有能力推动中国经济在高质量发展轨道上行稳致远。一个高质量发展的中国，是世界经济稳定增长的重要动力源；一个自信开放的中国，为全球合作注入更多确定性、包容性。

在互学互鉴、改善预期中激发更多创新活力、增添更多发展动能，在聚同化异、精诚合作中创造更大的发展机遇，我们要继续全面深化改革、扩大高水平对外开放，不断增强社会主义现代化建设的动力和活力。一方面要练好内功，增强内生动力，努力扩大内需，集中精力办好自己的事，加快构建新发展格局，增强我国的生存力、竞争力、发展力、持续力；另一方面要稳步推动规则、规制、管理、标准等制度型开放，进一步优化市场化法治化国际化营商环境，以更大力度吸引和利用外资。

团结协作才能应对挑战，携起手来方能互利共赢。在本届论坛的主会场外，天津港"智慧零碳"码头吸引了大批记者驻足，通过VR设备和5G网络观看实时回传的生产作业场景，感受中国推动高质量发展、推进高水平对外开放取得的新成就。今年以来，从消博会到广交会，从中关村论坛到夏季达沃斯论坛，合作共赢是大家共同的期盼。以对话与合作寻求解决之道，进一步深化改革、扩大开放，加快构建新发展格局，增强国内外大循环的动力和活力，我们完全有条件统筹推动经济运行持续好转、内生动力持续增强、社会预期持续改善、风险隐患持续化解，推动经济实现质的有效提升和量的合理增长。

（2023年07月17日）

能源保障和安全是"国之大者"

陈　凌

作为世界最大的能源消费国，如何有效保障国家能源安全、有力保障国家经济社会发展，始终是我国能源发展的首要问题

推动能源科技实现高水平自立自强，已成为把握新一轮科技革命和产业变革机遇、赢得创新发展主动权、保障国家能源安全的必由之路

今夏，部分地区出现连续性高温天气，用电负荷持续走高。在国网山西电力 ±800 千伏雁门关换流站，站内成组的大设备有五六千个，小零件不计其数，往常需要 3 天时间完整巡视一次，大负荷运转以来，为及时排查隐患，巡视周期缩短了一半以上。"迎峰度夏是持久战，越是高温酷暑越要打起十二分精神。"工作人员朴实的语言，道出了各地全力做好能源电力保供工作的担当与坚守。

能源是工业的粮食、国民经济的命脉，关系到国计民生和国家安全。近日，习近平总书记在江苏考察时指出："能源保障和安全事关国计民生，是须臾不可忽视的'国之大者'。要加快推动关键技术、核心产品迭代升级和新技术智慧赋能，提高国家能源安全和保障能力。"铿锵话语、殷殷嘱托，激励广大能源行业干部职工担当作为、奋勇争先，全力保障能源安

全可靠供应。

安全是发展的前提。习近平总书记始终高度重视能源安全，指出"我们必须从国家发展和安全的战略高度，审时度势，借势而为，找到顺应能源大势之道"，明确"煤炭产业发展要转型升级，走绿色低碳发展的道路"，强调"要把促进新能源和清洁能源发展放在更加突出的位置"……新时代以来，以习近平同志为核心的党中央高瞻远瞩、审时度势，提出了"四个革命、一个合作"能源安全新战略，引领我国迈向能源高质量发展新阶段。能源保障和安全"是须臾不可忽视的'国之大者'"，这是对历史经验的深刻总结，是着眼现实的深刻洞察，更是面向未来的深刻昭示。

作为世界最大的能源消费国，如何有效保障国家能源安全、有力保障国家经济社会发展，始终是我国能源发展的首要问题。尤其是，在"两个大局"加速演进并深度互动的时代背景下，保障能源安全，至关重要。看国际，当今世界不稳定、不确定、难预料因素增加，不断冲击全球能源供应链产业链稳定，能源市场波动加大，能源供应短缺加剧。看国内，现在我国人均能源消费水平仅为经合组织（OECD）国家平均水平的2/3左右，未来一段时间我国能源需求还将保持刚性增长，保障能源安全的艰巨性和复杂性前所未有；同时，我国作为制造业大国，要发展实体经济，能源的饭碗必须端在自己手里。

科技决定能源未来，科技创造未来能源。水电单机容量从三峡水电站时的70万千瓦发展到白鹤滩水电站时全球唯一的100万千瓦，核电从引进消化吸收发展到走出国门成为代表"中国创造"的闪亮名片，风电、光伏更是一路赶超跨越实现度电成本与煤电相当甚至更低……一个个科技创新的案例证明，推动能源科技实现高水平自立自强，已成为把握新一轮科技革命和产业变革机遇、赢得创新发展主动权、保障国家能源安全的必由之路。唯有坚持创新在我国能源发展全局中的核心地位，向纵深推进能源革命，才能从根本上保障国家能源安全。

能源也是推进碳达峰碳中和的主战场。习近平总书记深刻指出："实现碳达峰碳中和目标要坚定不移，但不可能毕其功于一役，要坚持稳中求进，逐步实现。""双碳"背景下的能源工作既要保障安全，也要推进绿色转型；

既要立足基本国情推动结构调整优化，增强综合保障能力，也要发挥我国负责任大国的积极作用。我们必须坚持先立后破、稳妥推进，不搞"碳冲锋"、"一刀切"、运动式"减碳"，有力有序有效推进"双碳"工作。

西南地区，全球最大、海拔最高的水光互补项目——雅砻江柯拉一期光伏电站投产；东南沿海，1台核电机组的年发电量能满足100万人口的生产生活年用电需求、全寿期产生千亿元产值，自主三代核电"华龙一号"的关键装备全部实现国产化……今天的中国，能源清洁低碳转型蹄疾步稳，能源领域的创新方兴未艾。加快推动能源科技自立自强，加快规划建设新型能源体系，奋力推进能源强国建设，我们端牢能源饭碗的信心和底气必将更加充足。

（2023 年 07 月 14 日）

建设健康文明的网络语言环境

崔　妍

语言文字的规范使用对于准确传达信息具有重要意义。不久前发布的《网络不规范用字用词现象研究报告》（以下简称《报告》），梳理了当前网络环境中不规范字词使用情况，引发社会关注。

当前，不规范用字情况在网络上表现得较为突出。社交平台上常见错字、异形词、繁体字等频现，一些媒体账号所发内容也存在误用和疏忽。不规范字词的潜在危害是多方面的：对用户而言，在网络阅读快节奏、碎片化背景下，不规范用字会增加信息接收难度，可能导致误解；对各类机构而言，不规范用字会削弱发布内容的严肃性、权威性。从文化传承角度看，不规范用字容易以讹传讹，不利于语言文字表达能力的提升。对这一不良现象，要加强引导、合理规范。

《报告》显示，常见错误在前 20 位高频不规范词中占 9 项，异形词、繁体字各有 5 项。在快节奏的网络时代，创作与发布门槛降低、内容校对时长缩短等，让不规范用字的概率有所增加。输入法的联想功能会推荐字音相同、字形相近、字义不同的选项，也容易导致差错。解决这些现实问题，可以向技术要对策。比如，优化输入法功能，引入不规范字词智能监测工具，优化文本内容检查功能等。

部分网络不规范用字，是用户"刻意为之"，有的字口语化、个性化特征明显，有的故意使用谐音字。文字是自我表达的载体，借其彰显个性可以理解。但如果越过合理界限，就可能走向反面。对刻意歪曲汉字形、音、义，发布违反公序良俗信息者，则要加强整治。适时开展专项治理行动，对不规范字词进行网络公示、提醒公众注意，对滥用谐音、拆字传播不良信息的现象采取针对性措施，才能维护网络空间的清风正气。

近年来，互联网融入生活的方方面面，一些有创新价值的"网言网语"获得社会认可。"点赞""刷屏"等词语被收入第十二版《新华字典》，一些罕见字"跃然网上"……网络用语虽然存在大量不规范，但也有不少字词用法冲破"次元壁"，给予时代表达更丰富的语料。做好互联网时代的语言文字工作，要守住正确表达的底线，也为创新表达留出空间。2021年发布的《国务院办公厅关于全面加强新时代语言文字工作的意见》提出："加强语言文明教育，强化对互联网等各类新媒体语言文字使用的规范和管理，坚决遏阻庸俗暴戾网络语言传播，建设健康文明的网络语言环境。"完善监管监测机制，运用技术手段规范汉语表达，推动社会用语用字综合治理，凝聚各方合力，才能让网络语言更规范又不失生命力。

横竖撇捺有乾坤，一笔一画著华章。如今，活跃的语言创造赋予古老汉字新的魅力。遵循语言文字发展规律，与时俱进处理好守正和创新、准确和生动的关系，推动文字展现时代内涵和发展风采，精彩的方块字必将在新时代获得更深厚的生命力。

（2023 年 07 月 12 日）

坚持以系统观念推动能源革命

周人杰

念好协调发展这个制胜要诀，多做经济发展和生态保护相协调相促进的文章，在多重目标中寻求动态平衡

在不久前举行的首届上海碳博会上，国家发展改革委有关负责人介绍，当前我国的非化石能源发电装机容量占比达到 50.9%，历史性地超过化石能源发电装机容量。

绿色低碳社会充满活力，绿色低碳产业朝气蓬勃，绿色低碳创新潜力无限。近年来，我国"双碳"工作实现了良好开局，发展方式绿色转型迈出了坚实步伐。在能源革命方面，碳达峰碳中和"1+N"政策体系构建完成，重大行动扎实推进，一批大型光伏风电基地在沙漠、戈壁和荒漠地区开工建设，煤电机组节能降碳改造、灵活性改造和供热改造加快实施，2022 年我国清洁能源消费占比提升至 25.9%，比 2012 年提升 11.4%，能耗强度累计下降 26% 以上。也要看到，我国作为世界上最大的发展中国家，要完成全球最高碳排放强度降幅，用全球历史上最短的时间实现从碳达峰到碳中和，还需付出艰苦努力，持续深化能源革命，协同推进降碳、减污、扩绿、增长，推动绿色低碳生产生活方式加快形成。

作为经济结构调整的有机组成部分，推动能源革命应先立后破、通盘

谋划，着力解决好我国能源结构偏煤、产业结构偏重、资源利用效率偏低的问题，扎实推进能源结构调整和产业绿色低碳转型。这是一项复杂工程，也是一项长期任务，不可能一蹴而就。搞"碳冲锋"，搞"一刀切"、运动式"减碳"，搞"拉闸限电"，这些做法之所以必须纠正，原因就在于它们都不符合推进能源革命和"双碳"工作的思路和要求。更好地推动能源结构、产业结构调整，必须坚持系统观念、守正创新，在巩固拓展经济恢复向好态势基础上，加大重要领域、重点行业"双碳"实施方案和支持保障措施的落实力度，有序推进新旧能源转换替代，推动新兴技术与绿色低碳产业深度融合，推动能耗"双控"向碳排放"双控"转变。

道虽迩，不行不至。党的二十大报告提出："协同推进降碳、减污、扩绿、增长，推进生态优先、节约集约、绿色低碳发展。"落实这一重要部署，要念好协调发展这个制胜要诀，多做经济发展和生态保护相协调相促进的文章，在多重目标中寻求动态平衡。降低高碳经济、增加低碳经济，才能让增长更可持续、发展更为健康。要立足我国富煤贫油少气的能源资源结构现状，统筹处理好发展和减排的关系、整体和局部的关系、长远目标和短期目标的关系、政府和市场的关系，推动经济发展实现质的有效提升和量的合理增长。

在上海，"光伏智能道路"亮相碳博会，新能源汽车在上面行驶可以持续无线充电；在深圳，探索推出能源、交通、产业、建筑等多领域近零碳示范场景，城市降碳步入快车道……加快推进能源革命，把"双碳"工作纳入生态文明建设整体布局和经济社会发展全局，构建降碳、减污、扩绿、增长协同推进的制度安排和统筹协调机制，必能推动我国绿色低碳发展取得新的更大成效，不断塑造国际竞争新优势。

（2023 年 07 月 11 日）

多措并举，防范外卖食品浪费

吕晓勋

推动形成政府监管、行业自律、企业自治、社会监督、消费者参与为一体的制止餐饮浪费共治格局

通过网络订餐，如今已成为不少人的消费习惯。统计显示，截至2022年12月，我国网上外卖用户规模达5.21亿。线上点餐规模不断扩大的同时，外卖食品浪费现象也引发关注。为了享受商家的"满减优惠"，多加吃不了的食品；菜量标识不够明确，缺乏必要提醒，收到外卖才发现点多了……种种原因导致部分消费者超量点餐，使得网络订餐成为餐饮浪费的一个高发区。

防范外卖食品浪费，是制止餐饮浪费的重要环节，也是网络餐饮平台实现高质量发展的内在要求。反食品浪费法明确规定："餐饮外卖平台应当以显著方式提示消费者适量点餐。"不久前，市场监管总局、商务部联合印发《关于发挥网络餐饮平台引领带动作用 有效防范外卖食品浪费的指导意见》，从优化餐品供给结构、强化全流程消费提醒、优化平台规则协议等方面提出10项举措。这对于充分发挥平台企业在引导适度点餐、推动"光盘行动"方面的带动作用，推动建立防范外卖食品浪费的长效机制，具有重要意义。

网络餐饮平台入驻商户较多，市场竞争较为激烈，量大价廉是常用促销手段，商户推行小份菜、小份饭、小份饮料时往往会有所顾虑。对此，此次指导意见提出，"优化平台协议规则""建立健全商户激励机制"。一方面，平台应当科学设置起送价格、满减促销规则，避免不合理促销导致浪费。另一方面，对积极推广小份餐品的商户，可通过首页显著位置展示等方式加以激励。加强对商户的正向引导，推动商户精细管理，有利于倡导厉行节约、反对浪费的观念。

与线下消费有所不同，在网上点外卖，消费者对食物的成分、分量等缺乏直观感受，对原料、口味、制作工艺等也不一定了解。如果餐品信息过少，难以估计菜量，消费者往往会倾向于多点餐。对此，网络餐饮平台应当完善相关信息服务，进一步优化外卖餐品展示，引导商户如实准确填写餐品主要原料、口味等各项内容，多提供食品成分规格、建议消费人数等信息。完善餐品信息，强化消费提醒，有助于避免出现超量点餐的情况。

如今，消费者越来越追求吃得适量、吃得健康。在网络餐饮平台上，"半份菜""单人套餐""减肥餐"等关键词搜索频次比较高。许多商户也在努力把握这些消费新趋势。比如，有的餐饮企业专门开发了一人食套餐，消费者可以根据个人喜好定制套餐内容。有的推出小份菜、半份菜，甚至煎饺、烤鸭包、桂花拉糕等都可以按只出售。有效提升网络订餐供需适配性，进一步优化餐品供给结构，丰富餐品样式种类，积极使用小份餐盒、可降解餐盒，能够更好满足消费者个性化、差异化需求，也可以培养形成科学健康、物尽其用、防止浪费的良好用餐习惯。

反对餐饮浪费，离不开各方共同努力。推动形成政府监管、行业自律、企业自治、社会监督、消费者参与为一体的制止餐饮浪费共治格局，在平台、商户与消费者之间形成防范食品浪费的有效互动，在促进粮食节约的同时，也将有利于网络餐饮行业实现健康发展。

（2023 年 07 月 03 日）

用真招实招降成本

周人杰

确保各项降成本举措落地见效，要坚持问题导向，聚焦企业反映的突出问题拿出真招实招

前不久，5月宏观经济数据出炉，我国工业生产克服市场需求偏弱、价格下降的不利因素影响，总体上延续恢复态势。同时，受到多重因素影响，企业经营困难较多，小微企业压力仍然较大。在影响企业的诸多风险挑战中，成本压力是重要的一环。

为助企纾困，近年来各地区各部门持续打出降成本组合拳，着力减轻企业负担、增强企业活力。为有力有效提振市场信心，国家发展改革委等部门不久前联合发布《关于做好2023年降成本重点工作的通知》（以下简称《通知》），提出今年将重点组织落实好8个方面22项任务，大力推进降低实体经济企业成本，支持经营主体纾困发展，助力经济运行整体好转。

降成本是深入推进供给侧结构性改革、加快振兴实体经济的重要内容。推动经济运行持续回升向好，必须继续扎实推进大力降成本各项政策落地见效。要将《通知》确定的降成本重点工作任务落细落实，保持降成本政策连续性稳定性针对性，发挥政策效力，激发经营主体活力。

确保各项降成本举措落地见效，要坚持问题导向，聚焦企业反映的突

出问题拿出真招实招。比如，对于企业反映较多的税费负担，《通知》提出增强税费优惠政策的精准性针对性，实际工作中要持续开展涉企违规收费整治；再如，对于信贷成本较高、存在脱实向虚倾向问题，《通知》强调要提升金融对实体经济服务质效，实际工作中既要持续优化金融服务，更要加快敢贷愿贷能贷会贷长效机制建设。我们要按《通知》要求加大政策落实力度，进一步改善社会心理预期，巩固经济恢复向好的基础，让企业有实实在在的获得感。

正确的战略需要正确的策略来落实。大力推进降低实体经济企业成本，要坚持正确工作策略和方法，坚持系统观念、守正创新，坚持"十个指头弹钢琴"，在战略性布局和整体性推进中扎实稳妥做好各项工作。应坚持全面推进与突出重点相结合，坚持制度性安排与阶段性措施相结合，坚持降低显性成本与降低隐性成本相结合，坚持降本减负与转型升级相结合，统筹兼顾、综合平衡，切实保持政策连续性稳定性，增强政策针对性有效性。

降成本，要害在降；抓落实，关键在抓。大力降成本是当前经济工作的一项重要任务，各有关方面要进一步完善降成本工作协调推进机制，加强会商，密切跟踪重点任务进展情况，提高创造性执行能力，以钉钉子精神把工作做实做细做好。切实降低企业成本、稳定经营预期，就能为促进经济实现质的有效提升和量的合理增长提供助力，为完成今年经济社会发展目标任务奠定坚实基础。

（2023 年 06 月 29 日）

健身圈，更好建身边

崔　妍

进一步提升健身设施按人口要素、群众需求均衡布局水平，
推动城乡健身设施从"有"向"优"转变

利用废旧厂房、城市边角地，建设口袋体育公园；把健身步道、沿河步道、城市绿道连通起来，形成园林健身步道系统；在农村公共活动场地配备健身器材、篮球场、乒乓球台……近年来，越来越多环境舒适、设施齐全的健身场地在人们身边建成，免费或低价向社会开放，受到广泛欢迎。

健身去哪儿？这是人们日常生活中关注的话题，也是各级政府一直在下大力气解决的问题。经过长期努力，我国全民健身场地设施不断增加，但尚难充分满足群众就近健身需要。不久前印发的《全民健身场地设施提升行动工作方案（2023—2025年）》提出，到2025年，与城乡人民群众需求相适应、与人口要素相匹配的县（市、区）、乡镇（街道）、行政村（社区）三级公共健身设施和社区15分钟健身圈实现全覆盖。进一步夯实群众身边的健身设施基础，对于解决好群众"健身去哪儿"的难题，具有重要的现实意义。

习近平总书记强调，"要紧紧围绕满足人民群众需求，统筹建设全民健身场地设施"。目前，我国经常参与体育锻炼的人数超过4亿人，对健

身场地设施有着越来越高且多样化的需求。必须进一步提升健身设施按人口要素、群众需求均衡布局水平,推动城乡健身设施从"有"向"优"转变。

更加合理地配置健身设施,必须坚持以人民为中心的发展思想,让全民健身公共服务资源随着人转、跟着人走,建设好群众身边的多层次多样化健身圈。一方面,要加大向基础薄弱区域和群众身边倾斜力度,优先规划建设贴近社区、方便可达的健身设施,加快补齐农村健身设施短板,使全民健身场地设施更加公平可及地惠及群众。另一方面,要着眼于满足人们的多方面健身需求。除了拓展居住区健身设施供给,还应鼓励有条件的地方新建或改建一批符合群众需求的户外运动公共服务设施、向社会高质量开放的公共足球场等,并完善应急救援等配套设施。

在群众身边建设更多健身场地,只是第一步;通过高水平的公共服务提升群众使用体验,更为关键。场地设施好不好用、符不符合需求,直接影响人们的健身热情。老人和小孩在社区时间最长、使用设施最频繁,配置健身场地设施时,要特别注重进行适老化、适儿化改造。同时,应增加可全天候使用的健身设施数量,推动有条件的公共体育设施免费或低价向社会开放。尤其是大型体育场馆,应在举办赛事之余制定赛后利用方案,增设适合大众的健身休闲空间。此外,应积极推进全民健身设施和公共服务的智慧化建设,为群众提供更多便利。

全民健身是全体人民增强体魄、健康生活的基础和保障。如今,人们的健康意识不断提高,体育运动正在成为一种生活方式。拥有更多高质量的健身场地,是社会的共同期盼。顺应群众健身新需求,下更大力气在群众身边建设更多绿色便捷的全民健身场所,同步提升服务水平,就能让更多人在家门口健身,在更专业的场地中锻炼,在与大自然的亲近中放松身心,绘就体育强国和健康中国建设的美丽画卷。

(2023 年 06 月 28 日)

打好"三北"工程攻坚战

李 斌

不久前，在内蒙古巴彦淖尔主持召开加强荒漠化综合防治和推进"三北"等重点生态工程建设座谈会时，习近平总书记明确提出"力争用10年左右时间，打一场'三北'工程攻坚战，把'三北'工程建设成为功能完备、牢不可破的北疆绿色长城、生态安全屏障"的重要任务，并从坚持系统观念、突出治理重点、坚持科学治沙、广泛开展国际交流合作、全面加强组织领导等方面作出部署。在强国建设、民族复兴的新征程上，凝心聚力打好"三北"工程攻坚战，意义重大、影响深远。

荒漠化是干旱等自然原因和乱砍滥伐、过度垦荒等人为原因共同作用的结果。塔克拉玛干沙漠的蔓延，湮没了盛极一时的丝绸之路；河西走廊沙漠的扩展，毁坏了敦煌古城；科尔沁、毛乌素沙地和乌兰布和沙漠的蚕食，侵占了富饶美丽的蒙古草原……习近平总书记曾列举这些史料记载的案例，警示我们深刻吸取教训，防止在开发利用自然上走弯路。"三北"工程建设，体现了修复生态、解决好人与自然和谐共生问题的主观能动和积极作为，将为民族永续发展筑起牢不可破的"绿色长城"。

也要看到，生态系统保护和修复、生态环境根本改善不可能一蹴而就，必须锲而不舍、驰而不息。2021年至2030年是"三北"工程六期工程建设期，同时也是巩固拓展防沙治沙成果的关键期，是推动"三北"工程高质量发展的攻坚期，"不能歇脚，不能松懈"。当前，我国荒漠化、沙化土地治理呈现出"整体好转、改善加速"的良好态势，但沙化土地面积大、分布广、程度重、治理难的基本面尚未根本改变。依然严峻的荒漠化防治和防沙治沙工作形势，决定了我们必须充分认识防沙治沙工作的长期性、艰巨性、反复性和不确定性，增强打好"三北"工程攻坚战的使命感和紧迫感。

打好"三北"工程攻坚战，我们有信心、有能力、有优势、有条件。治理层面，我国走出了一条符合自然规律、符合国情地情的中国特色防沙治沙道路；理念层面，绿水青山就是金山银山的发展理念，山水林田湖草沙是生命共同体的系统思维，为打好攻坚战提供了思想指引；力量层面，各方面社会力量投入"三北"建设，"致富＋治沙""光伏＋治沙""互联网＋治沙"等新模式不断涌现，科学育苗、生态治虫等科技手段也日益发挥出更加重要的作用；精神层面，从"一日两餐有味无味无所谓，爬冰卧雪苦乎累乎不在乎"的河北塞罕坝林场，到"沙漠不退人不退，草木不活人不走"的甘肃八步沙林场，"三北"种树人在创造"绿进沙退"生态修复奇迹的同时，也创造出敢于善于同困难作斗争的精神文明奇迹，激励后来者再接再厉续写辉煌。

习近平总书记在内蒙古巴彦淖尔考察时指出："示范园区要在推广现代农业方面真正发挥作用""河套地区条件得天独厚，虽然不缺水，但也要节约水资源，大力发展现代高效农业和节水产业""内蒙古的草原已经过牧了，要注意休养生息"。这就要求我们坚持以水定绿、以水定地、以水定人、以水定产，加快发展方式绿色转型。我国荒漠化地区与经济欠发达区、少数民族聚居区等高度耦合，荒漠化、风沙危害和水土流失导致的生态灾害，制约着三北地区经济社会发展。这一国情决定了，打一场"三北"工程攻坚战，不仅仅是生态环境领域一域的事，也不只是种树种草、防沙治沙这么一件事，而是需要全局意识、系统治理，从根本上加快转变经济发展方式，让种树护树者都能受益，让绿水青山和金山银山持续相映生辉。

实施"三北"工程是国家重大战略，各有关地方和部门务须牢记"国之大者"，担负起生态文明建设的政治责任。从种树开始，种出属于大家的绿水青山和金山银山，绘出美丽中国的更新画卷，历史必将永远铭记我们这一代人的生态贡献。

（2023 年 06 月 27 日）

深入推进政府购买服务改革

周人杰

在黑龙江齐齐哈尔，当地为破解住房保障管理难题，对 14142 套公租房通过政府购买服务方式进行集中运营；在重庆涪陵，政府购买线上招聘服务为企业开设专场直播，力求在保障和扩大就业中更好实现人岗匹配……近年来，各地各部门持续深化政府购买服务改革，2022 年全国政府购买服务支出规模近 5000 亿元，见证改革取得重要进展和显著成效。

保障人人享有基本公共服务是政府的重要职责，政府购买服务是政府服务提供方式的重大创新。不久前，财政部发布《关于做好 2023 年政府购买服务改革重点工作的通知》（以下简称《通知》），就扩大政府购买服务范围、提升政府购买服务管理科学化规范化水平等做出明确要求。《通知》一方面强调要更加有效地兜牢基本民生底线，努力在就业、教育、医疗等领域"少花钱多办事办好事"，另一方面聚焦创新生态环境治理机制、助力乡村振兴、激发经营主体活力等内容扩大政府购买服务范围。政府购买服务范围"扩容"、质效提升，充分体现了改革的全方位、多层次、广覆盖特征，对推动经济社会高质量发展具有积极意义。

2013 年，党的十八届三中全会明确提出，"推广政府购买服务"。如今近十年时间过去，政府购买服务从最初集中于社会治理服务和后勤服务等少数领域，已扩展至包括各类公共服务和政府履职所需辅助性服务的方方面面，推动了国家治理和公共服务创新，提升了财政资金的社会效益。此次《通知》将目光投向了高校毕业生等青年就业创业、加快义务教育优质均衡发展、精神障碍社区康复等更广泛的领域，提出按照效能原则引导社会力量扩大普惠性非基本公共服务多元供给。这些重要部署，为政府购买服务不断满足人民群众多样化需求指明了方向。

政府购买服务是实施积极财政政策的重要工具。比如，2020 年财政部、工业和信息化部发布《政府采购促进中小企业发展管理办法》，要求主管预算单位应当组织评估本部门及所属单位政府采购项目，对适宜由中小企业提供的采购项目和采购包，预留采购份额专门面向中小企业采购；在新冠疫情防控期间，全国许多地方通过政府购买服务方式，为企业因疫情原因导致的违约和纠纷提供法律服务。从购买碳汇监测与评估服务，到支持发展农业社会化服务、促进农业经营增效，再到为经营主体发展提供技术、人才、培训、咨询等各类专业公共服务，政府购买服务资金持续扩大，领域不断扩展，有利于进一步探索创新经济社会高质量发展支持方式，增强发展内生动力。

没有规矩，不成方圆。为严格规范实施政府购买服务，《通知》对加强质量管控、提升管理水平作出了具体部署，主要措施包括强化项目审核、加强绩效管理、加强合同管理等。这些举措都是针对改革推进中出现的以政府购买服务名义变相用工、购买边界把握不够准确、绩效管理需要进一步加强、合同管理不够规范等问题出台的。明确"为何买、买什么、谁能买、向谁买、怎么买、买得值"，着力提升科学化规范化水平，有助于在提高资源配置效率的同时，推动政府职能转变。

改革经验积累越多，越有利于增进信心、涵养定力，推动全面深化改革向纵深发展。深入推进政府购买服务改革，要坚持以人民为中心的发展思想，围绕推动有效市场和有为政府更好结合，充分调动各方面积极性、主动性。政府购买服务改革不断打开新局面，社会各方都会受益，服务型政府建设、公共服务供给改善也会持续迈上新台阶。

（2023 年 06 月 19 日）

新能源汽车下乡，重在满足需求

彭 飞

工业品下乡绝不意味着"积压品下乡"，更不能拿质次价廉的商品糊弄消费者，高品质满足农村地区消费者实际需求才是硬道理

充分发挥乡村消费市场的重要作用，用好包括新能源汽车下乡在内的工业品下乡政策，更好满足农村群众美好生活需要

湖南省株洲市荷塘区天台村，家有两辆新能源汽车的村民蒋骏龙算了笔账：两台车每个月一共要跑 4000 多公里，油费要花约 3000 元，而充电只用 300 元左右。"家里有充电桩，晚上充电便宜。相比油车，几年下来能省出一辆车钱。"蒋骏龙三言两语道出了新能源汽车的吸引力。

不久前，国家发展改革委联合国家能源局印发《关于加快推进充电基础设施建设 更好支持新能源汽车下乡和乡村振兴的实施意见》（以下简称《意见》），明确"适度超前建设充电基础设施，优化新能源汽车购买使用环境"，提出一系列举措，新能源汽车下乡再迎政策利好。近年来，相关部门连续 3 年开展新能源汽车下乡活动，引导新能源汽车消费市场下沉。目前，在县乡市场，纯电动车型市场渗透率为 17%，发展潜力依然巨大。

新能源汽车下乡要从"痛点"里找突破口。充电基础设施建设不足，

符合农村消费者需求的车型不多，销售服务网络不够完善……这些都是现实的制约因素。为此，《意见》提出"加快实现适宜使用新能源汽车的地区充电站'县县全覆盖'、充电桩'乡乡全覆盖'""开发更多经济实用的车型"。也应看到，具体政策在实施中还会遇到现实问题。比如，新能源汽车下乡面临"先有鸡还是先有蛋"的问题：农村充电桩数量增加，才会有更多人选择新能源汽车；新能源汽车保有量上升，企业才愿意在农村地区建设更多充电桩。在政策执行层面细致谋划、统筹兼顾、破解难题，切实激发相关主体积极性，才能推动新能源汽车在广袤山乡开得更远、跑得更畅。

让新能源汽车挺进县乡市场，要避免"一刀切"。如今推动新能源汽车下乡，与十几年前开启的汽车下乡相比，所面临的市场环境大不相同。如果说早年的汽车下乡，主要解决"有没有"的问题，那么这一轮新能源汽车下乡，在许多地区是要解决"好不好"的问题。比如，有的地区农村消费者已经有一台油车，希望购进第二台车；有的则希望卖旧换新。这两类消费者往往对汽车品质有更高要求，看重的是新能源汽车舒适、智能化等特点。而对于购买首台车的农村消费者来说，往往更多考虑补贴力度、性价比、实用性等因素。下足绣花功夫，深入调研农村消费群体，拿出针对性强的举措、提供差异化的产品，才能更好满足消费者需求，让新能源汽车"飞入寻常百姓家"。

近年来，从新能源汽车下乡到绿色智能家电下乡，一系列高品质工业品从"稀罕物"变成"必需品"，有效提升了农民生活水平。多年经验告诉我们：工业品下乡绝不意味着"积压品下乡"，更不能拿质次价廉的商品糊弄消费者，高品质满足农村地区消费者实际需求才是硬道理。比如，有的家电企业看到，一些地区的农民喜欢把洗衣机放在露天小院使用，于是重新设计洗衣机产品外壳，解决了下雨导致的生锈问题；有的企业专门推出能在较大电压波动范围内正常启动的冰箱，适应了部分农村地区的环境和条件。惠民生、增福祉是工业品下乡的政策初衷。牢牢把握这个基点，才能让"下乡"的动能更足、活力更强，真正提振消费、拉动内需。

随着我国农民收入持续增长，农村消费加快升级，预计每年可新增 2

万亿元左右的消费需求。充分发挥乡村消费市场的重要作用，用好包括新能源汽车下乡在内的工业品下乡政策，更好满足农村群众美好生活需要，必能推动农村消费在量的稳步增长的同时实现质的有效提升，为构建新发展格局提供有力支撑。

（2023 年 06 月 12 日）

遏制高价彩礼，树立婚俗新风

张　凡

遏制高价彩礼，推动移风易俗，是对婚姻美好的祝福，也是对社会文明的守护

在山西运城市盐湖区，彩礼限额被写入村规民约并公开上墙；在山东郓城县，新时代文明实践集体婚礼倡导"低彩礼零彩礼"，以文明简约的方式定格婚礼浪漫瞬间；在河北邯郸市肥乡区，获评"移风易俗好家庭"的家庭成员可获得免费体检等各项优惠政策……移风易俗、为爱减负，各地多管齐下，引导人们积极拥抱新婚俗，开启幸福生活。

牲酒赛秋社，箫鼓迎新婚。自古以来，婚礼承载着人们对婚姻家庭的美好希冀。新人在纳采、请期、亲迎等一道道仪式仪礼中缔结白首之约，唤起对婚姻家庭的责任感、使命感。但是，这些原本用以传递美好情谊的婚姻礼俗，在一些地方却"走了样""变了味"。比如，有的地方在婚俗领域存在大操大办、高价彩礼、铺张浪费、低俗婚闹等不良风气。尤其是在一些农村地区，彩礼过高，还有车子、房子等硬性要求，让人直呼压力大。居高不下甚至一路看涨的彩礼，不仅成为不少家庭的负担，甚至成为一个社会问题。让婚姻的缔结回归情感，让"重彩礼"回归"重礼仪"，势在必行。

维护婚姻的美好、社会的和谐，必须革除高价彩礼、大操大办等陈规陋习。近年来中央一号文件多次点名"高价彩礼"问题，传递党和国家对这一问题的高度重视和治理决心；民政部门共确定 32 个国家级、近 1400 个省市县级婚俗改革实验区；农业农村部等 8 部门联合印发工作方案，在全国范围内针对高价彩礼、大操大办等农村移风易俗重点领域突出问题开展专项治理……在一系列政策措施的有力推动下，全国各地积极倡导移风易俗、破旧立新，推动婚事简办、喜事新办的理念逐渐深入人心。如今，从单车婚礼、植树婚礼、国风婚礼等集体婚礼悄然流行，到"自己家业自己创"的理念得到更多年轻人认同，移风易俗的成效不断显现，文明新风吹拂城乡大地。

婚俗领域的陈规陋习，背后交织着家庭观念、社会风俗、婚姻关系等复杂因素，难以靠一纸禁令扭转，治理也不可能一步到位。推进移风易俗，不是要"一刀切"地否定传统习俗及其社会功能，而是要改变"讲排场比阔气"的盲目攀比之风、庸俗低俗之气，是要取其精华、去其糟粕。因此，进一步深化婚俗改革，还需拿出更多务实有效的举措，促进人们的观念更新，让彩礼回归合情合理。比如，一些地方探索以当地农村居民人均可支配收入的倍数作为彩礼限额标准，为彩礼"限高"；一些地方将限制高价彩礼、大操大办等纳入村规民约、居民公约，让移风易俗有章可循；一些地方大力推广文明积分、道德超市、"红黑榜"等做法，对文明行为给予相应奖励……多措并举、凝聚合力，建立制度规范，营造良好氛围，才能引导人们在思想上形成自觉，让文明新风落地生根、开花结果。

陈规陋习影响社会风气，也隐含着民生短板。以高价彩礼为例，除了攀比等因素外，也有人出于现实考量，想多要一些钱改善自家经济条件。此外，高价彩礼也反映了当前农村青年择偶选择面窄、婚恋服务不健全等问题。推进移风易俗，应当着力把这些民生难题解决好。比如，帮助农村大龄青年提高技能水平和致富能力，拓展交友交际信息渠道；在促进家庭和谐、保护女性权益上进一步下功夫；推动养老、就业和医疗卫生等公共服务均等化，减轻家庭经济负担。用高质量发展的成果改善民生，才能更好带动乡风民风向上向善。

遏制高价彩礼，推动移风易俗，是对婚姻美好的祝福，也是对社会文明的守护。在尊重传统风俗的基础上，移"歪风"，易"低俗"，让婚姻始于"爱"，让彩礼归于"礼"，就能在推动婚俗文化的沿袭与革新中，绘写全新的文化图景，帮助更多人拥有更美好的生活。

（2023 年 06 月 09 日）

协同推进科技创新和制度创新

周人杰

加快实施创新驱动发展战略，为经济社会高质量发展提供有力支撑，必须坚持把科技创新摆在国家发展全局的核心地位，全面深化科技体制改革

坚决破除一切制约创新的思想障碍和制度藩篱，打好引领创新"政策组合拳"，形成强大合力，最大限度解放和激发科技作为第一生产力所蕴藏的巨大潜能

开放合作，共享未来；科创盛事，携手共赢。2023 中关村论坛开幕式上，新一代量子计算云平台等 10 项重大成果亮相，展现中国科技创新迸发的活力；闭幕式上，硅基光电子集成芯片与多功能系统等一系列成果，展现中国高质量发展的勃勃生机；论坛共吸引来自全球 86 个国家和地区的 5000 余名科学家、企业家、投资人、创新创业者参会……各项活动精彩纷呈，奏响了开放创新、合作共享的强音。

习近平主席向 2023 中关村论坛致贺信强调："北京要充分发挥教育、科技、人才优势，协同推进科技创新和制度创新，持续推进中关村先行先试改革，进一步加快世界领先科技园区建设，在前沿技术创新、高精尖产业发展方面奋力走在前列。"科技赋能发展，创新决胜未来。加快实施创

新驱动发展战略，为经济社会高质量发展提供有力支撑，必须坚持把科技创新摆在国家发展全局的核心地位，全面深化科技体制改革，形成支持全面创新的基础制度。

科技创新是推动发展的强劲引擎，体制改革是促进创新的点火系统。新时代以来，科技体制改革"四梁八柱"基本建立，143项改革任务高质量完成，重点领域和关键环节改革取得实质性进展和显著成效，科技创新的基础性制度基本建立，国务院机构改革作出了"重新组建科学技术部"的重大部署。新征程上，把创新驱动发展的引擎全速发动起来，仍要勇于攻坚、不断深化改革，坚决破除一切制约创新的思想障碍和制度藩篱，打好引领创新"政策组合拳"，形成强大合力，最大限度解放和激发科技作为第一生产力所蕴藏的巨大潜能。

从50%到75%再到100%，制造业、科技型中小企业研发费用加计扣除比例不断提升，让企业在研发投入上更有底气；下放预算调剂权限，"打酱油的钱可以买醋"，让科研人员自主权不断扩大、积极性日益提高……我国科技队伍蕴藏着巨大创新潜能，关键是要通过深化改革把这种潜能有效释放出来。着眼未来，必须更好发挥新型举国体制优势，抓好完善评价制度等基础改革，做好科技管理改革"加减法"，有力有序推进创新攻关的"揭榜挂帅"机制，同时还要推动有效市场和有为政府更好结合，加大多元化科技投入，加强知识产权法治保障，从而激发各类人才创新创业活力。

科技创新和制度创新同向而行、协同推进，必须坚持系统观念、突出系统集成。比如，科技部等12部门印发《深入贯彻落实习近平总书记重要批示精神　加快推动北京国际科技创新中心建设的工作方案》要求，围绕财政金融、成果转化、人才激励、企业创新等方面，推动出台下一批改革措施；日前正式实施的《深圳经济特区光明科学城发展促进条例》提出，推行二、三产业混合用地，支持独立法人科研机构探索实行"财政科研经费包干制"，等等。通过优化配置、整合重组，不断深化科技体制改革，才能持续推动创新要素深度融合、创新生态持续改善。

把科技创新这个"牛鼻子"牵住、这步"先手棋"走好，在制度创新中激励更多科技工作者勇攀高峰,在全社会形成鼓励、支持、参与创新的良好环境,我们一定能为高质量发展开辟新空间、注入新动能,以高水平科技自立自强支撑民族复兴伟业。

（2023 年 06 月 08 日）

打造经济监督的"特种部队"

周人杰

以高质量审计成果为党中央治国理政提供决策参考，以高质量监督保障经济社会高质量发展，切实将制度优势转化为治理效能

要扎实做好今年的审计工作，突出重大问题加大审计力度，促进把党中央决策部署贯彻好、落实好

截至 5 月中旬，2023 年四川全省审计机关已集中发出 1000 多份审计整改提醒督促函，派出专项检查组对 900 多个单位进行专项检查；安徽各级审计机关瞄准金融地产、防灾减灾、卫生健康等重点领域，着力发挥在防范化解重大风险隐患中的作用；黑龙江伊春市审计局制定考核细则，加强对审计查出问题整改工作的跟踪监督……近期，各地审计部门聚焦经济监督，坚持查真相、说真话、报实情。

审计是党和国家监督体系的重要组成部分，是推动国家治理体系和治理能力现代化的重要力量。前不久，习近平总书记主持召开二十届中央审计委员会第一次会议时强调："在强国建设、民族复兴新征程上，审计担负重要使命，要立足经济监督定位，聚焦主责主业，更好发挥审计在推进党的自我革命中的独特作用。"会议指出："要如雷贯耳，坚持依法审计，做

实研究型审计，发扬斗争精神，增强斗争本领，打造经济监督的'特种部队'；做好与其他监督的贯通协同，形成监督合力。"用好"特种部队"、做好"经济体检"，要认真贯彻落实习近平总书记重要讲话精神和党中央决策部署，进一步推进新时代审计工作高质量发展。

审计监督首先是经济监督。党的十九大以来，各级审计机关立足经济监督定位，聚焦财政财务收支真实合法效益主责主业，5年来全国共审计44万多个单位，促进增收节支和挽回损失2万多亿元，向纪检监察、司法等部门移送重大问题线索3.8万多件，涉及9200多亿元、5.1万多人，揭示了一些影响经济安全的重大风险隐患，推动解决了一些长期未解决的"顽瘴"。做好新时代新征程审计工作，总的要求是在构建集中统一、全面覆盖、权威高效的审计监督体系，更好发挥审计监督作用上聚焦发力。要把党中央提出的战略部署转化为审计工作任务，以高质量审计成果为党中央治国理政提供决策参考，以高质量监督保障经济社会高质量发展，切实将制度优势转化为治理效能。

要扎实做好今年的审计工作，突出重大问题加大审计力度，促进把党中央决策部署贯彻好、落实好。聚焦高质量发展首要任务，加大对重大项目、重大战略、重大举措落实落地情况的监督力度。聚焦稳增长稳就业稳物价，继续盯紧看好宝贵的财政资金，加大对稳经济一揽子政策措施落实情况的审计力度。聚焦实体经济发展，加大对金融支持实体经济、助企纾困政策落实情况的审计力度，推动落实好"两个毫不动摇"。聚焦推动兜牢民生底线，紧盯人民群众最关心最直接最现实的利益问题，推动惠民富民政策落实。聚焦统筹发展和安全，密切关注地方政府债务、金融、房地产、粮食、能源等重点领域，牢牢守住不发生系统性风险底线。聚焦权力规范运行，充分发挥审计在反腐治乱方面的重要作用，坚决查处政治问题和经济问题交织的腐败，坚决查处权力集中、资金密集、资源富集领域的腐败，坚决查处群众身边的"蝇贪蚁腐"。

审计整改"下半篇文章"与审计揭示问题"上半篇文章"同样重要，必须一体推进。要把督促审计整改作为日常监督的重要抓手，将审计结果作为干部考核、任免、奖惩的重要参考。对整改不力、敷衍整改、虚假整改的，要严肃问责。

审计担负重要使命。要传承审计光荣传统和优良作风，塑造职业精神，提高专业能力，全面从严治党治审，建设忠诚干净担当的高素质专业化审计干部队伍。坚持"以审计精神立身，以创新规范立业，以自身建设立信"，聚焦全局性、长远性、战略性问题，严肃财经纪律，搞好经济监督，确保党中央政令畅通，就一定能以有力有效的审计监督服务保障党和国家工作大局。

（2023 年 06 月 06 日）

加强改革调查研究

邹　翔

调查研究有助于把握快速变动的实际，从根本上增强改革措施的科学性、针对性、实效性

坚持问题导向、增强问题意识，扑下身子多到矛盾问题集中的地方和部门去，真正把情况摸清、把问题找准、把对策提实，推进改革发展就能事半功倍，战胜风险挑战就能更有底气

以下沉走访、座谈访谈等方式，了解基层改革发展实际情况；聚焦重点改革领域的堵点淤点难点问题，深入开展问题大梳理、难题大排查；认真查找短板弱项，为推动高水平对外开放谋实策……主题教育开展以来，各地区各部门坚持以习近平新时代中国特色社会主义思想为指导，以深化调查研究推动解决改革发展难题。

调查研究是谋事之基、成事之道。在新时代新起点上继续把全面深化改革推向前进，迫切需要加强调查研究。《关于在全党大兴调查研究的工作方案》明确，调研内容主要包括 12 个方面，其中之一就是"全面深化改革开放中的重大问题，重要领域和关键环节改革、推进高水平对外开放中的主要情况和重点问题"。二十届中央全面深化改革委员会第一次会议强调："要加强改革调查研究，多到矛盾问题集中的地方和部门去，深入基

层、走进群众，体察实情、解剖麻雀，既深入研究具体问题，又善于综合各方面情况，在总体思路和全局工作上多动脑筋、多下功夫。"

习近平总书记指出："研究、思考、确定全面深化改革的思路和重大举措，刻舟求剑不行，闭门造车不行，异想天开更不行，必须进行全面深入的调查研究。"2012 年 12 月，党的十八大后首次离京考察，习近平总书记来到广东，强调"在深入调查研究的基础上提出全面深化改革的顶层设计和总体规划"。号召深圳"先行示范"，推动上海浦东高水平改革开放，推动海南建设自由贸易港，赋予雄安更大改革自主权……谋划改革全局、推动改革实践，以调研开局、以调研开路，习近平总书记率先垂范，引领广大党员干部用好"传家宝"、做足"基本功"，掌握实情、科学决策、抓好落实。

发现问题、找准问题是解决问题的前提，调查研究有助于把握快速变动的实际，从根本上增强改革措施的科学性、针对性、实效性。离开了深入调研，就难言科学决策。廖俊波到福建省政和县任县委书记后，做的第一件事就是组织开展为期两个月的调研；黄文秀担任广西壮族自治区乐业县百坭村驻村第一书记之初，走访当时的全村 195 户贫困户，绘制"民情地图"。如今，交通通信手段越来越发达，获取信息的渠道越来越多，但都不能代替亲力亲为的调查研究。只有眼睛向下、脚步向下，扑下身子、沉到一线，身入基层、心到基层，真正把调查研究做深做实，才能找到事物的本质和规律，使改革举措更加符合实际、精准有效。

改革只有进行时，没有完成时。拿出更大的勇气、更实的举措推进全面深化改革，化解新征程上的风险挑战，尤应用好调查研究这把"金钥匙"。建设高标准市场体系还存在哪些体制机制障碍？科技创新体制机制存在什么不足？怎样加快建设更高水平开放型经济新体制？坚持问题导向、增强问题意识，扑下身子多到矛盾问题集中的地方和部门去，真正把情况摸清、把问题找准、把对策提实，推进改革发展就能事半功倍，战胜风险挑战就能更有底气。

今年是全面贯彻党的二十大精神的开局之年，也是改革开放 45 周年和党的十八届三中全会召开 10 周年。实现新时代新征程的目标任务，要把全面深化改革作为推进中国式现代化的根本动力，作为稳大局、应变局、开新局的重要抓手。坚定信心、汇聚合力，加强改革调查研究、深入推进改革创新，调动各方面改革积极性，定能推动全面深化改革取得更大突破、展现更大作为，书写新的璀璨篇章。

（2023 年 06 月 05 日）

构筑新时代宜业宜居的"人民之城"

周人杰

> 规划引领、统筹兼顾、系统谋划宜居和宜业两个方面，在高质量建设和高水平管理两端发力，体现了对城市发展规律的深刻把握、充分尊重、主动顺应
>
> 丹青妙手，规划为先，城市建设须一张蓝图绘到底；山河万里，实干为要，城市治理要一茬接着一茬干

河北保定实施古城保护更新项目，坚持微更新、渐进式推进；江苏公布 100 处"乐享园林"项目名单，为群众营造更多可休憩、可健身的高品质绿色空间；临近毕业季，贵州贵阳为青年人才提供保障性租赁住房，并综合考虑区位优势及周边配套以满足职住平衡……各地牢牢坚持、生动践行人民城市理念，着力打造宜居、韧性、智慧城市，推进城市治理现代化。

城市，让生活更美好。城市是我国经济、政治、文化、社会等方面活动的中心，是贯彻新发展理念的重要载体、构建新发展格局的重要支点、实现高质量发展的重要区域。前不久，习近平总书记在河北雄安新区考察并主持召开高标准高质量推进雄安新区建设座谈会时强调："建设好雄安新区，重要的是衔接好安居和乐业""要同步推进城市治理现代化，从一开始就下好'绣花'功夫，积极推进基本公共服务均等化，构筑新时代宜业

宜居的'人民之城'"。这是对高标准高质量推进雄安新区建设的重要要求，对于我们做好城市工作、走出一条中国特色城市发展道路具有重要指导意义。

为了人民、依靠人民、造福人民，中国式现代化的"雄安场景"正在徐徐展开。行走雄安街头，无人驾驶公交车展开测试，智能井盖、智慧路灯投入使用，科技赋能动力澎湃；3公里进森林，1公里进林带，300米进公园，生态画卷逐步呈现；北京四中雄安校区，400米跑道运动场、室内篮球馆等设施一应俱全，公共服务共建共享、日益优化……规划引领、统筹兼顾、系统谋划宜居和宜业两个方面，在高质量建设和高水平管理两端发力，体现了对城市发展规律的深刻把握、充分尊重、主动顺应。

让群众住得稳、过得安、有奔头，关键要让城市建设"见物"更"见人"，把让群众生活更舒适这一理念融入城市规划建设的血脉里、体现在每一个细节中。畅通现代城市的交通血脉，数字道路可实现重点路段、关键时段交通流量分析预测；积极推进基本公共服务均等化，打造"步行5分钟送孩子到幼儿园，10分钟到菜市场、小学，15分钟到医院、中学"的15分钟生活圈；坚持绿色化、低碳化发展，新建建筑中绿色建筑占比达100%……从"人民之城"的愿景，到"幸福之城"的构建，雄安新区规划建设正成为推动高质量发展的全国样板。民生无小事，一事接着一事谋，一年接着一年干，我们就一定能探索出人口经济密集地区优化开发新模式，不断增强群众获得感。

党的二十大报告提出，"坚持人民城市人民建、人民城市为人民"。城市的核心是人，是广大市民。安居和乐业都是民生，关系到城镇化、现代化的质量，都要在激活城市建设这个现代化建设的重要引擎中维护好实现好，在建设和谐宜居、富有活力、各具特色的现代化城市中解决好发展好。衔接好安居和乐业，要推进城乡统筹发展，全面落实创新驱动发展战略，坚持市场机制和政府引导相结合。具体而言，应当优化城市空间形态，持续改善生态环境，推进基础设施体系化建设，建设完整居住社区，加强历史文化保护和特色风貌塑造，推动形成绿色生产方式和生活方式，提升城市治理水平。

"城，所以盛民也。"丹青妙手，规划为先，城市建设须一张蓝图绘到底；山河万里，实干为要，城市治理要一茬接着一茬干。聚焦推动高质量发展、创造高品质生活、实现高效能治理，加快转变超大特大城市发展方式，以实施城市更新行动为抓手，提高城市科学化、精细化、智能化管理水平，就一定能构筑更多宜业宜居的"人民之城""幸福之城"，让人民群众生活更方便、更舒心、更美好。

（2023 年 06 月 02 日）

"小修小补"有序回归体现治理温度

孟繁哲

着眼居民需求，做好服务保障，在政策支持、合理布局、规范经营等方面持续发力，才能在改善民生中让"小修小补"始终保持生命力

因地制宜、创新方式，着力提升精细化治理水平，切实增强社区服务供给能力，努力让人民群众的获得感成色更足

上海市浦东新区高东镇徐路老街，胡师傅修车铺，各类维修设备齐全，一张挂在墙上的个体工商户营业执照格外醒目。自 2022 年上海实行个体工商户集中登记制度后，许多像胡师傅这样的"小修小补"从业者有了"集体户口"。

生活中，一旦碰到拉链坏了、鞋子开胶等情况，附近的"小修小补"摊点就能帮上大忙。"小修小补"看似不起眼，却一直是生活所需。这类业态，一端连着普通百姓，有益于便利消费、服务保障民生、提升群众幸福感；另一端连着众多个体工商户，有助于拓宽就业渠道、增加就业机会。此外，不少"小修小补"从业者在长期提供服务的过程中，渐渐融入社区人际网络，成为搭把手、救个急的"老邻居"。从这个意义上说，随处可见的"小修小补"摊位，也体现着社区的人情味。

随着城市快速发展，人们的生活格局和空间被重塑。道路拓宽了、商圈增多了、楼房建密了，但能提供"小修小补"服务的地方越来越少了。一方面，新建社区没有为"小修小补"预留空间，一些老旧小区也在改造升级后取消了原来的摊位。另一方面，经营利润微薄、市场空间小，愿意从事"小修小补"的群体也在减员。今年2月，商务部新闻发言人表示，商务部门按照"缺什么、补什么"的原则，推动补齐便民服务设施短板，完善生活基本保障类业态和品质提升类业态，例如，让修鞋、配钥匙等小摊点规范有序回归百姓生活。这样的政策导向，体现出治理的精细与温度。

民生无小事。民有所呼，政有所应。天津通过租金减免、点位优先、政策扶持等方式，鼓励"小修小补"等便民业态发展；山西太原在城六区规划设置一批便民摊点，并积极推进"便民服务亭"建设，让"小修小补"有序回归；广东东莞上线"小修小补"便民地图，市民可通过查阅地图找到距离最近的便民小店……近年来，多地推出针对性强的务实举措，积极创造条件，有序引导"小修小补"回归居民日常生活。事实证明，着眼居民需求，做好服务保障，在政策支持、合理布局、规范经营等方面持续发力，才能在改善民生中让"小修小补"始终保持生命力。

让"小修小补"回归居民日常生活，不是简单的"昨日重现"，而是要注重规范有序。应当看到，不少"小修小补"从业者没有固定的室内经营场所。以往那种占道经营、流动摆摊的方式，虽然带来一时便利，却可能妨碍城市交通，带来安全隐患，影响市容市貌。既要保障民生、顺应需求，又要优化环境、消除隐患，还要考虑摊位成本，如何在做好管理、守住安全底线的前提下，为"小修小补"提供空间，成为城市治理的现实课题。实践中，有的地方要求流动摊点统一在划定区域经营，不得占压盲道、绿化带、停车位；有的地方在大型商超、供销社内为"小修小补"设置专门柜台。从城市治理角度看，各地需要因地制宜、创新方式，着力提升精细化治理水平，切实增强社区服务供给能力，努力让人民群众的获得感成色更足。

习近平总书记强调："城市是人集中生活的地方，城市建设必须把让人民宜居安居放在首位，把最好的资源留给人民。"坚持人民城市人民建、人民城市为人民，需要提高城市规划、建设、治理水平。无论是推进城市轨道交通建设，还是健全便民服务设施，无论是营造创业良好环境，还是解决新市民、青年人等群体住房困难问题……城市建设彰显人文关怀，民生小事折射治理温度。苦练内功、下足"绣花"功夫，才能稳步提升城镇化质量，使更多人享有更高品质的城市生活。

（2023 年 06 月 01 日）

激励更多人走技能报国之路

石　羚

推动职业教育高质量发展，让更多人在实现自我价值的同时创造社会价值，也是在为美好生活夯实根基

全国职业院校技能大赛拉开帷幕，各地选手切磋技艺、展示风采；"劳模工匠进校园"活动持续开展，点亮青年学子的匠心梦；不少职业学校进行招生宣传，让家长和社会各界更好了解职业教育发展路径……在刚刚过去的 2023 年职业教育活动周，各地各部门组织开展丰富多彩的活动，宣传职业教育方针政策、法律法规、支撑经济社会发展成效及技能成才的典型人物事迹，助力进一步壮大技能人才队伍。

职业教育，既关乎国计，也涉及民生，与经济社会发展联系最紧密、最直接。党的十八大以来，我国职业教育实现新的历史跨越，吸引力、影响力、竞争力不断增强，为推动就业创业、促进经济社会发展、提高国家竞争力提供了有力支撑。目前，我国已建成世界上规模最大的职业教育体系，中职、高职学校每年为国家培养约 1000 万高素质技术技能人才。各地聚焦今年职业教育活动周的主题"技能：让生活更美好"，推出地方特色亮点活动，有利于让更多高素质技术技能人才被看见、让更多职业院校被社会了解。

三百六十行，行行出状元。从个人角度而言，技能是立业之本。拥有一技之长，有助于更好就业，为幸福生活打下坚实基础，也有助于成就出彩人生、创造不凡业绩。放在更广的视角来看，从扎根车间埋头创新、为消费者生产更多"中国制造"精品，到凭借专长返乡创业、在乡村振兴热土上带领乡亲们增收致富，再到投身医疗、交通、食品等领域，全力保障城市运转与群众生活，千千万万技能人才在自己的岗位上拼搏奉献，为满足人民群众美好生活需要作出贡献。数据显示，全国职业学校共开设 1300 余个专业和超 12 万个专业点，基本覆盖了国民经济各领域。从这个意义上说，推动职业教育高质量发展，让更多人在实现自我价值的同时创造社会价值，也是在为美好生活夯实根基。

办好职业教育，一个重要方面就在于，对接学生所学与社会所需。让技能人才人尽其才、才尽其用，离不开职普融通、产教融合、科教融汇的持续推进。职业教育与普通教育相互融通，让学生选择更多样、成长渠道更通畅；产业与教育紧密结合，让人才培养更高效、人才供需更匹配；教育链与创新链有机衔接，让职业技能更过硬、服务发展更有力。让更多技能人才练就真本领，定能为保障和改善民生做出更大贡献。

党的二十大报告将大国工匠、高技能人才纳入"国家战略人才力量"，提出"优化职业教育类型定位"，对职业教育重视程度之高前所未有，职业教育在整个教育体系中的分量之重前所未有，我国职业教育迎来新的发展机遇。让职业教育更加深入人心，一方面，应加大宣传力度，讲好技能故事，通过举办职业教育活动周等方式，在全社会形成"崇尚一技之长、不唯学历凭能力"的良好氛围；另一方面，应加大培养力度，完善激励制度，提高技能人才待遇水平，畅通职业发展和晋升途径，让职业教育更有学头、有盼头、有奔头。

中办、国办印发的《关于推动现代职业教育高质量发展的意见》提出："到 2035 年，职业教育整体水平进入世界前列，技能型社会基本建成。"加快建设国家重视技能、社会崇尚技能、人人学习技能、人人拥有技能的技能型社会，既是促进人的全面发展的题中应有之义，也是推动经济社会高质量发展的必要之举。切实提高职业教育的质量、适应性和吸引力，激励更多人走技能成才、技能报国之路，让技能汇入生活、融入文化、润入人心，我们必能培养更多高素质技术技能人才、能工巧匠、大国工匠，为全面建设社会主义现代化国家提供有力人才和技能支撑。

（2023 年 05 月 29 日）

坚持推动传统产业转型升级

周人杰

推动制造业高端化、智能化、绿色化发展，并不等于把一些需要改造升级的传统产业当成所谓的"低端产业"简单退出

把握好新一轮科技革命和产业变革带来的历史性机遇，传统产业也会在数字赋能、绿色转型中焕发新生、赢得未来

建设现代化产业体系是党中央从全面建设社会主义现代化国家的高度作出的重大战略部署。近日召开的二十届中央财经委员会第一次会议强调，"坚持推动传统产业转型升级，不能当成'低端产业'简单退出"。加快建设以实体经济为支撑的现代化产业体系，要一手抓传统产业升级，一手抓战略性新兴产业发展壮大。狠抓传统产业转型升级决不能搞"一退了之"，必须优化产业政策实施方式，着力补强产业链薄弱环节，锻造新的产业竞争优势，提升传统产业在全球产业分工中的地位和竞争力。

传统制造业是现代化产业体系的基底。要看到，我国传统产业体量大，在制造业中占比超过80%，传统产业转型升级直接关乎现代化产业体系建设全局，对当前突出做好稳增长稳就业稳物价工作、推动经济运行持续好转不可或缺。为此，要深入实施产业基础再造工程、重大技术装备攻关工程、智能制造工程，全面推行绿色制造，促进工艺现代化、产品高端化，

提升产品质量和品牌效益。

推动制造业高端化、智能化、绿色化发展，并不等于把一些需要改造升级的传统产业当成所谓的"低端产业"简单退出。产业发展是一个动态历史进程。今天科技含量高、附加值高的高端制造业，有些就是从劳动密集程度较高的传统产业中升级而来的。把握好新一轮科技革命和产业变革带来的历史性机遇，传统产业也会在数字赋能、绿色转型中焕发新生、赢得未来。我们必须顺应产业发展大势，推动短板产业补链、优势产业延链、传统产业升链、新兴产业建链，增强产业发展的接续性和竞争力。

还要看到，很多传统产业经过转型升级，成为扩大内需的"富矿"。今年 1 至 4 月，新能源汽车产销分别完成 229.1 万辆和 222.2 万辆，同比均增长 42.8%，市场占有率达到 27%，出口 34.8 万辆，同比增长 1.7 倍。持续壮大的创新力为汽车消费、投资注入了不竭新动能。引导和支持传统产业加大技术改造和设备投入，用新技术新业态改造提升传统产业链，对于增强消费对经济发展的基础性作用和投资对优化供给结构的关键作用都有作为的空间。

习近平总书记强调："战略上要坚持稳中求进，搞好顶层设计，把握好节奏和力度，久久为功。战术上要抓落实干实事，注重实效，步步为营，一仗接着一仗打。"复杂问题没有简单解决办法。让传统产业向现代化转型、低端产业向高端化升级，我们要长短结合、稳扎稳打，既做好战略谋划，统筹推进传统产业改造升级和新兴产业培育壮大，又落实落细各项具体部署，促进各类要素合理流动和高效集聚；既坚持守正创新，抓住全球产业结构和布局调整过程中孕育的新机遇，开辟新领域、制胜新赛道，又坚持底线思维，保证产业体系自主可控和安全可靠，确保国民经济循环畅通。

没有产业体系的现代化，就没有经济的现代化；没有坚实的物质技术基础，就不可能全面建成社会主义现代化强国。要继续把发展经济的着力点放在实体经济上，坚持有效市场和有为政府更好结合，着力营造产业发展的良好生态，扎实推进新型工业化，促进工业健康发展。激发传统产业蕴藏的巨大内生动力，释放转型升级带来的巨大内需潜能，持续推动科技创新、制度创新，突破供给约束堵点、卡点、脆弱点，我们定能推动各产业有序链接、高效畅通，形成优质高效的现代化产业体系、多层次的创新体系，为实现第二个百年奋斗目标提供坚强物质支撑。

（2023 年 05 月 22 日）

立足文化根基　打造古镇特色品牌

孟繁哲

　　避免古镇同质化发展，需要统筹处理好古镇发展定位与文旅消费升级之间的关系

　　"五一"假期，文旅市场升温，各地古镇成为游客的热门打卡地。放眼望去，处处是排起长龙的小吃摊位和"今日客满"的民宿招牌。然而，面对旺盛的旅游需求，古镇同质化现象让一些慕名而来的游客感到失望。大同小异的外观设计，千篇一律的制式产品，连商业业态都有些雷同，烤肉、酒吧、网红奶茶、手工银饰……你有我有大家都有。如何立足文化根基打造特色品牌，让游客走了之后还想再来，是不少古镇共同面临的重要课题。

　　部分古镇越来越相似，并非历史遗留或自然形成，而是不合理商业开发的结果。古镇需要开发，才能更好满足游客需求。但一些新开发的古镇，未能处理好商业化和文化保护之间的关系，只是照搬照抄已有商业模式，不注重挖掘自身文化内涵，导致景区里只能看到批量生产、脱离地域属性的旅游产品，看不到有活力、有特色的文化产品，让游客失去新鲜感。

　　如今，许多游客到古镇等文化景点旅游，已不满足于走马观花、拍照留念，而是希望进行文化体验游、沉浸式旅游。人们想看到古镇历经岁月

洗礼留下的历史记忆，体验不同的风土人情，欣赏当地独特的人文精神和美学特质。从这个意义上讲，避免古镇同质化发展，需要统筹处理好古镇发展定位与文旅消费升级之间的关系。

要把游客吸引来，留下好口碑，各地古镇要在彰显文化独特性方面下更多功夫。古镇居民是古镇文化不可或缺的载体，让古镇有了独特的生活气息、持久的文化吸引力。比如，乌镇之所以能长盛不衰，除了本身景致优美之外，还在于当地把特有的民居水阁、老宅深巷、船拳皮影和民间作坊当作重要的财富精心呵护，并对当地民间传统文化进行了深层次挖掘。一些古镇为了实现商业功能迁走当地居民，反而失去了文化之根、独特之美。把古镇原来的居民留住，把传统的生活方式留住，找到与现代生活的结合点，商业开发才能在保护与开发之间形成良性循环。

人们总是希望在旅途中看到不一样的风景。对于有一定文化底蕴和开发历史的古镇而言，要想避免让游客陷入审美疲劳，除了找准自身特色，还要结合已有文化属性不断推陈出新，为游客提供新的体验。位于江苏苏州的周庄是我国最早开发的古镇之一。近年来，面对全国各地古镇类景区的激烈竞争，周庄依托江南的夜文化，以光影科技、艺术设计点亮古镇，打造夜游品牌，助力景区向休闲度假基地转型。在当前的文旅市场，复制他人的商业开发模式绝非长久之计，已经在市场上获得成功的古镇，也要继续创新，以此赢得更多回头客。

古镇是我国重要的文化旅游资源。用好这笔资源，既能为当地带来旅游收入，也能满足游客旅游度假的需求，还能为保护古镇历史文化提供资金支持，是多赢之举。把握历史文化发展脉络，凸显地域文化特色，进行良性商业开发，各美其美、美美与共，古镇定能让当地居民诗意地栖居，也能让远道而来的人们体会到"诗与远方"的美好。

（2023 年 05 月 16 日）

让老旧小区成为更高品质生活空间

周人杰

老旧小区改造不仅要注重满足居民安全需要和基本生活需求，也要考虑如何根据实际条件打造更高品质的生活空间

老旧小区改造是提升群众获得感的重要工作。近年来，城镇老旧小区改造工作驶入快车道。近 5 年，全国改造 16.7 万个老旧小区，惠及 2900 多万户、8000 多万居民，极大改善了部分群众的生活条件。不久前，住建部负责人介绍，2023 年有望再开工改造 5 万个以上老旧小区，力争让 2000 万居民获益。政府改善群众居住条件的不懈努力，给更多人带来温暖和希望。

住有所居是人民美好生活的重要基石。习近平总书记指出："人民群众对实现住有所居充满期待，我们必须下更大决心、花更大气力解决好住房发展中存在的各种问题。"几十年来，我国城乡居民住房条件明显改善，但部分老旧小区出现失修、失管、失养，以及市政配套设施不完善等现象，亟待改造。当前，我国常住人口城镇化率已达 65.2%，城市建设的重点转入对存量的提质增效阶段，把推进城镇老旧小区改造摆上重要议事日程，不仅有助于改善人居环境，促进产业投资，还可以优化城市功能。

社区是提供基本公共服务、提高人民生活品质的关键载体，老旧小区

改造要在更好满足居民生活需要方面下更大功夫。国办印发的《关于全面推进城镇老旧小区改造工作的指导意见》提出，"推动建设安全健康、设施完善、管理有序的完整居住社区"。也就是说，老旧小区改造不仅要注重满足居民安全需要和基本生活需求，也要考虑如何根据实际条件打造更高品质的生活空间。比如，除了加装电梯、完善配套设施等，还应考虑在小区及周边配建幼儿园、老年服务站、理发店等社区公共服务设施；不仅要增加公共活动场地，还应进行适老化和适儿化改造。

这并不是说要进行大拆大建，而是要通过合理的微改造，让居住在老旧小区的群众生活更方便、更舒心。事实上，一些地方已进行了有意义的探索。比如，江苏印发《城镇老旧小区改造适宜推广应用技术手册（试行）》，整合了适老社区、儿童友好型社区等理念，提出基础设施改造和公共空间优化等技术体系，并列举技术要点，提供"菜单式"改造清单。坚持以人为本，把握改造重点，坚持尽力而为、量力而行，定能把城镇老旧小区改造这项惠及民生的好事做好。

群众的生活品质，和社区治理水平息息相关。老旧小区改造不仅是房屋和环境的翻新，更是在基层推进的一项社会治理工程。老旧小区改造就在居民身边进行，应充分尊重居民意愿，改造前问需于民，改造过程请居民监督，改造后问效于民。将社区治理能力建设融入改造过程，并以此为契机完善小区长效管理机制，有助于激发居民参与改造的主动性、积极性。改善硬件设施的同时，实现治理"软件"的同步升级，才能让社区始终葆有生机活力。

城镇老旧小区改造是重大民生工程和发展工程，党和国家高度重视，广大群众殷切期盼。新征程上，坚持以人民为中心的发展思想，大力改造提升城镇老旧小区，推动构建"纵向到底、横向到边、共建共治共享"的社区治理体系，定能使社区更健康、更安全、更宜居，成为人民群众高品质生活的空间，进一步推动实现人民群众从"有房住"到"住得好"的飞跃。

（2023 年 05 月 10 日）

稳就业，保障好"最基本的民生"

——坚定信心，推动中国经济整体好转①

孟繁哲

> 我国经济韧性强、潜力大、活力足，长期向好的基本面没有变，这为就业长期稳定创造了良好条件

人力资源和社会保障部不久前宣布，2023年春风行动暨就业援助月活动收官。举办现场招聘会、开展技能培训、组织劳动力跨省就业……春风行动中，各类企业密集发布岗位需求，招聘市场暖意浓浓。今年前3个月，全国累计举办各类招聘活动5.8万场，发布岗位3800万个。一场场招聘活动、一次次暖心服务，让求职者和用工单位实现有效对接，帮助劳动者稳就业、增收入。

习近平总书记强调："强化就业优先政策，健全就业促进机制，促进高质量充分就业。"就业是民生之本，也是经济发展的"晴雨表"、社会稳定的"压舱石"。今年一季度，就业形势总体稳定，全国城镇调查失业率平均值为5.5%，比上年四季度下降0.1个百分点，就业主体人群失业率明显下降，农民工群体就业加快改善，总就业人数比去年同期增加。也要看到，就业总量压力依然存在，结构性矛盾依然突出。接下来，要进一步强化政

策引导，保持稳就业政策总体稳定，有针对性优化调整阶段性政策并加大薄弱环节支持力度，确保就业大局稳定。

稳就业，经济发展是根本。就业状况很大程度取决于经济增长的质量和速度。要看到，我国经济韧性强、潜力大、活力足，长期向好的基本面没有变，这为就业长期稳定创造了良好条件。强化就业优先政策，调整优化即将到期的阶段性减负稳岗扩就业政策，借助扩大有效需求、稳定企业经营来进一步扩岗，有利于推动就业增长与经济发展互促共进。

稳就业，优化服务是关键。高校毕业生、农民工等重点群体，是就业工作的重中之重。促进高校毕业生就业，既要通过政策支持拓宽市场化就业渠道，也要通过调度督促稳定公共岗位规模，还要有针对性地将招聘会、公共服务送进校园，为毕业生广开就业门路。促进农民工等重点群体就业，既要畅通信息，增加选择，坚持外出转移就业和就地就近就业并重，将更多岗位送下乡、送进村、送上门，也要健全兜底帮扶体系，完善就业援助制度。健全公共就业服务体系，才能促进供需对接。

稳就业，还需在缓解就业结构性矛盾上下功夫。当前就业结构性矛盾的症结，在于劳动力需求与供给不匹配，部分劳动者技能不足。因此，加快提升劳动者技能素质，使其更好适应市场需求和经济社会高质量发展需要，既是当务之急，也是长远之计。既要健全终身职业技能培训制度，引导更多劳动者走技能成才之路，也要完善高校学科专业设置，实现学科专业与产业链、创新链、人才链的相互匹配、相互促进。

就业关乎国计民生，关乎千家万户。我国有 14 亿多人口，其中劳动年龄人口超 8.7 亿。解决好就业问题，始终是经济社会发展的一项重大任务。优化调整稳就业政策措施，落实落细各项举措，织密织牢就业保障网，我们一定能推动就业这个最大的民生工程、民心工程和根基工程高质量发展，不断提升人民群众获得感、幸福感、安全感。

（2023 年 04 月 26 日）

强实体，推动产业转型升级

——坚定信心，推动中国经济整体好转②

石　羚

我国具有全球最完整的工业体系、强大的生产能力、完善的配套能力，展现出适应变化、抗击风险、调整产能的强大韧性

保持战略自信，落实落细各项政策，必能推动实体经济壮筋骨、上台阶，为高质量发展提供坚实支撑

不久前，一辆搭载"原力智能增程"技术的白色轿车，从云南香格里拉驶到重庆，完成了不加油、不充电、不间断行驶1283公里的长距离实测挑战。该技术实现发电机95%的高运行效率，还可在零下30摄氏度的环境下让电池极速加热。新能源技术的不断突破，为汽车产业创新发展注入充足动力，也从一个侧面为实体经济高质量发展写下生动注脚。

实体经济是财富创造的根本源泉，是国家强盛的重要支柱。前不久，国家统计局公布一季度经济数据，一季度规模以上工业增加值同比增长3%，比上年四季度加快0.3个百分点，工业经济实现平稳开局。在工业大类中，23个行业同比保持增长，增长面超过五成，与上年四季度比，20个行业增加值增速回升，折射出各行各业稳健复苏的良好态势。装备制造

业对规模以上工业增长贡献率达到42.5%，太阳能电池、新能源汽车产量分别增长53.2%、22.5%，体现出转型升级蹄疾步稳、新动能持续壮大的可喜势头。既有量的合理增长，又有质的稳步提升，实体经济在今年一季度交出一份亮眼答卷。

实体经济是一国经济的立身之本。不论经济发展到什么时候，实体经济都是我国经济发展、在国际经济竞争中赢得主动的根基。我国具有全球最完整的工业体系、强大的生产能力、完善的配套能力，随着疫情防控较快平稳转段、市场需求回暖，能够迅速恢复产业链供应链和生产能力，展现出适应变化、抗击风险、调整产能的强大韧性。一季度实体经济加快恢复，进一步激发我国经济恢复向好的内生动力，为实现全年目标任务奠定坚实基础。坚持把发展经济的着力点放在实体经济上，进一步推动减税降费、稳岗返还、贷款支持等一系列政策落地见效，实体经济发展壮大将有更坚实的政策保障。

习近平总书记强调，"要深刻把握发展的阶段性新特征新要求，坚持把做实做强做优实体经济作为主攻方向，一手抓传统产业转型升级，一手抓战略性新兴产业发展壮大"。当前，新一轮科技革命和产业变革深入发展，科学技术和经济社会发展加速渗透融合。壮大实体经济，必须全面提升产业体系现代化水平，以创新集聚发展新动能、打造竞争新优势。从实施技术改造行动、推动传统产业提质增效，到巩固提升全产业链优势、引导优势产业做大做强，再到聚焦前沿领域、助力新兴产业发展壮大，坚持创新驱动，推动产业高端化、智能化、绿色化转型，才能推动产业体系转型升级、促进实体经济健康发展。

也要清醒认识到，当前国际环境依然复杂严峻，工业产品价格下降、企业效益面临困难、市场需求不足等问题亟待解决。下一步，必须深化供给侧结构性改革，推动资源要素向实体经济集聚、政策措施向实体经济倾斜、工作力量向实体经济加强。谋创新，提升科技自立自强能力，推动产业迈向中高端；稳根基，加快建设制造强国，推动制造业从数量扩张向质量提高的战略性转变；强信心，优化营商环境，制定优惠政策，让政策红利更好惠及经营主体……保持战略自信，落实落细各项政策，必能推动实体经济壮筋骨、上台阶，为高质量发展提供坚实支撑。

2012 年，中国全年生产新能源汽车约 1.25 万辆。10 年后，中国新能源汽车年产量已超 700 万辆，稳居全球第一。新能源汽车产业从小到大、从弱到强的蝶变，正是中国制造乘风破浪、勇立潮头的缩影。事实证明：抓好制造产业、振兴实体经济，必须持之以恒、久久为功。拿出奋楫争先的志气，磨砺坚持不懈的韧劲，大力发展制造业和实体经济，中国经济航船定能行稳致远，驶向更加光明的未来。

（2023 年 04 月 28 日）

稳投资，发挥投资关键作用

——坚定信心，推动中国经济整体好转③

周人杰

> 拉动经济增长、推动转型升级、促进结构优化，稳投资各项政策落实落细，增强了各方信心，改善了市场预期
>
> 破除各种隐性壁垒，营造市场化、法治化、国际化一流营商环境，促进民营企业健康发展，更大力度吸引和利用外资

在北京，20辆整车无人驾驶车辆分批在指定道路测试行驶，新一代信息技术、科技服务业两个万亿级产业集群将持续培育发展；在江西，赣州国家区域医疗中心施工现场一片繁忙，不远的将来，当地群众在家门口就能享受优质医疗服务；在贵州，全省开展"大数据项目建设年"活动，力争大数据领域项目投资完成200亿元……今年以来，各地投资项目稳步推进，投资持续稳定增长，为经济发展良好开局提供重要支撑。

扩大有效投资，是推动扩内需稳增长的重要举措。前不久，国家统计局公布的一季度经济数据显示，全国固定资产投资同比增长5.1%，其中高技术制造业和高技术服务业投资分别增长15.2%、17.8%，投资对于扩大国内需求、拉动经济增长、优化供给结构的关键作用持续发挥、不断显现。

将经济运行良好态势巩固下去，要着力扩大国内需求，通过高质量供给创造有效需求，更好发挥投资对推动经济整体好转的作用。

对于我国这么大的经济体而言，保持经济平稳运行至关重要。在一季度成绩单中，作为稳增长重要抓手的稳投资成效明显。制造业投资同比增长 7%，明显快于全部投资，立国之本和强国之基更加稳固；基础设施投资同比增长 8.8%，经济社会发展重要支撑不断夯实，为未来持续发展增强了后劲；社会民生领域投资同比增长 8.3%，其中卫生投资增长 21.6%，补短板、惠民生迈出坚实步伐……拉动经济增长、推动转型升级、促进结构优化，稳投资各项政策落实落细，增强了各方信心，改善了市场预期。下阶段要接续发力，保持投资增长良好势头。

要看到，当前经济企稳向好的基础尚需巩固，需求不足仍是突出矛盾，要搞好统筹扩大内需和深化供给侧结构性改革，形成需求牵引供给、供给创造需求的更高水平动态平衡。放眼全国，今年拟安排地方政府专项债券 3.8 万亿元，"十四五"重大工程加快实施，全年将开工改造 5 万个以上老旧小区，城市更新行动提速推进，新型基础设施建设适度超前部署……坚定信心，锐意进取，加强各类政策协调配合，保障基本民生和社会发展事业，支持以多种方式和渠道稳投资、扩内需，定能形成共促高质量发展的合力。

习近平总书记强调："完善扩大投资机制，拓展有效投资空间，适度超前部署新型基础设施建设，扩大高技术产业和战略性新兴产业投资，持续激发民间投资活力。"当前，针对投资领域的薄弱环节、不平衡因素，要善于把握投资方向，消除投资障碍，着力提高投资效率，促进投资规模合理增长、结构不断优化，增强投资增长后劲。要充分挖掘国内市场潜力，加大重点领域补短板力度。要提振民间投资信心，鼓励和吸引更多民间资本参与国家重大工程和补短板项目建设。要破除各种隐性壁垒，营造市场化、法治化、国际化一流营商环境，促进民营企业健康发展，更大力度吸引和利用外资。

一年春作首，万事行为先。4 月 28 日召开的中共中央政治局会议强调，要发挥好政府投资和政策激励的引导作用，有效带动激发民间投资。制定更加科学、更加精准的政策，付出更为艰巨、更为艰苦的努力，继续充分发挥好投资的关键作用，就能进一步增强稳投资对扩大国内需求、稳定经济增长的支撑力度，助力完成好今年经济社会发展目标任务，推动实现经济质的有效提升和量的合理增长。

（2023 年 05 月 05 日）

促消费，充分释放内需潜力

——坚定信心，推动中国经济整体好转④

邹　翔

> 巩固经济回升基础，需要继续把恢复和扩大消费摆在优先位置，充分发挥消费对实现全年发展目标的促进作用
>
> 居民有稳定收入能消费、没有后顾之忧敢消费、消费环境优获得感强愿消费，才能进一步增强消费对经济发展的基础性作用

中午 11 点刚过，江苏省南京市明瓦廊美食街的一家面馆便拥挤起来。厨房里，面条师傅操作行云流水，大概 50 秒做一碗面。最近生意好，师傅的手再次磨出了茧子。一天卖出几百碗，日销量比 2019 年同期多两成。小小一碗面，正是餐饮业回暖、消费持续复苏的生动缩影。

习近平总书记在党的二十大报告中强调，"着力扩大内需，增强消费对经济发展的基础性作用"。消费是畅通国内大循环的关键环节和重要引擎，对经济具有持久拉动力，事关保障和改善民生。前不久，国家统计局公布的一季度经济数据显示，社会消费品零售总额同比增长 5.8%，最终消费对经济增长的贡献率达到 66.6%，全国居民平均消费倾向比上年同期提高 0.2 个百分点。今年以来消费明显回升、整体恢复向好，对经济增长的

拉动作用明显增强。从排起长龙的餐饮门店到摩肩接踵的旅游景点，从电影票房刷新最快破百亿元纪录到"五一"期间火车票销售火爆，火热的消费彰显了中国经济的韧性与活力。

消费复苏不仅有量的扩大，还有质的升级、结构的优化。随着疫情影响逐步消退，商品销售增势较好，升级类消费增长加快。一季度升级类商品销售大幅增长，限额以上单位金银珠宝类、化妆品类商品零售额分别增长 13.6%、5.9%。第三届消博会汇聚了 65 个国家和地区的超过 3300 个消费精品品牌，众多"高、新、优、特"产品集中亮相，同样印证了消费提质升级的大趋势。同时要看到，当前世界经济增长趋缓态势明显，不稳定、不确定性因素较多，国内需求不足制约明显，一些结构性问题比较突出。巩固经济回升基础，需要继续把恢复和扩大消费摆在优先位置，充分发挥消费对实现全年发展目标的促进作用。

促消费政策持续发力，为消费复苏提供了政策保障。商务部将今年定为"消费提振年"，不少地方排出时间表，按季节举办迎春消费季、暑期消费季、金秋购物节、国际消费季等主题活动。从启动老字号嘉年华、中华美食荟等重点活动，到多地对居民购买绿色智能家电给予补贴，从京津冀联手举办消费季，到河南印发《进一步促进消费若干政策措施》、西藏出台 24 条促消费措施，一系列政策举措和特色活动带来了更多优惠和便利，也丰富了消费者的选择。推动各项促消费政策措施落地见效，不断提振消费信心，就能让广大居民愿消费、想消费。

着眼长远，还需要继续完善促进消费体制机制。应该看到，消费能力与居民收入成正比，同时，对未来的预期越稳定，民生层面的后顾之忧越少，则消费意愿越强。我国最终消费支出占国内生产总值的比重连续 11 年保持在 50% 以上，但扩大消费仍存在经营主体的创新能力不能完全适应高质量发展要求、城乡区域发展和收入分配差距较大等制约。更好释放消费潜力，必须建立和完善扩大居民消费的长效机制，着力提升居民收入、完善社会保障、稳定预期。居民有稳定收入能消费、没有后顾之忧敢消费、消费环境优获得感强愿消费，才能进一步增强消费对经济发展的基础性作用。

消费一头连着宏观经济大盘，一头连着千家万户的幸福生活。我国有14亿多人口的超大规模市场，消费市场潜力大、韧性强、后劲足，且居民收入稳步增长孕育着大量消费升级需求。千方百计增加居民收入，积极增加优质供给，把扩大消费和供给侧结构性改革有效结合起来，定能稳固消费回升态势、充分释放内需潜力，促进经济发展、助力民生改善。

（2023 年 05 月 09 日）

稳外贸，为经济恢复提供重要支撑

——坚定信心，推动中国经济整体好转⑤

周珊珊

外贸进出口展现出较强韧性，为全年实现外贸促稳提质打下了基础

外贸平稳向好，折射出中国制造业迈向高端化、智能化、绿色化的坚实足迹

一辆辆新能源车排起长队，有序驶入靠港的巨型滚装船，准备销往海外。这是上海外高桥港区海通滚装码头的忙碌日常。在这个全国最大的滚装汽车码头，国产新能源车"排队出海"的场景，正是我国外贸开局稳中向好的生动缩影。

习近平总书记在党的二十大报告中强调："加快建设贸易强国。"外贸是国民经济的重要组成部分。推动外贸稳规模、优结构，对稳增长、稳就业具有重要支撑作用。海关总署发布的数据显示，今年前4个月，我国进出口总值13.32万亿元，同比增长5.8%，进出口延续了向好态势。外贸进出口展现出较强韧性，为全年实现外贸促稳提质打下了基础。值得一提的

是，今年前 4 个月，有进出口实绩的民营企业数量同比增加了 8.9%，继续保持我国外贸第一大经营主体地位，为拓宽就业渠道、稳定就业大盘发挥了积极作用。

外贸平稳向好，得益于我国产业链水平不断提升。一季度，外贸商品"新三样"电动载人汽车、锂电池、太阳能电池合计出口增长 66.9%，拉高了出口整体增速 2 个百分点。高技术、高附加值、引领绿色转型的产品领跑出口，表明我国外贸新动能不断培育壮大，更折射出供给侧结构性改革下，中国制造业迈向高端化、智能化、绿色化的坚实足迹。依靠科技创新与低碳转型，"中国制造"不断塑造和积累国际竞争新优势，中国经济高质量发展活力强劲。

外贸平稳向好，也得益于宏观政策的有力护航。我国大力推进外贸促稳提质，为稳外贸提供政策支持，还积极开拓与"一带一路"等新兴市场和发展中国家贸易。受益于《区域全面经济伙伴关系协定》（RCEP）实施生效带来的政策红利，我国与东盟贸易往来持续升温。今年前 4 个月，我国与东盟贸易总值 2.09 万亿元，增长 13.9%。此外，我国对"一带一路"沿线国家进出口增长 16%，也保持了高增长。市场布局日益优化、贸易伙伴趋向多元，极大地激发了我国外贸的活力和潜力。前不久，国务院办公厅印发《关于推动外贸稳规模优结构的意见》，提出五方面政策措施，将以更大政策力度帮助企业稳订单拓市场。落实落细新政策好举措，将进一步增强我国应对全球供应链调整和市场波动的能力。

4 月 28 日召开的中共中央政治局会议强调，稳住外贸外资基本盘。当前，全球通胀高企、主要经济体增长乏力带来的外需减弱，对我国外贸发展带来更大的挑战。也要看到，我国经济韧性强、潜力大、活力足，长期向好的基本面不会改变，产业体系完整、配套能力强的竞争优势在不断夯实，推动货物贸易优化升级，创新服务贸易发展机制，发展数字贸易，我们完全有能力应对全球经济的不稳定性、不确定性。

"就像过年一样！"广交会时隔三年全面恢复线下展，展览面积和参展企业数量均创新高。看看这个中国外贸的"晴雨表"和"风向标"，坚定信心、迎难而上，加快构建新发展格局，着力推动高质量发展，今年实现外贸促稳提质的目标是有支撑的。

（2023 年 05 月 12 日）

稳外资，不断增强市场"磁力"

——坚定信心，推动中国经济整体好转⑥

李　拯

我国具有稳定发展环境、完整产业体系、超大规模市场、经济转型潜力，始终保持对外商投资的强大吸引力

新征程上，中国将实行更加积极主动的开放战略，以高水平对外开放推动构建新发展格局，推动实现高质量发展

北京经济技术开发区，德资企业比泽尔的生产车间内，工人们忙着装配压缩机，一辆辆叉车将经过质检的产品运往仓库。2022 年，比泽尔二氧化碳压缩机在华销量同比翻倍，今年计划投资 3 亿元兴建中国研发中心并升级智能工厂，这也是企业 3 年多来第五次增资中国。

"我们要跟上中国发展的速度"，和比泽尔持同样看法的外企不在少数。近期外资外商持续看好中国经济前景，不断扩大在华投资。

前不久，中共中央政治局召开会议分析研究当前经济形势和经济工作，明确要求"要把吸引外商投资放在更加重要的位置，稳住外贸外资基本盘"。今年前 3 个月，我国实际利用外资增长 4.9%，其中高技术产业实际利用外资增长 18%，表明我国利用外资实现"量质齐升"。接下来，我们

要着力稳住外贸外资基本盘，在保持引资总量基本稳定的前提下，持续优化利用外资结构，积极发挥外资企业对稳增长、稳就业、调结构、促消费的重要作用。

稳外资，我们有坚实政策保障。今年初，《鼓励外商投资产业目录（2022年版）》正式实施，净增加239个条目中有200条涉及中西部地区，进一步优化外资区域布局。商务部举办的"投资中国年"将贯穿全年，活动范围覆盖东、中、西部地区，擦亮"投资中国"的金字招牌。同时，地方层面也在加大招商引资力度，比如广东推动外商投资权益保护条例落地生效，海南提出充分释放《区域全面经济伙伴关系协定》与海南自贸港政策叠加效应。政策的暖意，不断增强中国市场的"磁力"。中国美国商会近日发布调查显示，66%的在华美国企业将在未来两年保持或增加对华投资。"投资中国，既是投资现在，更是投资未来""中国这个市场不是可选项，而是必选项""中国市场仍有巨大的潜力和发展空间"……外资外商对中国经济发展充满信心，中国扩大开放各项政策落地见效，中国仍然是世界的"投资热土"。

稳外资，我们有深层综合优势。尽管国际环境严峻复杂，全球产业链重构呈现近岸化、本土化、区域化特点，我国稳住外贸外资基本盘、推动高水平对外开放仍然具有多重不可替代的优势。我国经济韧性强、潜力大、活力足，长期向好的基本面没有变，能够确保外商投资保持较高和稳定的回报率；我国具有超大规模市场优势，中等收入人口数量居全球第一位，市场空间巨大，将为外资企业在华生产销售提供更加广阔的空间；我国产业链供应链体系完整稳定，劳动力素质较高，将继续为外资企业发展提供良好产业基础和人力资源支持；我国不断实现高质量发展，推动新一轮科技革命和产业变革不断深化，数字经济、绿色经济等新兴产业加快发展，将为外商投资创造新的增长点。总之，我国具有稳定发展环境、完整产业体系、超大规模市场、经济转型潜力，始终保持对外商投资的强大吸引力，通过吸引外资让世界分享中国的发展机遇。

习近平总书记指出："中国改革开放政策将长久不变，永远不会自己关上开放的大门。"过去，中国经济发展成就是在开放条件下取得的；未来，中国经济高质量发展必须在更加开放的条件下推进。稳住外贸外资基本盘，要扩大市场准入，加大现代服务业领域开放力度；营造市场化、法治化、国际化一流营商环境，落实好外资企业国民待遇，保障外资企业依法平等参与政府采购、招投标、标准制定，加大知识产权和外商投资合法权益的保护力度；为外商来华从事贸易投资洽谈提供最大程度的便利，推动外资标志性项目落地建设。随着实施更大范围、更宽领域、更深层次对外开放，中国将继续吸引全球资源要素、促进全球发展繁荣。

去年底，沈阳、南京、杭州等 6 个城市获批开展服务业扩大开放综合试点，对引领带动全国服务业开放具有重要意义，表明我国市场开放程度不断深化。新征程上，中国将实行更加积极主动的开放战略，以高水平对外开放推动构建新发展格局，推动实现高质量发展。

（2023 年 05 月 15 日）

把效力和活力结合起来

——坚定信心，推动中国经济整体好转⑦

周人杰

开局观大势，各项政策接续发力、效果显现，是推动经济运行整体好转的有力支撑

加大宏观政策调控力度，加强各类政策协调配合，不仅能为稳住经济大盘托底，也为广大经营主体带来真金白银的红利

内蒙古电力集团一季度开展613项招商引资储备项目跟踪，山东推出"十大专项行动"促进民营经济高质量发展，广东埃克森美孚惠州乙烯项目完成大件重型设备吊装……随着宏观政策靠前协同发力，各地区各部门创造性落实政策，经营主体活力不断激发，当前我国经济发展呈现回升向好态势。

开局观大势，各项政策接续发力、效果显现，是推动经济运行整体好转的有力支撑。前不久，中共中央政治局召开会议分析研究当前经济形势和经济工作，明确要求"把发挥政策效力和激发经营主体活力结合起来，形成推动高质量发展的强大动力"。把宏观政策转化为微观举措、传导到经营主体，并在实施后及时跟踪反馈、灵活调整，才能破解企业急难愁盼

的真问题、新问题、深层次问题，从而最大限度发挥政策效力，激发经营主体活力。接下来，我们要按照中共中央政治局会议的要求，把发挥政策效力和激发经营主体活力结合起来，让各项政策从宏观到微观、从制定到落实形成清晰的传导链，真正惠及广大经营主体。

习近平总书记强调，"宏观调控必须适应发展阶段性特征和经济形势变化，该扩大需求时要扩大需求，该调整供给时要调整供给，相机抉择，开准药方"。今年以来，积极的财政政策在加力提效，预计全年可为经营主体减轻税费负担超 1.8 万亿元；稳健的货币政策更精准有力，一季度末普惠小微贷款余额 26.16 万亿元，同比增长 26%；《"十四五"扩大内需战略实施方案》《促进个体工商户发展条例》加快落地，"民营企业服务月""便民办税春风行动"全面开展……加大宏观政策调控力度，加强各类政策协调配合，不仅能为稳住经济大盘托底，也为广大经营主体带来真金白银的红利。下一阶段，要深入推动有效市场和有为政府更好结合，政策要瞄准恢复和扩大需求这个经济持续回升向好的关键所在，下决心从根本上解决企业账款拖欠问题，发挥好政府投资和政策激励的引导作用、有效带动激发民间投资，推动平台企业规范健康发展，鼓励头部平台企业探索创新，持续提振企业信心。

既要坚定信心，更要真抓实干。经济运行的积极因素累积增多、开局良好，同时也要清醒认识到，当前我国经济运行好转主要是恢复性的，内生动力还不强，需求仍然不足，经济转型升级面临新的阻力，推动高质量发展仍需要克服不少困难挑战。巩固经济恢复向好态势，必须统筹推动经济运行持续好转、内生动力持续增强、社会预期持续改善、风险隐患持续化解。要加快建设以实体经济为支撑的现代化产业体系，既要逆势而上，在短板领域加快突破，也要顺势而为，在优势领域做大做强；夯实科技自立自强根基，培育壮大新动能，把握人工智能等新科技革命浪潮；坚持"两个毫不动摇"，破除影响各类所有制企业公平竞争、共同发展的法律法规障碍和隐性壁垒，持续提振经营主体信心，帮助企业恢复元气。

乘势而上，宏观调控政策要不断给力、协同发力；千帆竞渡，广大经营主体要抓住机遇，激发活力与创造力。全力做好强实体、稳就业、稳投资、促消费、稳外贸外资等各项工作，把发挥政策效力和激发经营主体活力结合起来，就一定能推动经济实现质的有效提升和量的合理增长。

（2023 年 05 月 17 日）

把税费优惠好事办好

税收调控有利于改善社会心理预期、提振企业发展信心，是我们优化营商环境、激发发展活力的重要手段

越是经营主体效益改善、回升向好的关键期，税收等宏观政策就越要发挥好加油打气、纾困解难的重要作用

税收是国家财政的主要来源，也是收入分配的调节利器。充分释放减税降费政策红利，有利于帮助企业减负担、降成本，增强经营主体活力和信心。前不久，国家税务总局有关负责同志介绍了税收数据反映今年以来经济发展实现较好开局的情况，经济运行呈现"六个逐步向好"，企业销售收入增速实现上升，各类主体对未来生产经营的信心在逐步增强。

税收大数据时效性强、覆盖面广，能够及时、客观、较为全面地反映经济运行态势。"六个逐步向好"中，3月份全国领用发票、有收入申报的涉税经营主体户数较2月份、1月份分别增加了208万户、312万户，反映经营主体逐步活跃向好；税收数据显示，企业销售收入增速在逐步回升、逐月提高，从去年12月份一路上行，今年3月份达到了同比增长12.8%的高点。从税收数据看市场状况，从微观经营主体看宏观经济形势，政策有成效，企业有信心，中国经济韧性愈发显现。

一组组向好的数字，背后是政策的持续发力；不断汇聚的信心，折射着改革的深水攻坚。3 月份，制造业采购经理指数、非制造业商务活动指数和综合 PMI 产出指数都继续位于扩张区间，生产和需求两端继续扩张，全国企业采购金额同比增长 14.1%，较 1 至 2 月份提高 12.8 个百分点。对此，税费优惠政策的延续和优化实施功不可没。比如，政策突出连续性，继续实施物流企业大宗商品仓储设施用地城镇土地使用税优惠政策；又如，改革突出精准性、制度性，优化实施小规模纳税人减免增值税、企业研发费用加计扣除比例由 75% 统一提高到 100%。事实证明，税收调控有利于改善社会心理预期、提振企业发展信心，是我们优化营商环境、激发发展活力的重要手段。

做好今年经济工作千头万绪、任务繁重。当前，我国经济恢复的基础尚不牢固，回升向好的态势有待进一步巩固。为此，我们要坚持稳字当头、稳中求进，加强各类政策协调配合。一方面，要看到企业税费负担有所减轻，整体成本仍然较高，必须精准落实并持续优化完善税费支持政策。另一方面，要把税费优惠好事办好，强化政策精准推送，着力抓好政策效应评估分析，推进政策红利直达快享，强化政策研究储备，丰富政策工具箱。目前尤其要关注受到原材料价格明显上涨影响的中小微企业，助力其渡过难关。

习近平总书记指出："科学的财税体制是优化资源配置、维护市场统一、促进社会公平、实现国家长治久安的制度保障。"越是经营主体效益改善、回升向好的关键期，税收等宏观政策就越要发挥好加油打气、纾困解难的重要作用。税务部门需要继续依法依规组织好税费收入，坚决守牢不收"过头税费"的底线，强化政策科学制定、精准监管，优化办税缴费操作、创新服务，夯实高质量发展的财力基础。科学精准实施宏观政策，综合施策释放内需潜力，为高质量发展营造良好营商环境，我们完全有信心有条件激发市场活力，推动经济运行整体好转。

服务业增加值同比增长 5.4%，高技术制造业和高技术服务业投资分别增长 15.2%、17.8%，货物进出口总额同比增长 4.8%……近日，国家统计局发布数据显示，今年一季度经济运行开局良好。着眼未来，我们要继续按照中央经济工作会议的部署，结合新形势研究和落实各项税费优惠政策，加大宏观政策调控力度，突出做好稳增长稳就业稳物价工作，大力提振市场信心，保持经济运行恢复向好态势，推动实现经济质的有效提升和量的合理增长，奋力实现既定发展目标。

（2023 年 04 月 21 日）

下更大功夫把调查研究做深做实

尹双红

调查研究是我们党的传家宝。正确的决策离不开调查研究，正确的贯彻落实同样也离不开调查研究

大兴调查研究，有助于推动党员干部更好倾听群众呼声、了解群众意愿，真抓实干解民忧、暖民心，真正扑下身子干实事、谋实招、求实效

调查研究的目的是为了发现和解决问题，须务求"深、实、细、准、效"，既要身入基层，更要心到基层

没有调查就没有发言权，没有调查就没有决策权。今年全国两会上，习近平总书记由一份"培养一批'一县一业'重点基地"的文件说起，强调"一个城市是不是就靠一业来发展，那不一定。靠几业，靠什么业，都要一把钥匙开一把锁，根据具体情况去定，不能下单子"。事实证明，正确的决策离不开调查研究，正确的贯彻落实同样也离不开调查研究。近日，中共中央办公厅印发的《关于在全党大兴调查研究的工作方案》指出："党中央决定，在全党大兴调查研究，作为在全党开展的主题教育的重要内容，推动全面建设社会主义现代化国家开好局起好步。"

调查研究是我们党的传家宝。习近平总书记指出："调查研究是谋事之

基、成事之道""要在全党大兴调查研究之风"。回溯历史，调查研究对新民主主义革命的胜利、社会主义革命和建设道路的探索、改革开放新的伟大革命的开启，都起到了至关重要的作用。党的十八大以来，以习近平同志为核心的党中央高度重视调查研究工作。党的二十大报告提出："弘扬党的光荣传统和优良作风，促进党员干部特别是领导干部带头深入调查研究"。大兴调查研究，有助于推动党员干部更好倾听群众呼声、了解群众意愿，真抓实干解民忧、暖民心，真正扑下身子干实事、谋实招、求实效。

翻过一山又一山，走过一程又一程，党的十八大以来，习近平总书记考察调研的脚步遍布祖国大江南北。走遍 14 个集中连片特困地区，直接到贫困户看真贫、扶真贫，直接听取贫困地区干部群众意见，不断完善扶贫思路和扶贫举措，最终带领全党全国各族人民打赢了脱贫攻坚战；主持召开基层代表座谈会，就"十四五"时期经济社会发展问计于民，农民工、快递员、乡村教师、餐馆店主、货车司机等被请进会场……习近平总书记广泛深入调查研究，不断丰富发展治国理政的理论和实践，带领亿万人民创造了新时代中国特色社会主义的伟大成就。

问题是时代的声音。当前，世界百年未有之大变局加速演进，不确定、难预料因素增多，国内改革发展稳定面临不少深层次矛盾躲不开、绕不过，各种风险挑战、困难问题比以往更加严峻复杂，迫切需要通过调查研究把握事物的本质和规律，找到破解难题的办法和路径。毛泽东同志曾指出："调查就像'十月怀胎'，解决问题就像'一朝分娩'。调查就是解决问题。"对于实践遇到的新问题、改革发展稳定存在的深层次关键性问题、人民群众急难愁盼问题、国际变局中的重大问题、党的建设面临的突出问题，只有加强调查研究才能心中有数，更好地摸清情况、分析问题、研究对策，从实际出发进行谋划，不断提出真正解决问题的新理念新思路新办法。

调查研究的目的是为了发现和解决问题，须务求"深、实、细、准、效"，既要身入基层，更要心到基层。各级领导干部要多到分管领域的基层一线去，多到困难多、群众意见集中、工作打不开局面的地方去，体察实情、解剖麻雀，全面掌握情况，做到心中有数。必须力戒形式主义，做到持之以恒、久久为功，防止走马观花、蜻蜓点水，防止一得自矜、以偏概全。对调研中反映和发现的问题，要逐一梳理形成问题清单、责任清单、任务清单，逐一列出解决措施、责任单位、责任人和完成时限，做到问题不解决不松劲、解决不彻底不放手。唯其如此，才能制定出顺应人民意愿、符合人民所思所盼的方针政策和发展规划，把调查研究成果转化为推进工作、战胜困难的实际成效，不断实现好维护好发展好最广大人民群众根本利益。

调查研究不仅是一种工作方法，而且是关系党和人民事业得失成败的大问题。下更大功夫把调查研究做深做实，坚持党的群众路线，坚持实事求是，坚持问题导向，坚持攻坚克难，坚持系统观念，我们就一定能更好应对新时代新征程前进路上的风浪考验，为推进中国式现代化集智聚力。

（2023 年 04 月 04 日）

以数字中国构筑发展新优势

——加快数字中国建设①

李 拯

中国具有独特的政治优势、显著的制度优势、超大规模市场优势、完整产业体系优势、海量数据资源优势与人力资源优势，能形成加快数字中国建设的强大合力

天津滨海新区，大棚西红柿有了传感器，精准灌溉设备与智慧农业云平台连接，西红柿口感更好、产量得到提高；浙江嘉善县大云镇，村民坐在卫生院"云诊室"，鼠标一点，三甲医院医生可在线接诊，优质卫生资源城乡共享；广西南宁市，数字政务一体化平台让数据替群众跑腿，企业和老百姓的办事环节压缩了 80% 以上……今天，数字中国建设推动的点滴变化，正汇聚成深刻改变中国人生产生活面貌的时代洪流。

建设数字中国是数字时代推进中国式现代化的重要引擎，是构筑国家竞争新优势的有力支撑。不久前，中共中央、国务院印发了《数字中国建设整体布局规划》(以下简称《规划》)，描绘了数字中国建设到 2025 年和到 2035 年的阶段性目标，为数字中国建设指明了前进方向和方法路径。把《规划》提出的各项目标任务落到实处，将全面提升数字中国建设的整

体性、系统性、协同性，促进数字经济和实体经济深度融合，以数字化驱动生产生活和治理方式变革，为以中国式现代化全面推进中华民族伟大复兴注入强大动力。

回眸十年，从"3G 突破""4G 同步"到"5G 引领"，数字基础设施实现跨越发展；我国数字经济规模从 11 万亿元增长到超 45 万亿元，各领域数字化转型加速推进；"掌上办""指尖办"已经成为各地政务服务的标配，数字政府治理服务效能显著提升；建成了全球规模最大的线上教育平台和全国统一的医保信息平台，数字便民利民惠民服务加快普及……党的十八大以来，以习近平同志为核心的党中央系统谋划、统筹推进网络强国、数字中国、智慧社会建设，推动数字中国建设取得显著成就。持续夯实的"数字底座"、不断丰富的数据资源、日臻完善的数据安全，让经济社会发展的"信息大动脉"澎湃不息，对推动构建新发展格局、建设现代化经济体系发挥了重要作用，更为进一步推进数字中国建设奠定了坚实基础。

有国际观察家认为中国"可以引领下一次全球变革浪潮"，这是因为，"迎接变革所需要的大量基础设施建设、交通物流、新能源的推广、数字化的生态互联网建设等等，都不是依靠一个个公司单打独斗完成的，国家力量扮演着非常重要的作用"，在这方面，中国具有"不可或缺的优势"。中国具有独特的政治优势、显著的制度优势，能够跨地区、跨部门、跨行业进行顶层设计，为数字中国建设提供强大的数字基础设施；中国具有超大规模市场优势、完整产业体系优势，无论是消费互联网还是工业互联网，都可以找到丰富应用场景与坚实的上下游支撑，有利于摊薄投资成本；中国具有海量数据资源优势与人力资源优势，网民规模和研发人员总量全球第一，数据挖掘和数据开发潜力巨大。将这些优势充分发挥出来，就能形成加快数字中国建设的强大合力。

数字中国建设事关国家发展大局。当今时代，数字技术、数字经济作为世界科技革命和产业变革的先导力量，日益融入经济社会发展各领域全过程，正在成为重组全球要素资源、重塑全球经济结构、改变全球竞争格局的关键力量。抢抓新一轮国际竞争的先机、抢占未来发展制高点，中国大有可为。按照《规划》要求，夯实数字基础设施和数据资源体系"两大基础"，推进数字技术与经济、政治、文化、社会、生态文明建设"五位一体"深度融合，强化数字技术创新体系和数字安全屏障"两大能力"，优化数字化发展国内国际"两个环境"，数字中国建设就会更上层楼，网络强国就会渐行渐近。

顺应数字化浪潮，中国完全有信心、有能力踏浪而行、挺立潮头。紧紧抓住历史机遇，牢牢掌握历史主动，努力打造发展新优势，数字中国建设必定不断取得新成就，必将为全面建设社会主义现代化国家提供更强有力的支撑。

（2023 年 03 月 24 日）

做强做优做大数字经济

——加快数字中国建设②

周人杰

> 数据要素与土地、劳动力、资本、技术并列为生产要素，新一代数字技术是创新最活跃、应用最广泛、带动力最强的科技领域，数字化转型成为全球经济发展的大趋势
>
> 运用数字技术赋能工业、农业高质量发展，就能以数字化转型驱动实体经济的质量变革、效率变革、动力变革和生产方式变革

数字经济提质增效，科技创新引领发展。在安徽合肥，"中国声谷"靠中国科学技术大学吸引集聚起人工智能企业超千家，年产值超过1300亿元；在广东深圳，有电子公司探索推出将机器、工人、设备工程师高效连接的数字闭环处理链路，加装"数字引擎"从"选择题"变为了"必修课"。近年来，数字技术加速创新，日益融入我国经济社会发展各领域全过程，推动我国数字经济不断发展壮大。

不久前，中共中央、国务院印发了《数字中国建设整体布局规划》，要求推进数字技术与经济、政治、文化、社会、生态文明建设"五位一体"深度融合，全面赋能经济社会发展，做强做优做大数字经济。把握数字经

济发展趋势和规律，推动我国数字经济健康发展，促进数字经济和实体经济深度融合，是加快数字中国建设的重要内容，将赋能传统产业转型升级，催生新业态新模式，为推动实现高质量发展提供重要支撑。

发展数字经济是把握新一轮科技革命和产业变革新机遇的战略选择。当下，数据要素与土地、劳动力、资本、技术并列为生产要素，新一代数字技术是创新最活跃、应用最广泛、带动力最强的科技领域，数字化转型成为全球经济发展的大趋势。在北京，长安链团队推出了全球支持量级最大的区块链开源存储引擎"泓"，高级别自动驾驶示范区3.0阶段启动建设；在上海，8个市级数字化转型示范区揭牌，25个数字生活标杆场景建设提速，智慧城市数字底座进一步夯实；重庆截至去年底，集聚规模以上数字经济核心产业企业1900家，数字经济核心产业增加值达2200亿元，"上云、用数、赋智"企业超过11.5万家……各地亮眼的"成绩单"，彰显了我国数字经济的强大韧性、强劲动能，以及市场大、基础强的独特优势。

数字经济不仅自身是新兴产业，而且还能够渗透到千行百业，赋能实体经济。把握数字化、网络化、智能化方向，推动制造业、服务业、农业等产业数字化，利用互联网新技术对传统产业进行全方位、全链条的改造，能够提高全要素生产率，发挥数字技术对经济发展的倍增作用。比如，利用工业互联网，能够实现设计协同化、供应敏捷化、制造柔性化、产品个性化；借助物联网打造的智慧农业平台，可以实时监控土壤水分、土壤温度、空气温度等信息，实现数字化精准种植。充分发挥海量数据和丰富应用场景优势，运用数字技术赋能工业、农业高质量发展，就能以数字化转型驱动实体经济的质量变革、效率变革、动力变革和生产方式变革。

"事必有法，然后可成。"数字经济事关国家发展大局，要做好我国数字经济发展顶层设计和体制机制建设，加强形势研判，抓住机遇，赢得主动。要支持数字企业发展壮大，健全大中小企业融通创新工作机制，发挥"绿灯"投资案例引导作用，推动平台企业规范健康发展。同时，还要加强关键核心技术攻关，牵住自主创新这个"牛鼻子"，尽快实现高水平自立自强，把发展数字经济自主权牢牢掌握在自己手中。

世上无难事，只要肯登攀。全面、辩证、长远看，系统、精准、务实干，我们完全有能力、有条件把握以数字技术为核心的新一轮科技革命和产业变革带来的历史性机遇，打造数字经济发展新引擎，以数字经济的蓬勃发展为加快数字中国建设添薪助力、为实现高质量发展积势蓄能。

（2023 年 03 月 27 日）

发展高效协同的数字政务

——加快数字中国建设③

尹双红

发展高效协同的数字政务，不是简单把政务管理搬到线上的"物理变化"，而是实现流程再造、效率提升、治理优化的"化学反应"

数字政府建设向纵深推进，数字化服务水平不断提升，有助于充分发挥数字经济、数字社会、数字生态的引领作用，持续催生经济社会发展新动能

江西省上线电子政务系统"赣服通"5.0版、"赣政通"2.0版，整合了教育、就业、社保、婚育等重点领域26个部门500余项政务服务；山东省济南市上线数字化政务服务沉浸式体验馆，首批推出39个高频政务服务事项，让企业、群众"点一点"就能办；在四川省雅安市雨城区，依托"四川政务服务网一窗通""天府通办APP""营商通APP"等，企业、群众可在领取纸质证照的同时领取电子证照，随时随地查询核验……近年来，我国数字政府建设加快推进，数字化服务水平不断提升，数字政务日渐融入人们的生活。

前不久，中共中央、国务院印发了《数字中国建设整体布局规划》，将"政务数字化智能化水平明显提升"作为到 2025 年数字中国建设的目标之一，明确提出"发展高效协同的数字政务"，为进一步推进数字政府建设指明了方向。应该看到，发展高效协同的数字政务，是把握新一轮科技革命和产业变革机遇的必然要求，对于优化公共服务供给、创新市场监管和社会治理方式、推进国家治理体系和治理能力现代化，都具有重大而深远的意义。

政务服务数字化水平不断提升，成为数字中国建设取得积极成效的鲜明标识。户籍证明、社保转接等 200 多项群众经常办理事项实现跨省通办，90% 以上的政务服务实现网上可办，平均承诺时限压缩了一半以上；全国一体化政务服务平台注册用户已超过 10 亿人，数字政务惠民便民覆盖面广、成效显著；《2022 联合国电子政务调查报告（中文版）》显示，我国电子政务水平排名已从 2012 年的 78 位上升到 2022 年的 43 位……新时代十年来，我国数字政府治理服务效能显著提升，"数据跑"替代了"群众跑"，带来实实在在的便利，不断提升人民群众的获得感、幸福感、安全感。

发展高效协同的数字政务，不是简单把政务管理搬到线上的"物理变化"，而是实现流程再造、效率提升、治理优化的"化学反应"，要以数字技术服务党政机构职能转变、制度创新、流程优化，将数字化理念思维和技能素养融入工作全过程。比如，以数据集中和共享为途径，联通数字孤岛，推动技术融合、业务融合、数据融合，可以在无形之中打通信息壁垒、消除部门阻隔，运用数字化手段实现部门间的协同配合，从而提升治理效率、降低交易成本。由此可见，建设数字政府、发展数字政务，不仅是技术问题，更是治理问题，需要加快制度规则创新，完善与数字政务建设相适应的规章制度，强化数字化能力建设，促进信息系统网络互联互通、数据按需共享、业务高效协同。

发展高效协同的数字政务，在加快数字中国建设中发挥着基础性和先导性作用。比如，在上海，"一网通办"加速迭代，推动营商环境持续优化，引发市场积极响应，截至去年底，每千人企业数量增至 111.1 户，位居全国前列；在重庆市渝北区，行政村全覆盖推广智慧治理平台，高质高效服务群众办事、就业创业、生产生活，乡村治理实现智能化、精准化。这些都说明，数字政府建设向纵深推进，数字化服务水平不断提升，有助于充分发挥数字经济、数字社会、数字生态的引领作用，持续催生经济社会发展新动能。

当前，我们持续推进国家治理体系和治理能力现代化，同时新一轮科技革命和产业变革深入发展。顺应经济社会数字化转型趋势，以发展高效协同的数字政务为牵引，推动政府数字化、智能化运行，就一定能充分释放数字化发展红利，为实现社会主义现代化提供有力支撑。

（2023 年 04 月 06 日）

打造自信繁荣的数字文化

——加快数字中国建设④

张　凡

顺应数字产业化和产业数字化发展趋势，更好促进数字技术和文化深度融合

数字技术的应用，为历史文化遗产的保护传承提供了新路径，为优质内容的创作生产拓展了新空间

加强优质网络文化产品供给，引导各类平台和广大网民创作生产积极健康、向上向善的网络文化产品

今天，借助数字技术，古老的北京中轴线、西安城墙等在"虚实相生"中绽放夺目光彩；海量文化资源上"线"入"云"，让精彩文化生活"一键直达""触手可及"；数字艺术、线上演播等文化新业态发展势头强劲，赋予文化产业无限想象空间……神州大地上，数字文化建设蹄疾步稳，文化事业呈现勃勃生机。

不久前，中共中央、国务院印发《数字中国建设整体布局规划》，要求推进数字技术与经济、政治、文化、社会、生态文明建设"五位一体"深度融合，提出"打造自信繁荣的数字文化"。当前，大数据、云计算、

人工智能等技术加速发展，为文化创新发展提供了技术支撑和广阔舞台。我们要顺应数字产业化和产业数字化发展趋势，更好促进数字技术和文化深度融合，以新技术、新手段、新模式激活文化资源，推动数字文化建设跃上新台阶。

打造自信繁荣的数字文化，有利于更好满足人民精神文化生活新期待。近年来，从建立"全景故宫""数字多宝阁"等展示平台，积极把博物馆搬上"云端"，到建设"数字敦煌"，为每一个洞窟、每一幅壁画、每一尊彩塑建立数字档案，让更多人便捷地领略莫高窟魅力；从电影《深海》应用"粒子水墨"技术，将传统水墨与3D结合起来，打造海底视效盛宴，到动画片《中国奇谭》通过计算机动画、"三渲二"等技术手法对植根于中国传统文化的故事进行全新解读……数字技术的应用，为历史文化遗产的保护传承提供了新路径，为优质内容的创作生产拓展了新空间，有力扩大了优质文化产品供给，推动着中华优秀传统文化的创造性转化、创新性发展。推进文化数字化发展，深入实施国家文化数字化战略，建设国家文化大数据体系，让文化资源从历史中"走出来"、于光影中"活起来"、在大众中"火起来"，一定能更好丰富人民精神世界、增强人民精神力量。

打造自信繁荣的数字文化，有利于文化产业高质量发展。习近平总书记指出："文化和科技融合，既催生了新的文化业态、延伸了文化产业链，又集聚了大量创新人才，是朝阳产业，大有前途。"如今，以数字技术为支撑的文化新业态蓬勃发展，不断激活着人们的文化消费新体验。沉浸式展演为观众带来"身临其境"的视听体验，数字藏品构建起传递品牌价值的新通道，人工智能激活了文化产品创造新模式……数字文化深刻改变着文化产业的生产、传播和消费方式，是推动产业高质量发展的重要引擎。面向未来，坚持创新驱动，加快发展新型文化企业、文化业态、文化消费模式，定会为文化产业提质增效提供新动能，促进文化事业和文化产业繁荣发展。

今天，亿万人民在互联网上记录生活、展示技艺、分享经验。借助数字技术，大众文化创新创造的活力空前迸发。我们要大力发展网络文化，加强优质网络文化产品供给，引导各类平台和广大网民创作生产积极健康、向上向善的网络文化产品。同时，也要努力消弭城乡、地域、代际之间的数字文化鸿沟，让数字文化发展成果更好惠及全体人民。

文化兴则国运兴，文化强则民族强。打造自信繁荣的数字文化，不断增强文化的传播力、吸引力、感染力，以高品质数字文化产品丰富人民群众精神文化生活，我们一定能加快建设社会主义文化强国、不断推进文化自信自强，铸就中华文化新辉煌。

（2023 年 04 月 07 日）

构建普惠便捷的数字社会

——加快数字中国建设⑤

邹　翔

> 数字社会建设为满足人民群众美好生活需要提供了技术支撑
>
> 加快数字社会建设，着力提升教育、医疗、就业、养老、托育等重点民生领域数字化水平，为推动公共服务均等化提供了新路径
>
> 统筹发展和安全，确保数字技术和生产生活的结合始终朝着造福社会、造福人民的方向发展

前不久，互联网应用适老化及无障碍改造专项行动"回头看"抽查结果显示，网站和手机 APP 适老化及无障碍改造复检合格率分别达到 98%、87%。对于未通过复检的网站和手机 APP，有关单位将建立"一对一"指导咨询机制，帮助其及时完成功能改善，助力提升改造的广度、温度与精度。持续提升互联网应用适老化及无障碍水平，有效解决老年人等群体面对智能技术"不能用""不好用""不会用"等难题，彰显了我国数字社会建设的价值追求和进展成效。

中共中央、国务院不久前印发《数字中国建设整体布局规划》，将"数

字社会精准化普惠化便捷化取得显著成效"作为 2025 年数字中国建设的目标之一，明确提出"构建普惠便捷的数字社会"，为加快数字社会建设指明了前进方向。加快数字社会建设步伐、构建普惠便捷的数字社会，是建设数字中国的重要内容，也是推动社会主义现代化更好更快发展的必然要求。

数字社会建设为满足人民群众美好生活需要提供了技术支撑。数据显示，截至 2022 年 12 月，我国网民规模达到 10.67 亿，互联网普及率达75.6%，形成了全球最为庞大、生机勃勃的数字社会。随着数字技术全面融入社会交往和生产生活，数字生活日益成为人民群众的重要生活方式，数字技术为生活添彩的强大创造力也不断凸显。在城市社区，手机支付、APP 打车、网上订餐、协同办公逐渐成为人们工作生活的常态；在广大农村，越来越多乡村变身"掌上村庄"，村务微信群成了宣传政策的"明白群"、服务群众的"好帮手"。从购物消费、居家生活到旅游休闲、交通出行，各类场景的数字化服务不断迭代升级，互联网新技术在社会各方面深度应用，标注着数字社会建设取得的长足进步，构筑起生动的数字生活新图景。

数字社会人人共建，数字生活人人共享。加快数字社会建设，着力提升教育、医疗、就业、养老、托育等重点民生领域数字化水平，为推动公共服务均等化提供了新路径。比如，目前我国智慧教育基础设施设备环境基本建成，中小学校园网络接入率达 100%，高校上线慕课数量超过 6.45万门，学习人数达 10.88 亿人次，教育数字化扩大了优质教育资源覆盖面，有力促进了教育公平。又如，截至 2022 年 12 月，我国互联网医疗用户规模达 3.63 亿，数字医疗为解决优质医疗资源共享等问题提供了可行方案。实践证明，紧扣促进数字公共服务普惠化，打造泛在可及、智慧便捷、公平普惠的数字化服务体系，就能持续提升人民群众在信息化发展中的获得感、幸福感、安全感。

数字技术的广泛应用，在便捷生活的同时，也带来一些风险挑战。这就要求我们统筹发展和安全，确保数字技术和生产生活的结合始终朝着造福社会、造福人民的方向发展。一方面，要持续推进网络空间治理，加大对违法违规收集使用个人信息、"大数据杀熟"等重点热点问题的整治力度，尽快建立健全数字社会建设的标准体系和法治体系，夯实数字社会建设的法治基石。另一方面，要提高全民全社会数字素养和技能，构建覆盖全民、城乡融合的数字素养与技能发展培育体系，为数字社会健康有序发展提供保障。深入优化数字社会环境，营造良好数字生态，就能推动数字社会建设不断迈上新台阶，让越来越多人享有更好的数字生活。

数字社会建设是一项系统工程，既推动生产生活方式和社会运行方式变革，也涉及社会组织方式和利益格局调整。科学谋划数字社会建设行动方案，不断提升公共服务均等化、普惠化、便捷化水平，我们必将迎来生活更加舒适、发展更有质量、治理更具效能的数字社会。

（2023 年 04 月 10 日）

建设绿色智慧的数字生态文明

——加快数字中国建设⑥

石　羚

数字化和绿色化是两大趋势，两者相互融合、相互促进，以数字化促进绿色化、推动经济社会发展全面绿色转型，将产生"1+1>2"的整体效应

数字技术的介入为生态治理全流程提供支撑，让精准识别、实时追踪环境数据成为常态，让及时研判、系统解决生态问题成为现实

数字化和绿色化不仅是全球发展的重要主题，也是相互依存、相互促进的孪生体

在浙江宁波，甬江流域数字孪生平台实现对洪水演进的仿真预演，提高了风险管控能力；在湖北石首的天鹅洲保护区内，水温、溶氧率、江豚进食量等数据被采集汇总到智慧生态保护系统中，助力动物保护更加精准高效；陕西省建设的数字乡村生态环境管理平台，具有数字乡村环境监测、可视化地理信息服务等功能……近年来，不少地方以大数据、云计算、人工智能等数字技术赋能生态治理，数字化、智能化为生态文明建设提供了

新路径。

习近平总书记指出："建设生态文明，关系人民福祉，关乎民族未来。"当今世界，数字化和绿色化是两大趋势，两者相互融合、相互促进，以数字化促进绿色化、推动经济社会发展全面绿色转型，将产生"1+1>2"的整体效应。不久前，中共中央、国务院印发《数字中国建设整体布局规划》，将"数字生态文明建设取得积极进展"作为2025年数字中国建设的重要目标，提出"建设绿色智慧的数字生态文明"，为新一代数字科技助力生态治理提出了新的要求。不断加强科技攻关，拓展数字应用，才能为持续改善生态环境、推动高质量发展注入新的动能。

生态治理是一项系统性工程。数字技术的介入为生态治理全流程提供支撑，让精准识别、实时追踪环境数据成为常态，让及时研判、系统解决生态问题成为现实。以福建生态环境大数据云平台为例，从海漂垃圾重点监测、空气质量精准研判，到指挥中枢部署工作"点对点"、危险废物跨省转移审批"无纸化"，该平台更好帮助生态环保工作者发现问题、解决问题。事实证明，有了海量数据与强大算力，生态治理不仅有了高效监测、主动预警的"千里眼""顺风耳"，还有了科学分析、有效应对的"智慧脑""灵巧手"。下一步，丰富生态领域数字应用，加快构建智慧高效的生态环境信息化体系，运用数字技术推动山水林田湖草沙一体化保护和系统治理，就能进一步提升生态环境智慧治理水平。

生态环境问题归根到底是经济发展方式问题。加快数字化绿色化协同转型，有利于建立健全绿色低碳循环发展经济体系。近年来，通过一系列有力举措，很多数字科技企业制定低碳发展计划，5G基站单站址能耗比2019年商用初期降低20%以上；节能建筑、节水农业、零碳工厂等数字应用新探索，有效降低发展的资源环境代价。据预测，到2030年，各行业受益于数字技术减少的碳排放量将达到121亿吨。数字化与绿色化相融合，有助于降低全链条能源消耗，推动生产效率和能源效能共同提升、数字技术和实体经济深度融合，让发展质量更高、成色更足。

绿色发展不仅是生产方式的变革，还意味着生活方式的转变。从利用虚拟现实技术看房到实现无纸化签合同，从使用手机应用程序打卡健身到参与线上二手交易，数字化应用吸引更多人参与到绿色智慧生活中来。依托数字技术，绿色消费、绿色出行、绿色家居等应用场景日益丰富，在促进节能、降碳、减污的同时，推动全民增强节约意识、环保意识、生态意识。倡导绿色智慧生活方式，让绿色发展的种子在更多人心中落地生根，经济社会发展全面绿色转型就有了更加坚实的根基。

当前，数字化和绿色化不仅是全球发展的重要主题，也是相互依存、相互促进的孪生体。下一步，不断夯实生态环境科技基础，拓宽数字技术应用场景，以数字化引领绿色化发展，以绿色化带动数字化转型，我们必定能建设绿色智慧的数字生态文明，让美丽中国不断展现更加壮丽的新图景。

（2023 年 04 月 17 日）

踔厉奋发，坚定不移推动高质量发展

——牢牢把握高质量发展这个首要任务①

李浩燃

2 月，制造业采购经理指数高于上月 2.5 个百分点，连续位于扩张区间，工业企业生产恢复加快；截至 3 月 8 日，今年全国快递业务量突破 200 亿件，比 2022 年达到 200 亿件所花时间提前了 6 天……近期一项项数据，彰显中国经济稳中向好态势，折射高质量发展取得新进展。

全面建设社会主义现代化国家是一项伟大而艰巨的事业，高质量发展是首要任务，也是基本路径。在参加十四届全国人大一次会议江苏代表团审议时，习近平总书记着眼高质量发展提出"四个必须"的明确要求："必须完整、准确、全面贯彻新发展理念""必须更好统筹质的有效提升和量的合理增长""必须坚定不移深化改革开放、深入转变发展方式""必须以满足人民日益增长的美好生活需要为出发点和落脚点"。

贯彻新发展理念是关系我国发展全局的一场深刻变革。新发展理念是一个系统的理论体系，回答了关于发展的目的、动力、方式、路径等一系列理论和实践问题，阐明了我们党关于发展的政治立场、价值导向、发展模式、发展道路等重大政治问题。新时代十年来，在以习近平同志为核心的党中央坚强领导下，我们完整、准确、全面贯彻新发展理念，推动构建新发展格局，实现更高质量、更有效率、更加公平、更可持续、更为安全的发展，推动中国经济发展取得历史性成就、发生历史性变革。事实充分证明，贯彻新发展理念是新时代我国发展壮大的必由之路。前进道路上，只有始终以创新、协调、绿色、开放、共享的内在统一来把握发展、衡量发展、推动发展，才能形成共促高质量发展的合力。

经济发展是质和量的有机统一。国内生产总值突破 120 万亿元、稳居世界第二位，全球创新指数排名由第三十四位上升到第十一位，货物贸易第一大国地位得到增强……党的十八大以来，我国经济总量迈上新台阶，发展含金量不断提高。推动经济实现质的有效提升和量的合理增长是高质量发展的内在要求。围绕今年发展主要预期目标，政府工作报告提出国内生产总值增长 5% 左右，体现了党中央、国务院促进经济整体好转的坚定决心。前进道路上，只有始终坚持质量第一、效益优先，大力增强质量意识，视质量为生命，以高质量为追求，更好统筹质的有效提升和量的合理增长，才能推动经济实力、综合国力和人民生活水平持续提升。

改革开放是决定当代中国前途命运的关键一招。党的十八大以来，以习近平同志为核心的党中央以巨大的政治勇气全面深化改革，坚决破除各方面体制机制弊端，实行更加积极主动的开放战略，形成更大范围、更宽领域、更深层次对外开放格局。改革不停顿，开放不止步。党的二十届二中全会对坚定不移深化改革开放提出明确要求，强调要紧紧围绕全面建设社会主义现代化国家的目标，推出一批战略性、创造性、引领性改革举措，加强改革系统集成、协同高效，在重要领域和关键环节取得新突破。前进道路上，只有以效率变革、动力变革促进质量变革，加快形成可持续的高质量发展体制机制，才能不断增强社会主义现代化建设的动力和活力。

人民对美好生活的向往就是我们的奋斗目标。"中国共产党领导人民打江山、守江山，守的是人民的心。"新时代十年来，无论是打赢人类历史上规模最大的脱贫攻坚战，实现小康这个中华民族的千年梦想，还是在幼有所育、学有所教、劳有所得、病有所医、老有所养、住有所居、弱有所扶上持续用力，建成世界上规模最大的教育体系、社会保障体系、医疗卫生体系，人民群众获得感、幸福感、安全感更加充实、更有保障、更可持续。我们推进的现代化，是中国共产党领导的社会主义现代化，人民是逻辑起点，人民是价值旨归。前进道路上，只有把发展成果不断转化为生活品质，不断提升民生福祉，才能让现代化建设成果更多更公平惠及全体人民。

实验室里，科研创新只争朝夕；工厂车间，智能装备各显其能；广袤田畴，春耕春管繁忙有序……各行各业的人们正以拼的姿态、抢的劲头走进这个充满希望的春天，神州大地处处呈现高质量发展新图景。新时代新征程，把"四个必须"的要求落到实处，把提升质量和效益落实到发展的各环节，同舟共济、众志成城，敢于斗争、善于斗争，不断提高我国发展的竞争力和持续力，中国号巨轮一定能劈波斩浪、行稳致远。

（2023 年 03 月 14 日）

加快实现高水平科技自立自强

——牢牢把握高质量发展这个首要任务②

彭　飞

　　我们能不能如期全面建成社会主义现代化强国，关键看科技自立自强

　　在加快实现高水平科技自立自强、加快建设科技强国的征程上，我们信心十足、力量十足

　　中国科学院合肥物质科学研究院，一支平均年龄不到35岁的攻关突击队，在超高含能材料等关键领域不断取得突破；上海天文台，科技人员捕获38万公里之外太空信号，持续拓展创新所能抵达的高度；太钢集团车间，一卷卷薄如蝉翼的"手撕钢"自动制成，打破国外技术垄断……在科研主战场、创新最前沿，奋斗者们不懈拼搏，贡献着智慧和力量。

　　科技立则民族立，科技强则国家强。在参加十四届全国人大一次会议江苏代表团审议时，习近平总书记深刻指出："加快实现高水平科技自立自强，是推动高质量发展的必由之路。"党的十八大以来，以习近平同志为核心的党中央高度重视科技创新工作，把科技自立自强作为我国现代化建设的基础性、战略性支撑，观察大势，谋划全局，深化改革，全面发力，

推动我国科技事业取得历史性成就、发生历史性变革。十年来，科技创新在党和国家事业全局中的地位提升前所未有，科技赋能成为高质量发展的显著标志，科技创新成为引领现代化建设的重要动力。

科技赋能发展，创新决胜未来。习近平总书记指出"在激烈的国际竞争中，我们要开辟发展新领域新赛道、塑造发展新动能新优势，从根本上说，还是要依靠科技创新"，强调"我们能不能如期全面建成社会主义现代化强国，关键看科技自立自强"。当前，世界百年未有之大变局加速演进，我国发展面临新的战略机遇、新的战略任务、新的战略阶段、新的战略要求、新的战略环境。观国际，新一轮科技革命和产业变革突飞猛进，各主要国家纷纷把科技创新作为国际战略博弈的主要战场；看国内，贯彻新发展理念、构建新发展格局、推动高质量发展，比过去任何时候都更需要科学技术解决方案，都更需要增强创新这个第一动力。坚持创新在我国现代化建设全局中的核心地位，把科技自立自强作为国家发展的战略支撑，这是适应世界科技发展趋势的长远之计，也是基于我国发展阶段的治本之策。

加快实现高水平科技自立自强，必须坚决打赢关键核心技术攻坚战。关键核心技术是国之重器，对推动我国经济高质量发展、保障国家安全都具有十分重要的意义。实践反复告诉我们，关键核心技术是要不来、买不来、讨不来的，不能只是跟着别人走，必须自强奋斗、敢于突破。新征程上，抓住战略机遇，坚持"四个面向"，健全关键核心技术攻关新型举国体制，着力强化重大科技创新平台建设，支持顶尖科学家领衔进行原创性、引领性科技攻关，我们才能突破关键核心技术难题，在重点领域、关键环节实现自主可控。

企业是创新的主体。自主创新是企业的生命，是企业爬坡过坎、发展壮大的根本。新时代以来，我国高新技术企业从 2012 年的 3.9 万家增长至 2022 年的 40 万家，762 家企业进入全球企业研发投入 2500 强。2022 年，我国企业研发投入占全社会研发投入已超过 3/4。进一步加大企业创新激励力度，落实好各类创新激励政策，促进企业加大研发投入，必将有利于培育壮大新动能，为推动高质量发展打下更加坚实的基础。新征程上，强化企业主体地位，推进创新链产业链资金链人才链深度融合，发挥科技型骨干企业引领支撑作用，促进科技型中小微企业健康成长，不断提高科技成果转化和产业化水平，我们定能打造一批具有全球影响力的创新中心。

如果把科技创新比作我国发展的新引擎，那么改革就是点燃这个新引擎必不可少的点火系。这次国务院机构改革，作出了"重新组建科学技术部"的重大部署，正是为了进一步理顺科技领导和管理体制，更好统筹科技力量在关键核心技术上攻坚克难，加快实现高水平科技自立自强。科技创新和体制机制创新好比车之两轮，"双轮驱动"才能行稳致远。新征程上，持续深化科技体制改革，大力培育创新文化，健全科技评价体系和激励机制，为创新人才脱颖而出、尽展才华创造良好环境，我们就一定能破除一切制约科技创新的思想障碍和制度藩篱，最大限度释放发展潜能。

今年全国两会期间，亲历运—20飞机研制的唐长红委员谈及科技自立自强时，"在国家需要时想用就有、想干就能"的话语令人感动。在加快实现高水平科技自立自强、加快建设科技强国的征程上，我们信心十足、力量十足，必将用奋斗书写高质量发展新篇章，铸就新的更大辉煌。

（2023 年 03 月 17 日）

加快构建新发展格局

——牢牢把握高质量发展这个首要任务③

石　羚

加快构建新发展格局，是推动高质量发展的战略基点

构建以国内大循环为主体、国内国际双循环相互促进的新发展格局，将在解决国内发展不平衡不充分问题、应对传统国际经济循环弱化挑战的同时，创造发展新空间、提供发展新机遇

新的春天，新的征程，新的出发。河北提出，实施城乡商业体系建设工程，充分挖掘农村消费潜力；浙江明确，今年将实现营商环境优化提升"一号改革工程"大突破，推动全省全领域政务服务一网通办、掌上通办；广东将落实"制造业投资 10 条""稳外资 12 条"和新版外资准入负面清单，在更高起点上推进改革开放……开年以来，各地着力扩内需、抓改革、促开放，加快构建新发展格局，为高质量发展蓄积动能。

构建新发展格局，是立足中国自身发展阶段和发展条件，充分考虑经济全球化和外部环境变化所作出的战略抉择，顺应了中国经济结构调整、推动高质量发展的内在需要。在参加十四届全国人大一次会议江苏代表团审议时，习近平总书记深刻指出："加快构建新发展格局，是推动高质量发

展的战略基点。"构建以国内大循环为主体、国内国际双循环相互促进的新发展格局，将在解决国内发展不平衡不充分问题、应对传统国际经济循环弱化挑战的同时，创造发展新空间、提供发展新机遇。

构建新发展格局关键在于经济循环的畅通无阻。国民经济循环是否畅通，决定了经济能否持续健康发展，人民生活能否不断改善。在我国发展现阶段，畅通经济循环最主要的任务是供给侧有效畅通，有效供给能力强可以穿透循环堵点、消除瓶颈制约，可以创造就业和提供收入，从而形成需求能力。因此，必须把实施扩大内需战略同继续深化供给侧结构性改革有机结合起来，以创新驱动、高质量供给引领和创造新需求，以规模扩大、结构升级的内需牵引和催生优质供给，推动有效需求和有效供给良性互动和高水平动态平衡，实现国民经济良性循环。

新发展格局以现代化产业体系为基础，着力点在实体经济。抗击新冠疫情期间，制造业企业跨界转产、稳产保供，彰显了中国制造的硬核实力。2022 年，规模以上高技术制造业增加值增速快于全部规模以上工业增速 3.8 个百分点，凸显了高质量发展的成色。系统完备的产业链供应链体系，不断提升的自主创新水平，为实体经济发展增强韧性。顺应产业发展大势，推动短板产业补链、优势产业延链，传统产业升链、新兴产业建链，增强产业发展的接续性和竞争力，打造自主可控、安全可靠、竞争力强的现代化产业体系，中国经济定能行稳致远。

改革开放 40 多年的实践充分表明，改革是推动国家发展的根本动力，开放是国家繁荣发展的必由之路。构建新发展格局也要运用改革思维和改革办法，扫除各种利益羁绊，破除体制机制障碍。同时，构建新发展格局不是关起门来封闭运行。推进高水平对外开放，稳步推动规则、规制、管理、标准等制度型开放，才能增强我们在国际大循环中的话语权。前进道路上，越是面对风高浪急的国际环境和艰巨繁重的国内改革发展稳定任务，越要坚定不移推动改革开放，按照构建高水平社会主义市场经济体制、推进高水平对外开放的要求，深入推进重点领域改革，统筹推进现代化基础设施体系和高标准市场体系建设，稳步扩大制度型开放，不断增强国内外大循环的动力和活力。

"千方百计让百姓愿消费、让企业敢投资""进一步提升对外贸易合作的质量和水平""推进现代服务业与高技术产业和战略性新兴产业的深度融合"……今年全国两会期间，代表委员聚焦高质量发展建言献策。新征程上，加快构建新发展格局，夯实我国经济发展的根基、增强发展的安全性稳定性，就一定能推动高质量发展取得新成效，为全面建设社会主义现代化国家开好局起好步。

（2023 年 03 月 20 日）

强国必先强农，农强方能国强

——牢牢把握高质量发展这个首要任务④

尹双红

农业强国是社会主义现代化强国的根基，推进农业现代化是实现高质量发展的必然要求

锚定目标、多措并举、久久为功，全面推进乡村振兴，建设供给保障强、科技装备强、经营体系强、产业韧性强、竞争能力强的农业强国

智能温控育秧大棚中，泥土粉碎机、上土机、高速播种叠盘流水线等智能化生产设备有序作业，为早稻育秧；绿油油的麦田里，无人机时而齐头并进、时而悬停空中，进行"一喷三防"作业；高标准农田上，摄像头与传感器实时采集和传输温度、湿度、土壤状况等数据……广袤的神州大地上，现代化农机设备驰骋沃野，春耕春种春管图渐次铺开。

强国必先强农，农强方能国强。在参加十四届全国人大一次会议江苏代表团审议时，习近平总书记深刻指出："农业强国是社会主义现代化强国的根基，推进农业现代化是实现高质量发展的必然要求。"没有农业强国就没有整个现代化强国；没有农业农村现代化，社会主义现代化就是不全

面的。党的二十大擘画了全面建设社会主义现代化国家、以中国式现代化全面推进中华民族伟大复兴的宏伟蓝图。全面建设社会主义现代化国家，实现中华民族伟大复兴，最艰巨最繁重的任务依然在农村，最广泛最深厚的基础依然在农村。

农业强国是社会主义现代化强国的根基。稳住农业基本盘、守好"三农"基础是应变局、开新局的"压舱石"。无农不稳，无粮则乱。对我们这样一个有着 14 亿多人口的大国来说，粮食和重要农产品稳定供给始终是头等大事。只有农业强了，农产品供给有保障，物价稳、人心安，经济大局才能稳住。满足人民美好生活需要，也应发挥农业生态涵养、休闲观光、文化传承等功能的积极作用。"三农"涉及行业多、领域广、群体大，在扩大国内需求、构建新发展格局中，可腾挪的空间、可挖掘的潜力非常广阔，对稳增长、稳就业、稳物价的战略支撑作用非常突出。几亿农民整体迈入现代化，能够释放出巨量的创造动能和消费需求。由此而言，建设农业强国既是社会主义现代化强国的应有之义，也是社会主义现代化强国的重要支撑。

"三农"向好，全局主动。从打赢脱贫攻坚战，到实施乡村振兴战略，党的十八大以来，以习近平同志为核心的党中央坚持把解决好"三农"问题作为全党工作的重中之重，推动农业农村取得历史性成就、发生历史性变革。粮食产量连续 8 年稳定在 1.3 万亿斤以上，农业科技进步贡献率达到 62.4%，农村居民人均可支配收入迈上 2 万元台阶……一项项数据，折射着农业新发展、乡村新气象。如今，我国广大农村地区欣欣向荣，充盈着希望与干劲，具有中国特色的农业强国之路走得稳、活力足。这些年来，正是因为农业基本盘稳固，牢牢把饭碗端在自己手中，把牢了粮食安全主动权，我们抵御各种外部冲击才有了坚实底气，始终掌握保持经济社会大局稳定的战略主动。

加快建设农业强国意义重大。当前，世界百年未有之大变局加速演进，我国发展进入战略机遇和风险挑战并存、不确定难预料因素增多的时期，守好"三农"基本盘至关重要、不容有失。从切实保障粮食和重要农产品稳定安全供给，到推动产业振兴，不断拓宽农民增收致富渠道；从加快建设宜居宜业和美乡村，到强化科技和改革双轮驱动，为农业农村发展增动力、添活力……锚定目标、多措并举、久久为功，全面推进乡村振兴，建设供给保障强、科技装备强、经营体系强、产业韧性强、竞争能力强的农业强国，才能为全面建设社会主义现代化国家开好局起好步打下坚实基础。

中国要强，农业必须强；中国要美，农村必须美；中国要富，农民必须富。今年全国两会上，"乡村振兴"成为代表委员热议的高频词汇。一条条意见建议，传递来自基层的期盼，也启示我们，建设农业强国，要因地制宜、注重实效，立足资源禀赋和发展阶段，解决好农业农村发展最迫切、农民反映最强烈的实际问题。眺望前方的奋进路，铆足干劲、攻坚克难，抓好以乡村振兴为重心的"三农"各项工作，大力推进农业农村现代化，我们一定能实现农业高质高效、乡村宜居宜业、农民富裕富足，为高质量发展注入澎湃动能。

（2023 年 03 月 21 日）

以人民幸福安康为最终目的

——牢牢把握高质量发展这个首要任务⑤

周珊珊

> 人民幸福安康是推动高质量发展的最终目的。基层治理和民生保障事关人民群众切身利益，是促进共同富裕、打造高品质生活的基础性工程

> 坚持以人民为中心的发展思想，踔厉奋发、勇毅前行，想人民之所想，行人民之所嘱，把事关百姓切身利益的事情抓实抓好

河北明确继续加大城镇老旧小区改造力度，计划完成城镇老旧小区改造 1816 个，惠及居民 25.7 万户；内蒙古将新建乡镇养老服务中心和村级养老服务站 2350 个，并拓展提升 200 所农村互助养老幸福院服务功能；湖北提出新增 3 岁以下婴幼儿托位 4 万个，新增公办幼儿园学位 1.5 万个……开年以来，多地公布 2023 年"惠民生清单"，满足群众需求，回应民生关切。

治国有常，利民为本。在参加十四届全国人大一次会议江苏代表团审议时，习近平总书记指出："人民幸福安康是推动高质量发展的最终目的。基层治理和民生保障事关人民群众切身利益，是促进共同富裕、打造高品质生活的基础性工程，各级党委和政府必须牢牢记在心上、时时抓在手上，

确保取得扎扎实实的成效。"人民对美好生活的向往就是我们的奋斗目标。新征程上，只有把发展成果不断转化为生活品质，不断增强人民群众的获得感、幸福感、安全感，才能让现代化建设成果更多更公平惠及全体人民。

治政之要在于安民。基层治理既是国家治理的"最后一公里"，也是人民群众感知公共服务效能和温度的"神经末梢"。党的二十大报告提出，"健全基层党组织领导的基层群众自治机制，加强基层组织建设，完善基层直接民主制度体系和工作体系"。这就需要健全共建共治共享的社会治理制度，充分调动群众参与基层治理的积极性。上世纪 60 年代，浙江诸暨枫桥创造了"发动和依靠群众，坚持矛盾不上交，就地解决，实现捕人少、治安好"的"枫桥经验"，其深刻影响延续至今。进入新时代，"枫桥经验"内涵更加丰富，需要我们继续坚持好、发展好。通过完善网格化管理、精细化服务、信息化支撑的基层治理平台，提升社会治理效能，为人民群众提供家门口的优质服务和精细管理，及时把矛盾纠纷化解在基层、化解在萌芽状态，才能以"基础实"护"百姓安"。

民生无小事，枝叶总关情。为民造福是立党为公、执政为民的本质要求。2022 年，全国城镇新增就业累计实现 1206 万人，全国基本养老保险参保人数达 10.5 亿，全国保障性租赁住房开工建设和筹集 265 万套（间）……一个个具体数字，标注民生暖色，折射发展成色。当前，必须紧紧抓住人民群众急难愁盼问题，坚持尽力而为、量力而行，采取更多惠民生、暖民心举措。要健全就业公共服务体系，完善重点群体就业支持体系，加强困难群体就业兜底帮扶，把促进青年特别是高校毕业生就业工作摆在更加突出的位置。同时，做好收入分配调节，健全社会保障体系，强化"一老一幼"服务，持续增进民生福祉。

现代化最重要的指标是人民健康，这是人民幸福生活的基础。三年来，我国坚持人民至上、生命至上，因时因势优化调整防控政策措施，高效统筹疫情防控和经济社会发展，有效应对全球多轮疫情流行的冲击，取得了疫情防控重大决定性胜利。也要看到，人类与病毒的斗争是一个长期历史过程，当前新冠疫情传播的风险仍然存在。要抓实抓细新阶段疫情防控工作，认真落实"乙类乙管"各项措施，持续加强公共卫生、疾病防控、医疗服务体系建设，守护好人民生命安全和身体健康，统筹好疫情防控和经济社会发展。

民生连着民心，保障和改善民生没有终点，只有连续不断的新起点。今年全国两会上，"就业创业""健康中国""社保医保"等民生话题备受关注。前进道路上，坚持以人民为中心的发展思想，踔厉奋发、勇毅前行，想人民之所想，行人民之所嘱，把事关百姓切身利益的事情抓实抓好，我们一定能凝聚起同心共圆中国梦的强大合力，不断把人民对美好生活的向往变为现实。

（2023 年 03 月 22 日）

以新气象新作为推动高质量发展取得新成效

——牢牢把握高质量发展这个首要任务⑥

邹　翔

在强国建设、民族复兴的新征程，我们要坚定不移推动高质量发展

撸起袖子加油干，一步紧跟一步行，切实把推动高质量发展的要求贯彻到经济社会发展的全过程各领域，不兴伪事、不务虚功，才能以实干实效交出高质量发展答卷

华北平原，北京东六环入地改造工程、城市副中心三大文化建筑等重点工程高标准高质量推进；伶仃洋上，深中通道关键工程中山大桥钢桥面铺装全部顺利完成，各项施工全力推进；塔里木盆地，富满油田的果勒3C井顺利完钻，以9396米井深刷新了亚洲陆上最深油气水平井纪录……春日的神州大地，激荡着实干奋斗的新气象，汇聚起高质量发展的澎湃动能。

实现什么样的发展、怎样实现发展，这是党领导人民治国理政必须回答好的重大问题。今年全国两会期间，习近平总书记从党和国家事业发展全局的高度，着眼全党全国人民的中心任务，指出"高质量发展是全面建设社会主义现代化国家的首要任务"，强调"在强国建设、民族复兴的新

征程，我们要坚定不移推动高质量发展"，激励亿万人民坚定信心、真抓实干、奋发进取，一步一个脚印扎实推动经济社会持续健康发展，以新气象新作为推动高质量发展取得新成效。

爬坡过坎，关键是提振信心。今年 1 至 2 月，坚持稳中求进工作总基调，更好统筹国内国际两个大局，更好统筹疫情防控和经济社会发展，更好统筹发展和安全，我国生产需求明显改善，就业物价总体稳定，市场预期加快好转，经济运行呈现企稳回升态势。观察中国经济，韧性强、潜力足、长期向好的基本面没有改变，物质基础更为坚实，产业体系日益完善，劳动者素质不断提高，创新发展动能不断增强。展望全年，我们有信心、有底气、有能力推动高质量发展，实现新征程的良好开局。

大道至简，实干为要。把高质量发展的美好蓝图变为现实，没有捷径，唯有实干。今天，物质生活大为改善，但愚公移山、艰苦奋斗的精神不能变。当前，推进高质量发展还有许多卡点瓶颈。瞄准短板、破解难题，解决好发展不平衡不充分问题，努力实现创新成为第一动力、协调成为内生特点、绿色成为普遍形态、开放成为必由之路、共享成为根本目的的发展，尤需苦干实干。社会主义是干出来的，发展成绩是拼出来的。撸起袖子加油干，一步紧跟一步行，切实把推动高质量发展的要求贯彻到经济社会发展的全过程各领域，不兴伪事、不务虚功，才能以实干实效交出高质量发展答卷。

我们党依靠斗争走到今天，也必然要依靠斗争赢得未来。习近平总书记强调："面对国际国内环境发生的深刻复杂变化，必须做到沉着冷静、保持定力，稳中求进、积极作为，团结一致、敢于斗争。"当前，我国发展面临新的战略机遇、新的战略任务、新的战略阶段、新的战略要求、新的战略环境，需要应对的风险挑战、防范化解的矛盾问题比以往更加严峻复杂。要把握好习近平新时代中国特色社会主义思想的世界观和方法论，坚持好、运用好贯穿其中的立场观点方法，敏锐洞悉前进道路上可能出现的机遇和挑战，增强志气、骨气、底气，保持战略清醒，发扬斗争精神，知难而进、迎难而上，勇于迎击任何狂风暴雨、战胜任何惊涛骇浪，把我国发展进步的命运牢牢掌握在自己手中，努力推动实现更高质量、更有效率、更加公平、更可持续、更为安全的发展，依靠顽强斗争打开事业发展新天地。

浩渺行无极，扬帆但信风。今天，我们比历史上任何时期都更接近、更有信心和能力实现中华民族伟大复兴的目标，同时必须准备付出更为艰巨、更为艰苦的努力。新时代新征程，14亿多中国人民坚定信心、踔厉奋发、勇毅前行，心往一处想、劲往一处使，矢志不渝沿着中国式现代化这条光明大道走下去，坚定不移推动高质量发展，必将续写激荡人心的东方传奇，赢得令人惊叹的大国荣光。

（2023 年 03 月 23 日）

增强生存力、竞争力、发展力、持续力

——加快构建新发展格局，增强发展的安全性主动权①

李 斌

时间流转不息，发展脚步不停。1 月份制造业采购经理指数（PMI）重回扩张区间，高技术制造业 PMI 为 52.5%，新订单指数达到 55.6% 高位；春节期间市场动能旺盛，全国消费相关行业销售收入同比增长 12.2%；各地升级农田水利，动手春耕备耕；货轮穿梭往来，航班接续起降，交通运输业加速恢复……冬去春来，我国经济暖流涌动，发展脉动强劲，整体经济运行逐步好转。

壹引其纲，万目皆张。习近平总书记在中共中央政治局第二次集体学习时强调：" 只有加快构建新发展格局，才能夯实我国经济发展的根基、增强发展的安全性稳定性，才能在各种可以预见和难以预见的狂风暴雨、惊涛骇浪中增强我国的生存力、竞争力、发展力、持续力，确保中华民族伟大复兴进程不被迟滞甚至中断，胜利实现全面建成社会主义现代化强国目标。" 着眼于统筹发展和安全，科学应对错综复杂的国际环境带来的新矛盾新挑战，有效回应我国社会主要矛盾转化带来的新特征新要求，在新发展阶段加快构建以国内大循环为主体、国内国际双循环相互促进的新发展格局，是一项关系我国发展全局的重大战略任务，是把握未来发展主动权的战略性布局和先手棋，具有深刻历史必然性和强烈现实针对性。

加快构建新发展格局，增强发展的安全性主动权，增强我国的生存力、竞争力、发展力、持续力，充分体现出"坚持办好自己的事"的战略思维。我国作为一个人口众多和超大市场规模的社会主义国家，在迈向现代化的历史进程中，必然要承受其他国家都不曾遇到的各种压力和严峻挑战。生存力是竞争发展的基础，要坚持自力更生，把国家和民族发展放在自己力量的基点上；竞争力是发展的前提，要在科技自立自强上取得更大进展；发展力、持续力是重要保障，必须牢牢把握高质量发展这个根本要求。构建新发展格局是对我国客观经济规律和发展趋势的自觉把握，明确了我国经济现代化的路径选择，是有实践基础的。只要顺势而为、精准施策，我们完全有条件构建新发展格局、重塑新竞争优势，从而推动实现更高质量、更有效率、更加公平、更可持续、更为安全的发展。

筑起"发展"的大厦，必须夯实"安全"的地基。习近平总书记指出："供应链的'命门'掌握在别人手里，那就好比在别人的墙基上砌房子，再大再漂亮也可能经不起风雨，甚至会不堪一击。"这告诉我们：构建新发展格局是把握发展主动权、实现高水平安全的战略谋划，有利于化解外部冲击和外需下降带来的影响，也有利于在极端情况下保证我国经济基本正常运行和社会大局总体稳定。从需求看，我国有 14 亿多人口，中等收入群体超过 4 亿人，这是扩大内需、行稳致远的"稳定之锚"。从供给看，我国基于国内大市场形成的强大生产能力，能够促进全球要素资源整合创新，使规模效应和集聚效应最大化发挥。确保产业链供应链稳定安全，粮食、能源、重要资源供给安全，我们就一定能炼就百毒不侵、金刚不坏之身，做到"任凭风浪起，稳坐钓鱼台"。

构建新发展格局是一个系统工程，要"操其要于上"，也要"分其详于下"，把握工作着力点。构建新发展格局的关键在于经济循环的畅通无阻，必须通堵点、扩内需，搞好统筹扩大内需和深化供给侧结构性改革。构建新发展格局最本质的特征是实现高水平的自立自强，必须补短板、促安全，加快科技自立自强步伐。构建新发展格局的重要支撑是形成强大国内市场，必须抓实体、增优势，继续把发展经济的着力点放在实体经济上，加快建设现代化产业体系，全面推进城乡、区域协调发展。构建新发展格局不是关起门来封闭运行，必须进一步深化改革开放。关键处落子、彼此连接成势，方能形成强大的国内经济循环体系和稳固的基本盘。

上坡路难走，力行则将至；顶风船难开，笃志则必达。我国的发展进步从来都不是在风平浪静中取得的，而是凭着"越是艰险越向前"的勇毅，靠着"逢山开路，遇水架桥"的干劲，在攻坚克难、踏平坎坷中取得的。增强战略思维，坚持问题导向和系统观念，全面深化改革，建设强大而有韧性的国民经济循环体系，一定能在各种可以预见和难以预见的狂风暴雨、惊涛骇浪中，增强我们的生存力、竞争力、发展力、持续力，中国经济航船一定能劈波斩浪、行稳致远。

（2023 年 02 月 22 日）

形成需求牵引供给、供给创造
需求的更高水平动态平衡

——加快构建新发展格局，增强发展的安全性主动权②

何　娟

以创新驱动、高质量供给引领和创造新需求，以规模扩大、结构升级的内需牵引和催生优质供给，我们一定能推动有效需求和有效供给良性互动和高水平动态平衡，增强生存力、竞争力、发展力、持续力

起步即冲刺，实干开新局。在辽宁沈阳，今年首批确定的超30个百亿元的重大项目，产业转型和创新驱动的产业项目有13个，占比近一半；在福建福州，民天国际物流中心场地平整工程项目工地上一片繁忙；在江西九江，施工人员加快银砂湾作业综合码头桩基工程建设，码头设计年吞吐量2150万吨……放眼全国各地，一项项重大工程接连开工，一批批建设项目紧张推进。一头连着民生需求，一头连着企业供给，新老基建投资接续发力、同频共振，为激发内需潜能、优化供给结构、推动高质量发展增添动力。

加快培育完整内需体系是构建新发展格局的重要着力点，意味着要使

生产、分配、流通、消费更多依托国内市场。习近平总书记在中共中央政治局第二次集体学习时强调："要搞好统筹扩大内需和深化供给侧结构性改革，形成需求牵引供给、供给创造需求的更高水平动态平衡，实现国民经济良性循环。"构建新发展格局是一个系统工程，关键在于经济循环的畅通无阻。我国有世界最完整的产业体系和潜力最大的内需市场，具有大国经济内部可循环的基本条件。立足自身，把国内大循环畅通起来，不断增强国内大循环内生动力和可靠性，我们一定能不惧国际风云变幻，在实现自身高质量发展的同时为世界经济注入新动能。

市场是最稀缺的资源。形成强大国内市场，是我国加快构建新发展格局的重要支撑，也是大国经济的优势所在。我们坚定贯彻实施扩大内需战略，坚持深化供给侧结构性改革，疏堵点、扩内需、补短板、扬优势，促进经济循环起来、运转起来。经济总量突破120万亿元，持续巩固回升态势；工业对经济增长贡献率达到36%，产业发展提质增效；网上商品零售额达到12万亿元，消费动能继续增强；外贸规模首破40万亿元，高水平开放蹄疾步稳……翻看2022年经济成绩单，内需市场既有量的合理增长，又有质的稳步提升，更有结构的持续优化，推动加快构建新发展格局取得扎实成效。

未来一个时期，我国国内市场主导经济循环的特征会更加明显，要巩固和拓展优势，抓住和用好市场机遇。一方面，扩大内需不能搞盲目借贷扩大投资、过度刺激消费，而要立足超大规模市场优势，根据我国经济发展的实际情况，着力扩大有收入支撑的消费需求、有合理回报的投资需求、有本金和债务约束的金融需求，使建设超大规模的国内市场成为一个可持续的历史过程。另一方面，深化供给侧结构性改革不能形成不符合发展方向和市场需求的落后产能和产品，要持续推动科技创新、制度创新，突破供给约束堵点、卡点、脆弱点，增强产业链供应链的竞争力和安全性，提升供给体系质量和效率。

"短板"也是"跳板"，空白点也是增长点。开辟发展新领域新赛道，塑造发展新动能新优势，搞好统筹扩大内需和深化供给侧结构性改革大有可为。近年来，我国新型基础设施投资建设力度持续加大，数字经济蓬勃发展，在加快产业体系优化升级、提升产业链供应链稳定性和竞争力的同时，也推动智能终端、直播电商、远程医疗等新业态、新模式不断涌现，持续满足和创造需求。以高质量发展为主题，以提高人民生活品质为落脚点，我们要建立和完善扩大居民消费的长效机制，使居民有稳定收入能消费、没有后顾之忧敢消费、消费环境优获得感强愿消费。要完善扩大投资机制，拓展有效投资空间，适度超前部署新型基础设施建设，扩大高技术产业和战略性新兴产业投资，持续激发民间投资活力。以创新驱动、高质量供给引领和创造新需求，以规模扩大、结构升级的内需牵引和催生优质供给，我们一定能推动有效需求和有效供给良性互动和高水平动态平衡，增强生存力、竞争力、发展力、持续力。

今天的中国，充满生机活力；明天的中国，奋斗创造奇迹。坚持问题导向和系统观念，坚持立足国内、依托国内大市场优势，统筹协调供给侧改革与需求侧管理，顺势而为、精准施策，我们完全有条件构建新发展格局、重塑新竞争优势，为高质量发展的中国不断开拓新空间、积蓄新动能。

（2023 年 02 月 24 日）

加快科技自立自强步伐

——加快构建新发展格局，增强发展的安全性主动权③

周珊珊

面向未来，锚定战略目标，勇攀科技高峰，破解发展难题，我们一定能够不断增强我国的生存力、竞争力、发展力、持续力，以高水平科技自立自强的"强劲筋骨"支撑民族复兴伟业

"你们尽管想象，我们负责实现。"前不久，中核集团"喊话"《流浪地球2》的一条微博引发网友关注。随后，中国航天科技集团等也加入"喊话"行列，纷纷亮出硬核科技。央企"国家队"致力于将科幻变为现实，背后是我国科技长足发展的硬实力。科技自立自强，才能托举起新发展格局的构建，增强发展的安全性主动权。

实现高水平科技自立自强是国家强盛和民族复兴的战略基石，是应对风险挑战和维护国家利益的必然选择，是贯彻新发展理念、构建新发展格局、推动高质量发展的本质要求。习近平总书记强调："要加快科技自立自强步伐，解决外国'卡脖子'问题。"当前，科技创新成为国际战略博弈的主要战场，围绕科技制高点的竞争空前激烈。加快科技自立自强，是确保国内大循环畅通、塑造我国在国际大循环中新优势的关键。新时代新征

程，我国经济社会发展和民生改善比过去任何时候都更加需要科学技术解决方案，都更加需要增强创新这个第一动力。

新时代十年，我国科技事业密集发力、加速跨越，实现了历史性、整体性、格局性重大变化，取得历史性成就。量子计算原型机"九章""祖冲之号"问世，500米口径球面射电望远镜（FAST）建成使用，基础前沿方向重大原创成果持续涌现；首架C919大飞机正式交付，5G移动通信技术率先实现规模化应用，高质量源头科技供给为建设现代化经济体系注入强劲动能；新型核电技术走在世界前列，系统掌握高铁建造成套技术，战略必争领域历史性突破有力支撑国家重大需求；从医药到种业，更多更好的社会民生科技创新成果为人民健康福祉提供有力保障；143项科技体制改革任务高质量完成，推动科技创新的基础性制度基本建立……我国科技实力跃上新的大台阶。实现高水平科技自立自强，才能为构建新发展格局、推动高质量发展提供新的成长空间、关键着力点和主要支撑体系。

看国内，实现高水平科技自立自强是构建新发展格局的需要；观世界，科技创新是百年未有之大变局中的一个关键变量。谁牵住了科技创新这个"牛鼻子"，谁走好了科技创新这步先手棋，谁就能占领先机、赢得优势。当前，国际环境错综复杂，不稳定性不确定性明显增加，而我国科技发展正处在将强未强、不进则退的关键阶段。只有加快实现高水平科技自立自强，把发展的主动权牢牢掌握在自己手中，我国的现代化进程才不会被迟滞甚至打断，我们才能有效应对前进道路上的重大挑战、抵御重大风险，维护国家安全和战略利益。

在全面建设社会主义现代化国家、向第二个百年奋斗目标进军新征程上，要把科技自立自强作为我国现代化建设的基础性、战略性支撑，健全新型举国体制，强化国家战略科技力量。要实现科教兴国战略、人才强国战略、创新驱动发展战略有效联动，坚持教育发展、科技创新、人才培养一体推进，形成良性循环；坚持原始创新、集成创新、开放创新一体设计，实现有效贯通；坚持创新链、产业链、人才链一体部署，推动深度融合。着力营造良好政策环境，加大多元化科技投入，加强知识产权法治保障，形成支持全面创新的基础制度，我们有信心有能力使我国在重要科技领域成为全球领跑者，在前沿交叉领域成为开拓者，力争尽早成为世界主要科学中心和创新高地。

纵观人类发展史，创新始终是一个国家、一个民族发展的不竭动力和生产力提升的关键要素。中国要强大、中华民族要复兴，必须大力推进科技创新。研发经费支出居世界第二位，研发人员总量居世界首位；全社会研究与试验发展经费投入强度达 2.55%、再创新高；全球创新指数排名升至第十一位……今天的中国，创新能力强、发展后劲足。面向未来，锚定战略目标，勇攀科技高峰，破解发展难题，我们一定能够不断增强我国的生存力、竞争力、发展力、持续力，以高水平科技自立自强的"强劲筋骨"支撑民族复兴伟业，在日趋激烈的国际竞争中把握主动、赢得未来，创造更多发展奇迹。

（2023 年 02 月 27 日）

建设现代化产业体系

——加快构建新发展格局，增强发展的安全性主动权④

崔　妍

> 注重各产业、各要素的内在关联性，协同推进产业链上中下游和大中小企业融通发展，推动短板产业补链、优势产业延链、传统产业升链、新兴产业建链，增强产业发展的接续性和竞争力

提质增效，增进产业体系的新动能；全力以赴，激发经济发展的新活力。山西古交市屯川河畔，一条500米的输煤走廊将洗混煤直接输往附近电厂，转化为电能后传输至大江南北；黄浦江边，上海前瞻性布局五大未来产业，竞逐数字经济、绿色低碳、元宇宙、智能终端等新赛道；新疆塔里木地下9000多米深处，钻井队创造了塔里木油田新的深地钻井纪录……传统产业积极转型升级、新兴产业日益蓬勃向上，成为我国建设现代化产业体系、推动实现高质量发展的生动写照。

新发展格局以现代化产业体系为基础，经济循环畅通需要各产业有序链接、高效畅通。习近平总书记在中共中央政治局第二次集体学习时强调："优化生产力布局，推动重点产业在国内外有序转移，支持企业深度参与全球产业分工和合作，促进内外产业深度融合，打造自主可控、安全可靠、

竞争力强的现代化产业体系。"没有产业体系的现代化，就没有经济的现代化。建设现代化产业体系，是党中央从全面建设社会主义现代化国家的高度作出的重大战略部署，也是推动高质量发展的必然要求。加快建设现代化产业体系，方能夯实新发展格局的基础、增强发展的安全性主动权，让高质量发展的动能更丰沛。

现代化产业体系是现代化国家的物质支撑。从制造业规模占全球30%，到220多种工业产品产量位居世界首位，从22个国家级制造业创新中心布局建设，到技术改造投资占工业投资比重持续稳定在40%以上……党的十八大以来，我国加快构建现代化产业体系，推动经济进一步实现质的有效提升和量的合理增长。进入新发展阶段，面对严峻复杂的发展环境和解决发展不平衡不充分问题的迫切要求，要坚持把发展经济的着力点放在实体经济上，把建设现代化产业体系作为经济现代化的重要任务，夯实加快构建新发展格局物质技术基础。

纵观人类历史，成功实现现代化的国家，都经历过产业体系现代化的过程。新中国成立特别是改革开放以来，我国用几十年时间走完了发达国家几百年走过的工业化历程，成为拥有全球产业门类最齐全、产业体系最完整的制造业第一大国。2022年，我国规模以上工业生产保持稳定恢复态势，增加值较上年增长3.6%，高技术、装备制造业支撑强劲，移动通信基站设备、工业控制计算机及系统、民用飞机等产量分别增长16.3%、15.0%、10.5%，成为推动制造业高质量发展的重要引擎。瞄准世界科技革命和产业变革方向，立足我国国情，一方面要以创新推动产业优化升级，传统制造业加快推广先进适用技术，战略性新兴产业加快前沿技术的研发和推广应用，支持专精特新企业发展，一方面要围绕搞好关键核心技术攻关，有效解决"卡脖子"问题，把产业安全牢牢掌握在自己手中。打实基底、开辟赛道、自立自强、开放合作，方能抢占未来产业制高点，增强生存力、竞争力、发展力、持续力。

着力提升产业发展的安全性和国际竞争力，应当用系统观念解题作答。既要顺应产业发展大势，注重各产业、各要素的内在关联性，协同推进产业链上中下游和大中小企业融通发展，推动短板产业补链、优势产业延链，传统产业升链、新兴产业建链，增强产业发展的接续性和竞争力；同时要继续把发展经济的着力点放在实体经济上，扎实推进新型工业化，加快建设制造强国、质量强国、网络强国、数字中国，打造具有国际竞争力的数字产业集群。不断补短板、锻长板，用全球视野统筹战略布局，我们定能不断提升产业体系整体水平。

内蒙古兴安盟，施工人员在 30 万千瓦风电项目的建设现场吊装组件；吉林长春，工作人员检查智能自动导航运输车运行情况；重庆沙坪坝，技术人员在一家科技公司里调试工业机器人……放眼广袤中华大地，千行百业，满怀信心，干劲十足，为加快构建新发展格局积势蓄能。练好内功、站稳脚跟，打造自主可控、安全可靠、竞争力强的现代化产业体系，把各方面的优势和活力真正激发出来，从而不断增强发展的安全性主动权，必将推动实现经济社会高质量发展再上新台阶。

（2023 年 03 月 01 日）

全面推进城乡、区域协调发展

——加快构建新发展格局，增强发展的安全性主动权⑤

尹双红

匠心独运丹青手，万里山河起宏图。北京东六环地下 41 米，国内在建最长城市地下公路隧道正加紧施工，建成后将有力促进京津冀区域交通协同发展；长三角示范区"智慧大脑"上线，打通 18 条数据链路，汇聚 242 项数据资源，企业和群众办事更便捷、政府跨域协同治理更有效；银兰高铁开通后，带动两地游客数量猛增，沿线各地枸杞、大枣、牛羊肉等特色农产品口碑远扬……今天，960 多万平方公里的中华大地上，乡村产业蓬勃发展，各区域经济总量不断攀升，结构持续优化。协调发展的工笔画由点及面，正连缀成一幅加快构建新发展格局的壮阔画卷。

党的十八大以来，我国城乡、区域协调发展迈出坚实步伐，高质量发展动能强劲。习近平总书记强调："要全面推进城乡、区域协调发展，提高国内大循环的覆盖面。"现代化建设进程必然伴随着城乡区域结构的深刻调整，这也是释放巨大需求、创造巨大供给的过程。当前我国居民消费提质扩容潜力巨大，补短板锻长板投资需求旺盛，在此基础上推进新型城镇化和区域协调发展有利于进一步拓宽国内市场空间，激发市场活力，引领创造更多市场需求。坚持全国一盘棋，把扩大内需战略和新型城镇化战略有序衔接起来，深入实施区域协调发展战略，方能更好增强发展的整体性、协调性，增强我国的生存力、竞争力、发展力、持续力。

城乡经济循环是国内大循环的题中应有之义，也是确保国内国际双循环比例关系健康的关键因素。"三农"涉及的行业多、领域广、群体大，在扩大国内需求、构建新发展格局中，可腾挪的空间、可挖掘的潜力非常广阔，对稳增长、稳就业、稳物价的战略支撑作用非常突出。随着农民收入持续增长，农村消费加快升级，预计每年可新增 2 万亿元左右的消费需求。到 2022 年末，我国常住人口城镇化率为 65.22%，还有较大提升空间。初步测算，未来 5 至 10 年，高标准农田、设施农业等乡村建设投资需求有近 15 万亿元。把战略基点放在扩大内需上，就要充分发挥乡村作为消费市场和要素市场的重要作用，全面推进乡村振兴，推进以县城为重要载体的城镇化建设，推动城乡融合发展，增强城乡经济联系，畅通城乡经济循环。

实施区域协调发展战略，是贯彻新发展理念、建设现代化经济体系的重要组成部分。党的十八大以来，我国区域协调发展呈现新格局、新气象。中部和西部地区生产总值占全国的比重由 2012 年的 21.3%、19.6% 提高到 2021 年的 22%、21.1%，区域发展相对差距持续缩小；2021 年，京津冀、长三角、粤港澳大湾区内地 9 市地区生产总值的总量超过全国 40%，动力源地区引擎作用不断增强。东西互济、南北协同、陆海统筹，全国发展的协调性、平衡性日益增强。推动区域协调发展战略、区域重大战略、主体功能区战略等深度融合，同时防止各地搞自我小循环，打消区域壁垒，真正形成全国统一大市场，优化重大生产力布局，就能为扩大内需、构建新发展格局提供坚实支撑。

千钧将一羽，轻重在平衡。习近平总书记指出："我们想问题、作决策、办事情，首先要考虑人口基数问题，考虑我国城乡区域发展水平差异大等实际，既不能好高骛远，也不能因循守旧，要保持历史耐心，坚持稳中求进、循序渐进、持续推进。"推进城乡、区域协调发展是一个长期的过程，要根据各地区的条件，走合理分工、优化发展的路子，在发展中促进相对平衡，从全局谋划区域、以区域服务全局，尊重客观规律，发挥比较优势。

协调发展蕴含着高质量发展的巨大潜能。山东菏泽玫瑰种植基地的鲜花销往北京、青岛；白鹤滩水电站巨量绿电顺着密布的特高压线穿越山河，7毫秒左右就被"闪送"到2000公里之外的江浙两省……各地因地制宜，既立足自身比较优势，又融入国家发展大局，合理分工，优势互补，奏响加快构建新发展格局的"协奏曲"。迈步新征程，展现新作为，促进各类要素合理流动和高效集聚，畅通国内大循环，就一定能以协调发展为中国式现代化注入澎湃动能。

（2023年03月02日）

进一步深化改革开放

——加快构建新发展格局，增强发展的安全性主动权⑥

张　凡

　　改革开放是当代中国最显著的特征、最壮丽的气象。天津提出要深化要素市场化配置改革，营造各类企业一视同仁、公平竞争的市场环境；浙江明确今年将实施营商环境优化提升改革工程，全面优化提升政务环境、法治环境、市场环境、生态环境、人文环境；广东提出落实"制造业投资10条""稳外资12条"和新版外资准入负面清单等，以改革创新推动深圳中国特色社会主义先行示范区建设……春回大地，万象更新，各地以坚定态度、务实行动持续发力深化改革，多措并举扩大开放，更大激发市场活力和社会创造力，为构建新发展格局注入了澎湃动能。

　　经济社会是一个动态循环系统。构建新发展格局，关键在于实现经济循环流转和产业关联畅通，根本要求是提升供给体系的创新力和关联性，解决各类"卡脖子"和瓶颈问题，畅通国民经济循环。为此必须深化改革、扩大开放、推动科技创新和产业结构升级。习近平总书记强调："要进一步深化改革开放，增强国内外大循环的动力和活力。"加快形成以国内大循环为主体、国内国际双循环相互促进的新发展格局，是事关全局的系统性深层次变革。前进道路上，我们要继续用足用好改革这个关键一招，保持勇往直前、风雨无阻的战略定力，推动更深层次改革，实行更高水平开放，为构建新发展格局提供强大动力。

新时代十年，我们以巨大的政治勇气全面深化改革，实行更加积极主动的开放战略，社会生产力和经济活力实现前所未有的跃升。从科技体制改革破立并举，推动我国全球创新指数排名不断提升，到"放管服"改革深入推进，为经营主体松绑减负；从以推进供给侧结构性改革为主线，更多运用改革办法推动质量变革、效率变革、动力变革，到颁布实施外商投资法，持续缩减外资准入负面清单；从进博会、服贸会、广交会、消博会等越办越好，唱响全球共同开放和音，到 21 个自由贸易试验区覆盖东西南北中，海南自由贸易港扬帆起航……十年来，我们坚持改革不停顿、开放不止步，最大限度释放全社会创新创业创造动能，为加快构建新发展格局、增强发展的安全性稳定性提供了有力支撑。

构建新发展格局是发展问题，但本质上是改革问题。全面建成新发展格局任重道远。面对新情况新问题，我们要坚持问题导向和系统观念，着力破除制约加快构建新发展格局的主要矛盾和问题，全面深化改革，推进实践创新、制度创新，不断扬优势、补短板、强弱项。从"深化要素市场化改革，建设高标准市场体系"，到"完善产权保护、市场准入、公平竞争、社会信用等市场经济基础制度"，再到"加强反垄断和反不正当竞争"……围绕目标任务，更加精准地出台改革方案，推动改革向更深层次挺进，使各项改革朝着推动形成新发展格局聚焦发力，一定能扫除阻碍国内大循环和国内国际双循环畅通的制度、观念和利益羁绊，为各类经营主体投资创业营造良好环境。

开放带来进步，封闭必然落后。在构建新发展格局中推进高水平对外开放，是顺应经济全球化历史大势的需要，也是提升国内循环质量和促进国内国际双循环在更高水平上相互促进的客观要求。回望过去，我国经济发展成就是在开放条件下取得的；展望未来，我国经济高质量发展也必须在更加开放的条件下进行。新征程上，我们必须坚持开放合作的双循环，通过强化开放合作，更加紧密地同世界经济联系互动，提升国内大循环的效率和水平。要推进高水平对外开放，稳步推动规则、规制、管理、标准等制度型开放，营造市场化、法治化、国际化一流营商环境，推动共建"一带一路"高质量发展，全面塑造参与国际合作和竞争新优势，促进各国互利共赢、共同繁荣发展。

服务业扩大开放综合试点进一步扩围，《鼓励外商投资产业目录（2022年版）》生效施行，全面实行股票发行注册制改革正式启动……加快构建新发展格局迈出坚实步伐。进一步深化改革开放，更好统筹国内循环和国际循环，用好国内国际两个市场两种资源，保持战略定力，坚定必胜信心，我们一定能妥善应对好各种可以预见和难以预见的狂风暴雨、惊涛骇浪，不断夺取全面建设社会主义现代化国家新胜利。

（2023 年 03 月 03 日）

战略问题是根本性问题

——落实重大发展战略，开创事业新局①

李　斌

发挥好重大发展战略的牵引作用，赢得战略主动、构筑发展优势就有了重要保障，有效应对风险挑战就有了坚实支撑

制造业实际使用外资增长 46.1%，城镇新增就业 1206 万人，常住人口城镇化率达到 65.22%……不久前公布的 2022 年经济社会发展数据，见证中国经济无惧风雨的强大韧性、行稳致远的澎湃动能，也凸显出以重大发展战略牵引带动高质量发展的重要价值和深远意义。

习近平总书记强调："战略问题是一个政党、一个国家的根本性问题。"百年来，我们党总是能够在重大历史关头从战略上认识、分析、判断面临的重大历史课题，制定正确的政治战略策略，这是党战胜无数风险挑战、不断从胜利走向胜利的有力保证。党的十八大以来，以习近平同志为核心的党中央统筹推进"五位一体"总体布局、协调推进"四个全面"战略布局，对党和国家事业发展作出科学完整的战略部署，提出、实施一系列重大发展战略。新时代十年伟大变革，统揽全局的战略思维、科学准确的战略判断、应时顺势的战略抉择发挥了重要作用。恰如国际人士的观察：中国取

得的发展成就，归功于正确的发展战略导向等因素。

有一定之略，然后有一定之功。越是关键时期、重要节点，越要在战略上作出准确判断、进行科学谋划。迈上全面建设社会主义现代化国家新征程，面对百年变局加速演进、世界并不太平的国际形势，面对新一轮科技革命和产业变革深入发展的时代潮流，惟有大战略、大谋划方能应变局、育新机、开新局。"深入实施区域协调发展战略、区域重大战略、主体功能区战略、新型城镇化战略""实施自由贸易试验区提升战略""优化人口发展战略""坚定奉行互利共赢的开放战略"……党的二十大部署实施的这些重大发展战略，是推进中国式现代化宏图伟业的重要动力，也是落实全面建设社会主义现代化国家战略布局的重要抓手。奋进新征程、建功新时代，我们必须聚焦现代化建设面临的重大现实问题、全局性战略问题、人民群众关心关注的热点难点问题，增强贯彻落实各项重大发展战略的自觉性和坚定性。

战略是从全局、长远、大势上作出判断和决策。审视当下，中国发展在取得举世瞩目成就的同时，仍面临不少困难和问题，比如发展不平衡不充分问题仍然突出，推进高质量发展还有许多卡点瓶颈；确保粮食、能源、产业链供应链可靠安全和防范金融风险还须解决许多重大问题；群众在就业、教育、医疗、托育、养老、住房等方面还面临不少难题；等等。党的二十大部署实施的重大发展战略，是从我国发展现实课题中得出来的，是从人民群众对美好生活的向往中总结出来的，是为推动解决社会主要矛盾提出来的。每一项国家重大发展战略的指向，都与贯彻新发展理念、推动高质量发展的内在要求一致，与深刻把握战略性有利条件的客观需要一致。发挥好重大发展战略的牵引作用，赢得战略主动、构筑发展优势就有了重要保障，有效应对风险挑战就有了坚实支撑。

任其事必图其效。习近平总书记曾讲过这么一个例子："红军过草地的时候，伙夫同志一起床，不问今天有没有米煮饭，却先问向南走还是向北走。这说明在红军队伍里，即便是一名炊事员，也懂得方向问题比吃什么更重要。"战略即方向，战略上判断得准确，战略上谋划得科学，战略上赢得主动，党和人民事业就大有希望。长期以来，我们党形成了一个十分显著的特点和优势，就是言必信、行必果，确定了重大战略目标就以钉钉子精神坚韧不拔抓部署、抓落实、抓督查，全党动手，全国努力，尽锐出战，锲而不舍，不获全胜决不收兵。对党员干部而言，善于从战略上看问题、想问题是能力本领的有力体现，主动服务和融入国家重大发展战略是胸怀"国之大者"的必然要求。

"运筹策帷帐之中，决胜于千里之外。"2023年是全面贯彻落实党的二十大精神的开局之年。置身历史发展关键当口，回头望，科教兴国、创新驱动、区域协调发展、对外开放等关键词，已经深深镌刻在现代化建设的战略版图上；看前路，扩大内需、文化数字化、就业优先、全面节约等重大战略，将继续引领我们在中国式现代化征途中勇往直前。历史选择了我们这一代人，我们这一代人必将创造新的历史！

（2023 年 02 月 16 日）

搞好统筹扩大内需和深化供给侧结构性改革

——落实重大发展战略，开创事业新局②

何　娟

今天的中国，是充满生机活力的中国。国内游超 3 亿人次，春节档电影受到观众喜爱，全国重点零售和餐饮企业销售额与去年春节相比增长 6.8%……春节期间，我国消费市场实现"开门红"，成为中国经济超大规模市场优势的生动体现，也彰显出供给优化升级、消费平稳复苏的巨大潜力。

供给和需求是市场经济内在关系的两个基本方面。习近平总书记深刻指出："没有需求，供给就无从实现，新的需求可以催生新的供给；没有供给，需求就无法满足，新的供给可以创造新的需求。"党的二十大报告明确提出，"把实施扩大内需战略同深化供给侧结构性改革有机结合起来"。这是加快构建以国内大循环为主体、国内国际双循环相互促进的新发展格局的必然选择，也是促进我国长远发展和长治久安的战略决策，对于今后一个时期有效发挥大国经济优势、推动高质量发展具有重要意义。科学把握供给和需求两者关系，把实施扩大内需战略同深化供给侧结构性改革有机结合起来，必能为推动经济高质量发展注入强劲动能。

发展的斑斓画卷，总是在直面问题中展开。党的十八大之后，我国经济发展进入新常态，面临"三期叠加"的复杂局面。从明确"三去一降一补"五大重点任务到提出深化供给侧结构性改革的"巩固、增强、提升、畅通"八字方针，从牢牢把握扩大内需这个战略基点到坚持深化供给侧结构性改革这条主线，供给和需求双向发力，中国经济不仅扩容了"量的优势"，也提升了"质的优势"。近年来我国经济面临需求收缩、供给冲击、预期转弱三重压力，党中央审时度势提出加快构建新发展格局。我们要提升供给体系对国内需求适配性，打通经济循环卡点堵点，推动供需良性互动。

从我国发展阶段性特征来看，进入新发展阶段，推动高质量发展要求供给和需求向更高层次提升。把实施扩大内需战略同深化供给侧结构性改革有机结合起来，必须坚持以推动高质量发展为主题。习近平总书记在中共中央政治局第二次集体学习时强调："要搞好统筹扩大内需和深化供给侧结构性改革，形成需求牵引供给、供给创造需求的更高水平动态平衡，实现国民经济良性循环。"在需求端，实施扩大内需战略，要着眼生产、分配、流通、消费和投资再生产的全链条，加快培育完整内需体系。在供给端，继续深化供给侧结构性改革，应持续推动科技创新、制度创新，增强产业链供应链的竞争力和安全性，以自主可控、高质量的供给适应满足现有需求，创造引领新的需求。

经济发展是一个供给与需求相互影响、不断升级的过程。以家电业为例，中国家电产品覆盖全球 160 多个国家和地区、20 亿以上的用户家庭。巨大的市场规模，离不开完整、智能、高效的产业链供应链体系的有力托举。而家电业技术创新水平的持续提升，又是在全球市场特别是国内市场和人民美好生活需求的引导下实现的。把实施扩大内需战略同深化供给侧结构性改革有机结合起来，既要以创新驱动、高质量供给引领和创造新需求，又要以规模扩大、结构升级的内需牵引和催生优质供给，努力实现更高质量、更有效率、更加公平、更可持续、更为安全的发展。

把实施扩大内需战略同深化供给侧结构性改革有机结合起来，关键在于找准结合点。过去 3 年多来，尽管遭遇新冠疫情冲击，智能制造、无人配送、在线消费、医疗健康等新兴产业蓬勃兴起，这既有需求端强劲拉动的因素，也是相关行业和企业在产品服务方面谋求转型的结果。由此可见，经济发展中的堵点、痛点、难点、空白点，都是可以大做文章的结合点，进而变成经济的增长点。像对外依赖度高、短期难以有外部替代来源的领域，像育幼养老、健康文化等有需求但未得到有效满足的领域，都应该统筹谋划扩大内需和优化供给，为经济发展提供更强大动力。

发展永无止境，扩大内需和提升供给质量也永无止境。有全球最完整、规模最大的工业体系，有强大的生产能力、完善的配套能力，有包括 4 亿多中等收入群体在内的 14 亿多人口所形成的超大规模内需市场，有把实施扩大内需战略同深化供给侧结构性改革有机结合起来的制度优势、治理效能，中国经济发展前景光明。向着新目标，奋楫再出发，中国必能在实现自身高质量发展的同时为世界经济注入新动力。

（2023 年 02 月 20 日）

深入实施区域协调发展战略

——落实重大发展战略，开创事业新局③

李洪兴

在二〇二三年新年贺词中，习近平主席指出："沿海地区踊跃创新，中西部地区加快发展，东北振兴蓄势待发，边疆地区兴边富民。"在黄土高原，村民点击鼠标就能让陕北特产走向全国；在大别山区，红薯经由先进设备变身红薯条、冰激凌、热干面等食品；在新疆塔什库尔干，新机场通航让帕米尔高原喜迎"空中来客"……从白山黑水到南海之滨，从雪域高原到东部沿海，我国区域发展形势稳中向好，区域发展平衡性协调性持续增强，铺展开一幅充满生机活力的画卷。

下好全国一盘棋，协调发展是制胜要诀。党的二十大报告在部署"促进区域协调发展"时提出："深入实施区域协调发展战略、区域重大战略、主体功能区战略、新型城镇化战略，优化重大生产力布局，构建优势互补、高质量发展的区域经济布局和国土空间体系。"实施区域协调发展战略，是关乎我国经济发展全局的重要战略举措，是贯彻新发展理念、建设现代化经济体系的重要组成部分。深入实施区域协调发展战略，对推动区域经济持续发展和国土空间布局更加优化，形成主体功能明显、优势互补的区域协调发展新格局，具有重要意义。

我国幅员辽阔、人口众多，各地区自然资源禀赋差别之大在世界上是少有的，统筹区域发展从来都是一个重大问题。新时代十年，我国区域协调发展取得历史性成就、发生历史性变革：东、中、西部地区义务教育生师比基本持平，中西部地区每千人口医疗卫生机构床位数超过东部地区，中西部地区交通可达性与东部差距明显缩小，中西部地区就业机会和吸引力不断增加……新征程上，各地区各部门务须深入实施区域协调发展战略，以新举措、新成就激发区域协调发展新活力。

全局上谋势，关键处落子，协调是发展两点论和重点论的统一。在发展思路上，既要着力破解难题、补齐短板，又要考虑巩固和厚植原有优势。比如，中部地区，要"积极承接新兴产业布局和转移，加强同东部沿海和国际上相关地区的对接"；西部大开发，要"形成大保护、大开放、高质量发展的新格局"；欠发达地区，"可以通过东西部联动和对口支援等机制来增加科技创新力量"……坚持因地制宜、分类指导，确保各地区既合理分工又优势互补，有助于促进区域协调发展向更高水平和更高质量迈进，为贯彻新发展理念、构建新发展格局、推动高质量发展提供坚实支撑。

千钧将一羽，轻重在平衡。由平衡到不平衡再到新的平衡是事物发展的基本规律。数据显示，中部和西部地区生产总值占全国的比重，由2012年的21.3%、19.6%提高到2021年的22%、21.1%；东部与中、西部人均地区生产总值比分别从2012年的1.69、1.87下降到2021年的1.53、1.68。中、西部地区经济增速连续多年高于东部地区，区域发展差距逐步缩小，显现出区域协调发展战略的强大牵引作用。协调是持续健康发展的内在要求，强调协调发展不是搞平均主义，而是更注重发展机会公平、更注重资源配置均衡。下一步，要从多方面健全区域协调发展新机制，促进各类要素合理流动和高效集聚。

积力之所举，则无不胜也；众智之所为，则无不成也。西部大开发"形成新格局"，东北全面振兴"取得新突破"，中部地区"加快崛起"，东部地区"加快推进现代化"……党的二十大确立的区域协调发展新目标，指引我们脚踏实地、真抓实干。新的征程上，全面落实区域协调发展战略各项任务，必能为中国式现代化注入澎湃动力。

（2023 年 02 月 21 日）

深入实施区域重大战略

——落实重大发展战略，开创事业新局④

邹　翔

　　实施区域重大战略不是一日之功，既要有历史耐心又要有只争朝夕的紧迫感，既要谋划长远又要干在当下

　　京雄高速永定河特大桥主体工程将于今年五一前完工，京唐城际铁路、京滨城际铁路宝坻至北辰段开通运营，"一小时交通圈"助力京津冀协同发展跑出加速度；从推出"深港通""跨境理财通"到设立"跨境通办"服务专区，粤港澳大湾区规则机制加快衔接，市场一体化水平持续提升；制定长江保护法、黄河保护法，为长江经济带发展、黄河流域生态保护和高质量发展提供法治支撑……新时代十年伟大变革，一系列具有全局性意义的区域重大战略深入推进，在华夏大地绘就了一幅幅区域发展崭新画卷。

　　匠心独运丹青手，万里山河起宏图。党的十八大以来，习近平总书记谋划、部署、推动京津冀协同发展、长江经济带发展、粤港澳大湾区建设、长江三角洲区域一体化发展、黄河流域生态保护和高质量发展等区域重大战略，助力我国经济实力实现历史性跃升。党的二十大报告就

深入实施区域重大战略作出重要部署，提出"推进京津冀协同发展、长江经济带发展、长三角一体化发展，推动黄河流域生态保护和高质量发展。高标准、高质量建设雄安新区，推动成渝地区双城经济圈建设"。聚焦实现战略目标和提升引领带动能力，推动区域重大战略取得新的突破性进展，促进区域间融合互动、融通补充，我国区域发展格局必将更加优化完善。

大发展需要大谋划，大战略催生大跨越。高质量发展是全面建设社会主义现代化国家的首要任务，深入实施区域重大战略是开拓高质量发展的重要动力源的必然要求。具有全局性意义的区域重大战略，其价值在于发挥区域比较优势、促进空间布局优化，其关键在于根据各地区的条件，走合理分工、优化发展的路子。比如，京津冀协同发展，要"打造我国自主创新的重要源头和原始创新的主要策源地"；长三角一体化，战略定位是"全国发展强劲活跃增长极、高质量发展样板区、率先基本实现现代化引领区、区域一体化发展示范区、改革开放新高地"；粤港澳大湾区建设，广东要联手港澳"打造更具综合竞争力的世界级城市群"。各大区域板块找准自身定位、发挥比较优势、实现良性互动，才能为推动高质量发展不断注入新活力。

习近平总书记在中共中央政治局第二次集体学习时强调："推动区域协调发展战略、区域重大战略、主体功能区战略等深度融合，优化重大生产力布局，促进各类要素合理流动和高效集聚，畅通国内大循环。"深入实施区域重大战略，要从全局谋划区域、以区域服务全局，推动实现区域重大战略间的有机衔接和协同联动，进一步增强区域发展的协同性、联动性、整体性。从《黄河流域生态保护和高质量发展规划纲要》提出提高上中下游、各城市群、不同区域之间互联互通水平，到长三角科技创新共同体、G60 科创走廊、皖北承接产业转移集聚区等一批跨界区域率先实现一体化突破，实践生动表明，以系统思维统筹各项区域政策、各领域建设，才能不断拓展区域重大战略的实施效能。

在党的二十大新闻中心举行的集体采访中，一位党代表用"亲如一家"来形容长江三角洲区域一体化发展实施以来沪苏浙皖的关系。实施区域重大战略不是一日之功，既要有历史耐心又要有只争朝夕的紧迫感，既要谋划长远又要干在当下。新征程上，持之以恒推进实施区域重大战略，中国经济航船必能驶向更加光明的未来。

（2023 年 02 月 23 日）

深入实施主体功能区战略

——落实重大发展战略，开创事业新局⑤

李　斌

　　划定主体功能区是为了高质量发展、差异化发展、协同化发展。深入实施主体功能区战略，重点是健全不同主体功能区差异化协同发展长效机制

　　从黄浦江畔到雪域高原，从温婉水乡到壮美三峡，从徽派村落到藏式碉房，从良渚古城到三星堆遗址……打开中国地图，有一条与北纬30度线大致重合的318国道。这条许多人眼中的"中国最美景观大道"，近年来之所以蜚声海内外，原因就在于它串联起丰富多彩的人文和自然景观，记录下城市化地区的流光溢彩、农产品主产区的繁华富庶、生态功能区的瑰丽惊艳。

　　国土资源是人类赖以生存和发展的基础。一定尺度的国土空间具有多种功能，其中必有一种是主体功能。搞好国土空间规划、建设主体功能区，是实现国土科学开发、合理利用、严格保护的重要前提。中心城市和城市群等经济发展优势区域的承载能力进一步增强；建立各类自然保护地近万个，约占陆域国土面积18%，90%的陆地生态系统类型和74%的国家重

点保护野生动植物物种得到有效保护……党的十八大以来，我们实施主体功能区战略，建立全国统一、责权清晰、科学高效的国土空间规划体系，统筹人口分布、经济布局、国土利用、生态环境保护等因素，整体谋划国土空间开发保护，实现国土空间开发保护更高质量、更可持续。党的二十大报告就深入实施主体功能区战略作出部署，提出"健全主体功能区制度，优化国土空间发展格局"，为实现高质量发展、打造高品质生活，筑牢国家安全发展的空间基础，指明了行动方向。

实施主体功能区战略，是尊重自然、因地制宜谋发展的必然要求。习近平总书记强调："要坚定不移加快实施主体功能区战略，严格按照优化开发、重点开发、限制开发、禁止开发的主体功能定位，划定并严守生态红线，构建科学合理的城镇化推进格局、农业发展格局、生态安全格局，保障国家和区域生态安全，提高生态服务功能。"主体功能区战略为国土开发绘制了"路线图"。实施主体功能区战略和差别化的区域环境与发展政策，强化国土空间规划和用途管控，有助于形成各具特色、优势互补的发展格局。主体功能区战略也为国土开发强度架设了"天花板"。要坚持保护优先、以资源环境承载力为基础，在保护生态系统整体性、安全性的前提下合理开发，宜水则水、宜山则山，宜粮则粮、宜农则农，宜工则工、宜商则商，积极探索富有地域特色的高质量发展新路子。

划定主体功能区是为了高质量发展、差异化发展、协同化发展。深入实施主体功能区战略，重点是健全不同主体功能区差异化协同发展长效机制。比如，城市化地区要加强城中村、棚户区等城市低效用地再开发和环境综合整治，以绣花般的细心、耐心、巧心提高治理精细化水平；农产品主产区要加强农村人居环境整治及高标准农田建设，严守耕地红线和城镇开发边界，确保守得住粮食安全、留得住青山绿水；生态功能区要把发展重点放到保护生态环境、提供生态产品上，努力实现生态保护补偿全覆盖，确保补偿水平与经济社会发展状况相适应。下一步，还要细化主体功能区划分，按照主体功能定位划分政策单元，对重点开发地区、生态脆弱地区、能源资源富集地区等制定差异化政策，分类精准施策。继续发挥好主体功能区作为国土空间开发保护基础制度的作用，才能不断提升国土空间治理现代化水平。

　　当前，我国第一部全国国土空间规划纲要编制完成，"多规合一"国土空间规划体系总体形成，深入实施主体功能区战略，关键是严格制度执行、发挥制度效用，推动主体功能区战略精准落地。以钉钉子精神抓好贯彻落实，以历史耐心做到一张蓝图干到底，努力实现生产空间集约高效、生活空间宜居适度、生态空间山清水秀，我们的家园必将更加美丽！

　　　　　　　　　　　　　　　　　　（2023 年 02 月 28 日）

深入实施新型城镇化战略

——落实重大发展战略，开创事业新局⑥

石 羚

　　不久前，国家发展改革委等 19 个部门联合印发《关于推动大型易地扶贫搬迁安置区融入新型城镇化实现高质量发展的指导意见》。推动更多安置区与所在城镇一体化建设发展，是巩固拓展易地扶贫搬迁脱贫成果的必要之举，也是深入实施新型城镇化战略的题中应有之义。

　　城镇化是现代化的必由之路。推进城镇化建设，对于解决"三农"问题、推动区域协调发展、扩大内需和促进产业升级等具有重大意义。党的十八大以来，以习近平同志为核心的党中央部署实施新型城镇化战略，推动我国城镇化建设取得历史性成就。党的二十大报告提出，深入实施新型城镇化战略，推进以人为核心的新型城镇化，加快农业转移人口市民化。贯彻落实好这一重要部署，将为以中国式现代化推进中华民族伟大复兴提供坚实支撑。

　　我们这样一个人口众多的发展中大国实现城镇化，在人类发展史上没有先例。国外实践证明：粗放扩张、人地失衡、举债度日、破坏环境的老路不能再走了，也走不通了。新时代十年来，我国探索走出一条以人为本、四化同步、优化布局、生态文明、文化传承的中国特色新型城镇化道路。

这条目标正确、方向对头的城镇化新路，有利于释放内需巨大潜力，提高劳动生产率，破解城乡二元结构，促进社会公平和共同富裕，而且世界经济和生态环境也能从中受益。

城市是现代化建设的"火车头"，是高质量发展的重要载体。为经济社会发展赋能，必须不断优化城镇化空间布局和形态。既要发挥城市群、都市圈在增强经济和人口承载能力、辐射带动区域发展的重要作用；也要分类引导小城镇发展，发展县域经济，破解"大城市病"。时下，我国城镇化已经进入"下半场"，处于城镇化快速发展中后期向成熟期过渡的关键阶段。以城市群、都市圈为依托构建大中小城市协调发展格局，推进以县城为重要载体的城镇化建设，构成了未来城镇化工作的重要方向，也是经济高质量发展的不竭动力。

近年来，各地积极创建全国文明城市，以高效治理、精细治理打造城市名片。城镇化建设既要有"外延式扩张"，也要有"内涵式发展"；既要解决发展中出现的问题，也要满足不同群体的多样化需求。修复城市生态空间，让居民望得见山、看得见水、记得住乡愁；完善公共卫生体系，让群众更有获得感、幸福感、安全感；营造创业良好环境，让人才如鱼得水……每一项工作都呼唤提升城市规划、建设、治理的水平。只有苦练内功、下足绣花功夫，才能让人们享有更多高品质的城市生活。

"城，所以盛民也。"新型城镇化核心是人的城镇化。促进有能力在城镇稳定就业生活的农业转移人口实现市民化，是新型城镇化的首要任务。党的十八大以来，我国已累计实现 1.3 亿农业转移人口和其他常住人口在城镇落户。持续推进农业转移人口市民化工作，要深化户籍制度改革，让他们"进得来"；也要完善教育、医疗等公共服务，让他们"留得住"；还要提高劳动素质与就业技能，让他们"有发展"。适应生活空间的转移、户籍身份的转化，实现职业状态的转换、生活方式的转变，农业转移人口就可以真正融入新环境、开启新生活。

这样的变化意味深长：新中国成立初期常住人口城镇化率仅 10.6%，到 2022 年末常住人口城镇化率已增长到 65.2%。曾经的"乡土中国"正在加速走向"城镇中国"，这一历史大跨越成为坚持把实现人民对美好生活的向往作为现代化建设的出发点和落脚点的有力写照。深入实施新型城镇化战略，稳步提升城镇化质量，世界必将见证更多"中国速度""中国奇迹""中国之治"。

（2023 年 03 月 14 日）

实施自由贸易试验区提升战略

——落实重大发展战略，开创事业新局⑦

吕晓勋

2022 年，我国自由贸易试验区实现进出口总额 7.5 万亿元，增长 14.5%；海南自由贸易港货物进出口首次突破 2000 亿元关口，增长 36.8%。加快推进自由贸易试验区和海南自由贸易港建设，将为我国培育发展新动能、巩固国际竞争新优势提供强大助力。

建设自由贸易试验区，是以习近平同志为核心的党中央在新时代推进改革开放的一项战略举措，在我国改革开放进程中具有里程碑意义。自 2013 年 9 月建立中国（上海）自由贸易试验区以来，我国先后设立 21 个自由贸易试验区和海南自由贸易港，形成了覆盖东西南北中的试点格局。10 年来，各自由贸易试验区坚持大胆试、大胆闯、自主改，在投资贸易自由化便利化、金融服务实体经济、政府职能转变等领域进行了有效探索，推出了一批高水平制度创新成果，建成了一批世界领先的产业集群，向世界亮明了"中国开放的大门只会越来越大"的鲜明态度。

实践发展永无止境，改革开放永无止境。党的二十大报告提出，"加快建设海南自由贸易港，实施自由贸易试验区提升战略"。实施自由贸易试验区提升战略，有利于对标高标准国际经贸规则，在国际竞争中提升企业核心竞争力，有利于充分运用国际国内两个市场、两种资源，在开放合作中实现经济质升量增。下一步，我们需要坚持推动制度型开放，进一步放宽市场准入，强化改革统筹谋划和系统集成，持续深化差别化探索，努力建成具有国际影响力和竞争力的自由贸易园区，发挥好改革开放排头兵的示范引领作用。

从各自由贸易试验区建设实践看，把制度集成创新摆在突出位置是共同特征。比如，北京在全国率先建立期货、证券等境外专业人才过往资历认可机制，设立全球首个网联云控式高级别自动驾驶示范区；上海发布我国首张外商投资准入负面清单，率先试行"证照分离"、建立国际贸易"单一窗口"；安徽围绕主导产业推出 76 项创新服务举措，解决了一批企业关注的堵点痛点。截至去年底，各自由贸易试验区累计推出了 3400 多项改革举措，向全国或特定区域复制推广的制度创新成果超过 200 项。以更大力度谋划和推进自由贸易试验区高质量发展，必须用好制度创新这个重要抓手，积累更多可在更大范围乃至全国复制推广的经验。

发展园区并发挥其窗口、示范、引领、带动作用，是我国经济发展的成功经验之一。自由贸易试验区的改革发展既要立足普遍性，推出更多促进贸易投资自由化便利化举措，也要围绕自身战略定位和区位优势，差别化探索推进国家战略深入实施。东部地区的自由贸易试验区，要进一步提升产业链供应链现代化水平，带动新产业、新模式发展。在中西部，各自由贸易试验区应加快培育更多内陆开放高地，更好融入和服务"一带一路"建设。沿边地区的自由贸易试验区要找准与周边国家和地区的互补优势，提升沿边开放水平。

大道至简，实干为要。在广东自由贸易试验区联动发展区湛江湾片区，湛江综合保税区（一期）日前顺利通过验收，粤西经济发展再添新平台；在河南自由贸易试验区开封片区，今年首家外企在"秒办秒批"中完成注册登记；海南自由贸易港建设项目今年第一批集中开工 167 个，数量为历次最多……开局起步气象新，各自由贸易试验区和海南自由贸易港建设一派繁忙景象。实施自由贸易试验区提升战略，深化首创性、集成化、差别化改革探索，必能为我国推进高水平对外开放不断作出新贡献。

（2023 年 03 月 17 日）

深入实施科教兴国战略

——落实重大发展战略，开创事业新局⑧

李洪兴

不久前，中国载人航天工程办公室发布消息，神舟十五号航天员乘组状态良好，计划于今年6月返回地面，我国载人航天工程全面进入空间站应用与发展新阶段。据悉，2023年中国航天工程计划实施近70次发射任务，开启高质量、高效率、高效益的发展新征程。航天探索永无止境，奏响建设世界科技强国的时代强音，也彰显出科教兴国战略积厚成势的雄浑力量。

中国综合实力要强，中国人民生活要好，必须有强大科技。从新中国成立后吹响"向科学进军"的号角，到改革开放提出"科学技术是第一生产力"的论断，从进入新世纪深入实施知识创新工程、科教兴国战略、人才强国战略，到党的十八大后提出创新是第一动力、全面实施创新驱动发展战略、建设世界科技强国，在各个历史时期，我们党都高度重视科技事业。新时代新征程，新形势新任务，要求我国在科技创新方面有新理念、新设计、新战略。党的二十大报告将"实施科教兴国战略，强化现代化建设人才支撑"列为一个单独部分进行具体部署，对优化我国科技事业发展总体布局、实现高水平科技自立自强，对办好人民满意的教育、着力造就拔尖创新人才等都具有深远影响。

科教兴国的根本在人才，人才培养归根结底要靠教育。新时代十年来，我国建成世界上规模最大的教育体系，教育普及水平实现历史性跨越。其中，义务教育和学前教育的普及程度达到高收入国家平均水平，高等教育进入国际社会公认的普及化阶段，每年新增劳动力的平均受教育年限达 14 年，为如期全面建成小康社会、实现第一个百年奋斗目标提供了重要支撑。深入实施科教兴国战略，始终把教育摆在优先发展的战略位置，全面提高人才自主培养质量，加快建设高质量教育体系，让广大人民享有更好更公平的教育，才能为全面建设社会主义现代化国家提供更坚实的人才支持和智力支撑。

科技是第一生产力，科技从来没有像今天这样深刻影响着国家前途命运和人民生活福祉。回看过去一年，中国空间站全面建成，第三艘航母"福建号"下水，首架 C919 大飞机正式交付，科技成就硕果累累。回看过去十年，全社会研发经费支出从 2012 年的 1 万亿元增加到 2022 年的 3.09 万亿元，研发人员总量跃居世界首位，科技创新已成为我国经济高质量发展、综合国力大幅度增强、国际竞争力显著提升的重要因素。深入实施科教兴国战略，必须不断完善科技创新体系，坚持创新在我国现代化建设全局中的核心地位，强化国家战略科技力量，努力在若干重要领域形成竞争优势、赢得战略主动。

全面建设社会主义现代化国家，科技是关键，人才是基础，教育是根本。三者协同配合、系统集成，才能为全面建设社会主义现代化国家筑牢基础性、战略性支撑。习近平总书记在中共中央政治局第二次集体学习时要求，"实现科教兴国战略、人才强国战略、创新驱动发展战略有效联动"。我们必须准确把握坚持教育优先发展、科技自立自强、人才引领驱动的相互关系，坚持教育发展、科技创新、人才培养一体推进，形成良性循环；坚持原始创新、集成创新、开放创新一体设计，实现有效贯通；坚持创新链、产业链、人才链一体部署，推动深度融合。

今天，科教兴国战略给我国科技事业发展提供强大驱动力。奋斗健儿在干事创业中抢抓机遇，有志之士在广阔舞台上大展作为，定能不断谱写深入实施科教兴国战略的新篇章。

（2023 年 03 月 20 日）

深入实施人才强国战略

——落实重大发展战略，开创事业新局⑨

孟繁哲

　　我国要实现高水平科技自立自强，归根结底要靠高水平创新人才

　　上海浦东统筹利用政务服务、生活配套等各类资源，支持海内外人才创新创业；重庆开展减轻青年科研人员负担专项行动，让人才一心扑在研发一线；陕西西安打造青年人才驿站，为青年人才及引才企业提供暖心政策服务，营造拴心留人的好环境……一段时间以来，各地积极贯彻落实人才强国战略，进一步打开引贤纳才之门、培厚人才发展土壤，不断激发各类人才的创新活力和创造潜力。

　　功以才成，业由才广。全国两会上，习近平总书记在参加江苏代表团审议时指出，"为创新人才脱颖而出、尽展才华创造良好环境"。尊重人才方能广聚人才，崇尚人才自会人才辈出。党的十八大以来，以习近平同志为核心的党中央深刻回答为什么建设人才强国、什么是人才强国、怎样建设人才强国的重大理论和实践问题，作出全方位培养、引进、使用人才的重大部署，推动新时代人才工作取得历史性成就、发生历史性变革。

　　尚贤者，政之本也。进入新时代，各地区各部门抓人才工作的积极性和主动性前所未有，事业发展和政策创新为人才营造的条件前所未有。数据显示，我国人才资源总量达 2.2 亿人，研发人员总量居世界首位，拥有一支规模宏大、素质优良、结构不断优化、作用日益突出的人才队伍，成为全球规模最宏大、门类最齐全的人才资源大国。在科研院所，在企业写字楼，在生产一线……处处都有人才建功立业、创新创造的身影，中华大地成为各类人才大有可为、大有作为的热土。

　　培养造就大批德才兼备的高素质人才，是国家和民族长远发展大计。有研究显示，对于后发国家来说，其高精尖人才数量、人才整体质量和人才创新活力形成的人力资本，对实现跨越式发展能够产生效率倍增效应。人才是创新的第一资源，人才资源是我国在激烈国际竞争中的重要潜在力量和后发优势。我国要实现高水平科技自立自强，归根结底要靠高水平创新人才。做好新时代人才工作，坚持把人才资源开发放在最优先位置，着力夯实创新发展人才基础，我们才能聚天下英才而用之，把科技自主权、发展主动权牢牢掌握在自己手中。

　　吸引人才、留住人才、用好人才，良好的人才体制、科技体制是基础。近年来，"破四唯"在重点领域全面展开，从培养、使用、评价、服务、支持、激励等各方面、全链条破除体制机制障碍，育人选人用人机制日益完善。不断构筑人才制度优势，我们必须加快形成有利于人才成长的培养机制、有利于人尽其才的使用机制、有利于人才各展其能的激励机制、有利于人才脱颖而出的竞争机制，使各类人才的创造活力竞相迸发、聪明才智充分涌流。

　　为政之要，惟在得人。党的二十大报告提出："必须坚持科技是第一生产力、人才是第一资源、创新是第一动力，深入实施科教兴国战略、人才强国战略、创新驱动发展战略，开辟发展新领域新赛道，不断塑造发展新动能新优势。"深入实施人才强国战略，全面提高人才自主培养质量，让各类人才各得其所，让各路高贤大展其长，一定能为强国建设、民族复兴提供坚强人才保障和智力支持。

（2023 年 03 月 22 日）

加快实施创新驱动发展战略

——落实重大发展战略，开创事业新局⑩

崔　妍

抓创新就是抓发展，谋创新就是谋未来。北京拓展企业主导的产学研深度融合新范式，支持龙头企业牵头组建创新联合体和共性技术平台；江苏鼓励行业骨干企业牵头组建创新联合体，落实企业投入基础研究税收优惠和企业科技创新税前扣除等创新激励政策；重庆加快推进智能制造，提升"芯屏端核网"全产业链竞争力，力争数字经济核心产业增加值增长10%以上……今年以来，各地围绕创新做文章，持续促进产业高端化、智能化、绿色化发展。

创新是引领发展的第一动力。全面建设社会主义现代化国家，实现第二个百年奋斗目标，创新是一个决定性因素。在激烈的国际竞争中，要开辟发展新领域新赛道、塑造发展新动能新优势，从根本上说，还是要依靠科技创新。党的二十大报告对"加快实施创新驱动发展战略"作出重要部署。今年全国两会上，习近平总书记在参加江苏代表团审议时强调，"要坚持'四个面向'，加快实施创新驱动发展战略"。在强国建设、民族复兴的新征程，加快实施创新驱动发展战略，才能加快实现高水平科技自立自强、不断推动高质量发展，为如期全面建成社会主义现代化强国打牢坚实基础。

抓住创新，就抓住了牵动经济社会发展全局的"牛鼻子"。嫦娥揽月、蛟龙入海、祝融探火，新技术支撑大国重器；人工智能、数字经济蓬勃应用，新产业积蓄发展动能；国际科技创新中心、综合性国家科学中心创新能级持续提升，新优势让我们把牢发展主动权……党的十八大以来，我国科技实力从量的积累迈向质的飞跃、从点的突破迈向系统能力提升，创新为我国打开了广阔的发展天地。如今，新一轮科技革命和产业变革正在重构全球创新版图、重塑全球经济结构，科学技术和经济社会发展加速渗透融合。加快实施创新驱动发展战略，下好科技创新的先手棋，我们就能赢得优势、赢得主动、赢得未来。

以创新之力推动发展前行，关键要锚定航向。量子计算技术就是一个鲜活案例。我国以解决传统计算机性能增长困难为切入点，建成一批国之重器并取得具有国际影响力的重大原创成果，极大增强了关乎未来发展的基础计算能力，为先进材料制造、新能源开发等提供了坚实技术支撑，也培育出一批战略性新兴产业，成为推动产业升级、优化产业结构的强劲力量。这启示我们，科技创新必须坚持面向世界科技前沿、面向经济主战场、面向国家重大需求、面向人民生命健康，方能释放出更澎湃更持久的发展潜能。

充分激发创新的作用，要抓住提升国家创新体系整体效能这一着力点。企业在国家科技创新体系中占有十分重要的地位。强化企业科技创新主体地位，加强企业主导的产学研深度融合，有利于加快科技成果向现实生产力转化，发挥创新要素集聚效应，构建协同高效创新体系。同时，完善新型举国体制，发挥好政府在关键核心技术攻关中的组织作用，进一步强化国家战略科技力量，推动创新链产业链资金链人才链深度融合，才能更好把科技力量转化为产业竞争优势，加快实现高水平科技自立自强。

当前，我国正推动新型工业化、信息化、城镇化、农业现代化同步发展，为自主创新提供了广阔空间与强劲动力。加快实施创新驱动发展战略，不断提升国家创新体系整体效能，我国高质量发展的步伐必将更加坚定有力。

（2023 年 03 月 24 日）

实施国家文化数字化战略

——落实重大发展战略，开创事业新局⑪

石 羚

文化与数字技术相遇，会催生怎样的蝶变？借助公共图书馆线上借阅新模式，海量数字资源一键直达；打造新一代人工智能音乐创作平台，爱好者用手机就能创作作品；数字投影、文保监测等数字化技术，助力城墙文物保护和文化遗产传承……从 2022 年文化和旅游数字化创新实践案例看，数字文博、数字文旅、数字公共文化服务等领域的新应用、新探索，让更多优质文化产品和美好文化体验成为现实。

一部文化发展史，本就是一部文化和科技不断融合的历史。从"铅与火"助力图书、报刊蓬勃发展，到"光与电"催生广播、电视等行业，再到"数与网"带来网络视听、数字文旅等新业态，技术始终是推动文化发展的重要动力。近年来，随着 5G、大数据、人工智能等数字技术快速发展，文化的生产、传播、消费方式正在发生深刻改变。习近平总书记指出："要顺应数字产业化和产业数字化发展趋势，加快发展新型文化业态，改造提升传统文化业态，提高质量效益和核心竞争力。"党的二十大报告就"实施国家文化数字化战略"作出部署，为社会主义文化强国建设提供了重要遵循。

实施国家文化数字化战略，做好文化资源采集是前提。2022 年中办国办印发的《关于推进实施国家文化数字化战略的意见》，明确"以国家文化大数据体系建设为抓手"，将"关联形成中华文化数据库"作为重点任务。近年来，我国已组织开展多次全国性文化资源普查，形成海量文化资源数据，为全面梳理中华文化资源、呈现中华文化全景奠定基础。下一步，按照统一标准关联不同领域、不同形态的数据，关联文化数据源和文化实体，有助于打通"数据孤岛"，让文化数字化成果更好得到应用。

推进文化数字化，不仅让文化遗产保存得更好更全，也让文化资源更活更火。时下，借助数字化"翅膀"，文博资源上"线"入"云"，非遗项目破"屏"出"圈"，推动了中华优秀传统文化的创造性转化、创新性发展；数字艺术、动漫游戏、沉浸式体验等新业态蓬勃发展，形成了时尚新潮的数字文化精品。文化数字化带来了优质的文化资源、文化体验，创造了全新的文化场景、文化业态。增强数字文化产品供给能力，不断提升中华文化的传播力、吸引力、感染力，将为讲好中国故事、展示中国形象、弘扬中国精神注入新的动力。

衡量文化产业发展质量和水平，最重要的不是看经济效益，而是看能不能提供更多既能满足人民文化需求又能增强人民精神力量的文化产品。党的十八大以来，数字图书馆推广工程和文化共享工程，推动大量优质数字资源到达基层；疫情防控期间，"云演出""云展览""云课堂"等为居家群众带来丰盛的"精神食粮"。文化数字化为了人民，文化数字化成果应由人民共享。要搭建文化数据服务平台，打造数字文化消费新场景，提升公共文化服务数字化水平，让数字文化产品满足多样化、个性化需求，不断提升群众获得感、幸福感。

2022 年，我国数字出版、互联网文化娱乐平台、增值电信文化服务等行业均实现两位数增长，充分彰显了文化数字化的发展潜力。推动文化数字化建设迈上新台阶，既要坚持创新驱动，推动技术、内容、业态、模式和场景等创新，也要着力培根铸魂，把握数字文化内容属性，打造更多有影响力的产品。实施国家文化数字化战略，建成用好国家文化大数据体系，让中华文化数字化成果全民共享、享誉海外，必能为实现中华民族伟大复兴提供更有力的精神支撑。

（2023 年 04 月 04 日）

实施重大文化产业项目带动战略

——落实重大发展战略，开创事业新局 ⑫

邹　翔

　　江苏发布重点文化和旅游产业项目名录，浙江推出文化和旅游投资在建实施类重大项目、谋划招引类重大项目计划，陕西积极推进文化旅游产业集群建设……最近一段时间，各地陆续发布重大项目投资计划和清单，重大文化产业项目已成为推动文化产业高质量发展、促进国民经济增长的重要载体。

　　现代文化产业体系和文化市场体系是社会主义市场经济重要组成部分，在促进国民经济发展、满足人民文化需求等方面发挥着重要作用。习近平总书记强调："要推动文化产业高质量发展，健全现代文化产业体系和市场体系，推动各类文化市场主体发展壮大，培育新型文化业态和文化消费模式，以高质量文化供给增强人们的文化获得感、幸福感。"党的二十大报告提出："健全现代文化产业体系和市场体系，实施重大文化产业项目带动战略。"贯彻落实好这一重要部署，以重大文化产业项目为抓手，优化产业结构布局，有助于提高文化产业规模化、集约化、专业化水平，不断增强文化整体实力和竞争力。

　　重大文化产业项目体量规模大、区域辐射大，往往带有全局性、引导性、公共性、基础性、示范性，对文化市场繁荣发展具有强劲带动作用。实施重大文化产业项目带动战略，有助于促进产业集聚、企业孵化和人才培养，解放和发展文化生产力，推动文化产业转型和产品升级。无论是打造有影响力、代表性的文化品牌，还是培育线上演播、数字艺术、沉浸式体验等新业态新模式，无论是推动中华优秀传统文化创造性转化、创新性发展，还是提高国家文化软实力和中华文化影响力，都能以重大文化产业项目为牵引，形成以点带面的效应。

把握文化产业发展特点规律和资源要素条件，是促进形成文化产业发展新格局的必要前提。我国各地文化资源丰富且各具特色，为文化产业发展提供了丰厚土壤。实施重大文化产业项目带动战略，应立足区域资源禀赋和产业基础，探索形成区域特征明显、行业特色鲜明的发展模式，防止盲目投入和低水平、同质化建设。同时，也要深化文化体制改革、完善文化产业政策，发挥各地区文化产业的比较优势，真正让各地各级重大文化产业项目发挥出协同效应。

文化产业兼有文化属性和经济属性。无论是文化产业园区项目，还是文旅结合项目，抑或是文博馆所等基础设施项目，都需要既重视运用"看不见的手"激发经营主体活力，做好"商业化"；也善于运用"看得见的手"发挥社会效益，彰显"文化味"。实施重大文化产业项目带动战略，必须坚持把社会效益放在首位、社会效益和经济效益相统一。把握好社会主义市场经济条件下文化建设的特点和规律，正确处理文化的意识形态属性和产业属性、社会效益和经济效益之间的关系，才能推动文化产业高质量发展、行稳致远。

数据显示，从 2012 年到 2021 年，我国文化产业增加值从 18071 亿元增长到 52385 亿元，文化产业已成为经济增长的新动能和新引擎。实施重大文化产业项目带动战略，培育形成一批新的增长点、增长极和增长带，全面提升文化产业发展的质量和效益，就能让人民享有更加充实、更为丰富、更高质量的精神文化生活，为全面建设社会主义现代化国家凝聚起更强大的精神力量。

（2023 年 04 月 14 日）

实施就业优先战略

——落实重大发展战略，开创事业新局⑬

周人杰

> 就业是最基本的民生，就业稳则民心安、社会稳。就业问题必须从战略高度谋划好、解决好

就业一头连着千家万户、百姓冷暖，一头连着企业运营、经济增长。面向 2023 届及往届未就业高校毕业生，人社部组织开展大中城市联合招聘高校毕业生春季专场活动；江苏提出扎实办好"新开发 10 万个高质量就业见习岗位"、"家门口"就业服务站三年行动计划等民生实事项目；浙江省德清县组织县内重点企业赴西部地区开展对口支援劳务协作，为来浙务工人员提供"家门到车门、车门到厂门"服务……一段时间以来，各地区各部门纷纷推出稳就业大盘、促高质量就业活动，不断扩大就业容量，提升就业质量。

悠悠万事，民生为重；民生福祉，就业为本。党的二十大报告提出："实施就业优先战略。"这一重要部署，是巩固我们党的执政基础的必然要求，是适应我国基本国情和发展阶段的必然选择，是推进经济高质量发展的重

要措施，是保障和改善民生的根本举措。党的十八大以来，通过实施就业优先战略，落实就业优先政策，我国就业工作取得历史性重大成就，在 14 亿多人口的大国实现了比较充分的就业。城镇就业人数由 2012 年的 37287 万人增加到 2021 年的 46773 万人，城镇新增就业年均超过 1300 万人。社会保障卡持卡人数 13.68 亿人，养老保险全国统筹等稳步推进，为劳动者提供了更加可靠的社会保障。

就业是最基本的民生，就业稳则民心安、社会稳。习近平总书记强调："强化就业优先政策，健全就业促进机制，促进高质量充分就业。"迈上强国建设、民族复兴的新征程，我们要从全局高度重视就业问题，推动就业优先政策聚力增效，切实把就业这个民生头等大事抓好。就业优先导向要继续坚持，千方百计创造更多就业机会，在推动高质量发展中促进就业；深化改革的方法论要继续用好，消除影响平等就业的不合理限制和就业歧视，使人人都有通过勤奋劳动实现自身发展的机会；在促进高质量充分就业方面，要稳步增加劳动者工资性收入，完善劳动者权益保障制度，加强灵活就业和新就业形态劳动者权益保障。

就业是畅通经济循环的重要支撑和关键环节。当前，我国发展进入战略机遇和风险挑战并存、不确定难预料因素增多的时期，做好包括就业在内的各项民生工作，才能助力中国经济巨轮劈波斩浪、行稳致远。从 2022 年看，全国城镇新增就业 1206 万人，重点群体就业基本稳定，脱贫人口务工规模达 3278 万人，同比增加 133 万人；市场供求保持活跃状态，100 个城市公共就业服务机构岗位空缺与求职人数的比率为 1.46。面对多重因素冲击，就业成绩单为经济社会大局保持稳定奠定了坚实基础。就业是民生改善的"温度计"、社会稳定的"压舱石"，也是经济发展的"晴雨表"，就业问题必须从战略高度谋划好、解决好。

就业牵动着千家万户的生活，任何时候都要抓好。我国就业政策"工具箱"日益丰富，为推动经济运行整体好转、实现更充分更高质量就业提供了有力保障。各地区各部门应把稳就业作为重大政治责任，以实施就业优先战略为引领，以高质量充分就业为目标，稳存量、扩增量、提质量、兜底线，全力确保就业局势总体稳定。形成经济发展与扩大就业的良性互动，让个体奋斗与强国征程同频共振，中国的未来不可限量。

（2023 年 04 月 18 日）

优化人口发展战略

——落实重大发展战略，开创事业新局 ⑭

何　娟

人口问题不仅关系千千万万个家庭，也关系国家经济社会发展。结合人口数量、结构、分布等方面情况，优化人口发展战略，是一件必须高度重视、稳妥处理的大事要事，是一项功在当下、利在千秋的重要工作

一段时间以来，许多地方立足实际、多措并举，将优化生育政策及配套措施列入民生实事加以推进，着力解决群众生育、养育、教育后顾之忧，推动提升人口发展水平。

人口问题不仅关系千千万万个家庭，也关系国家经济社会发展。习近平总书记强调："人口问题始终是我国面临的全局性、长期性、战略性问题。"党的十八大以来，党中央、国务院科学把握人口发展规律，审时度势作出单独两孩、全面两孩、放开三孩等重大决策部署，大力推进发展高等教育、扫除青壮年文盲等工作，推动人口工作取得积极成效。党的二十大报告提出："优化人口发展战略，建立生育支持政策体系，降低生育、养育、教育成本。"党的二十届二中全会要求："完善生育支持政策体系。"优化人口发

展战略、完善生育支持政策体系，对于积极应对少子老龄化、促进人口长期均衡发展、最大限度发挥人口对经济社会发展的能动作用，具有深远意义。

人口数量、人口素质、人口结构是反映人口形势的重要指标。从我国人口基本国情看，人口规模巨大是首要特性；老年人口规模大、老龄化速度快；劳动力资源比较丰富，人力资本日渐雄厚，人才资源总量达 2.2 亿人；人口流动性增强并且不断向城镇集聚……从整体上看，我国人口发展既拥有强大人力资源优势，也面临人口众多的压力，同时还面临人口结构转变带来的挑战。结合人口数量、结构、分布等方面情况，优化人口发展战略，是一件必须高度重视、稳妥处理的大事要事，是一项功在当下、利在千秋的重要工作。

生育状况，是影响人口数量和结构的重要变量。近年来我国出生人口呈现下降的趋势，与育龄妇女规模下降有关，也受年轻人生育意愿持续走低，生育、养育、教育成本高等因素影响。对此，国家卫健委等 17 部门联合推出 20 项具体措施落实生育支持政策，各地区也因地制宜，从保险、教育、住房、就业等各方面出台相关措施。优化生育政策是一项系统工程，从生命全过程、家庭全周期、社会全要素视角着眼，建立适宜生育、养育和教育的政策体系和制度框架，促进相关经济社会政策与生育政策同向发力，有助于进一步释放生育潜能，减缓人口老龄化进程，为促进人口长期均衡发展提供保障。

人口是现代化建设最基本的支撑。推进中国式现代化，必须全面提升人口素质。我国正从人力资源大国向人力资源强国迈进，提升人口素质在我国人口发展战略中的重要性日益凸显。加速推动人口红利向人才红利转变，将为高质量发展提供有效人力资本支撑。人口素质包括体能健康素质、智能科教素质、精神文明素质等方面。着眼未来，要大力实施"健康中国"战略，全面提升高等教育发展水平，积极发展现代职业教育，着力培育创新型人才，不断提高人民道德水准、文明素养、科学文化素质。

人口发展是关系中华民族发展的大事情。行进在中国式现代化的康庄大道上，让 14 亿多人口整体迈进现代化社会，人口政策需要根据经济社会的发展情况而灵活调整、不断完善。新征程上，凝聚众智、综合施策、精准发力，优化人口发展战略，促进人口均衡发展，着力创造有利于发展的人口总量势能、结构红利和素质资本叠加优势，经济社会发展的战略主动将牢牢掌握在我们手中。

（2023 年 04 月 19 日）

实施积极应对人口老龄化国家战略

——落实重大发展战略，开创事业新局 ⑮

刘天亮

树立积极老龄观，深入挖掘老龄社会潜能，积极培育银发经济，最大限度发挥人口对经济社会发展的能动作用，才能使经济社会发展始终与人口老龄化进程相适应

《老年人能力评估规范》国家标准正式发布，全国养老服务等相关行业有了更加科学、统一、权威的评估工具；《养老和家政服务标准化专项行动方案》印发，通过促进养老和家政服务业提质扩容，更好满足老年人多样化、多层次养老服务需求……近期出台的一系列政策措施，进一步完善了养老服务体系和健康支撑体系，彰显了实施积极应对人口老龄化国家战略的坚定决心。

积极应对人口老龄化，事关国家发展和民生福祉，是实现经济高质量发展、维护国家安全和社会稳定的重要举措。党的二十大报告提出："实施积极应对人口老龄化国家战略，发展养老事业和养老产业，优化孤寡老人服务，推动实现全体老年人享有基本养老服务。"党的十八大以来，我国在"老有所养"上持续用力，将积极应对人口老龄化确定为国家战略，专

门出台并实施中长期规划，推动老龄事业顶层设计更加完备、重大改革措施落实生效，为积极应对人口老龄化奠定了坚实的基础。

人口老龄化，对经济运行全领域、社会建设各环节、社会文化多方面乃至国家综合实力和国际竞争力，都具有深远影响。我国老年人口规模大，老龄化速度快，我们必须深刻认识应对人口老龄化这一任务的紧迫性，加大制度创新、政策供给、财政投入力度，在老有所养、老有所医、老有所为、老有所学、老有所乐上不断取得新进展。要有全局意识，从国家战略的高度，建立人口、社会、经济等相互衔接协同的政策体系。老龄化往往伴随少子化，积极应对人口老龄化要在完善养老服务体系的同时，优化生育政策及配套支持措施，以"一老一小"为重点完善人口服务体系，促进人口长期均衡发展。

积极应对人口老龄化，要坚持系统观念，统筹好点和面，综合施策。一方面，要健全基本养老服务体系，大力发展普惠型养老服务。比如，建立基本养老服务清单制度，明确服务对象、服务内容、服务标准和支出责任，让广大老年人都拥有更好社会保障、更多养老服务和更高生活质量。另一方面，要聚焦广大老年人在社会保障、养老、医疗等方面的急难愁盼问题，重点关注失能失智、高龄慢病、生活困难等老人群体的特殊需求。此外，我国老龄化水平城乡差异明显，农村老年人普遍存在独居空巢问题，需要推动城乡养老资源均衡发展，不断加强互助式养老机构建设。

"十四五"时期是应对人口老龄化的重要窗口期，预计这一时期我国人口将进入中度老龄化阶段，2035 年前后进入重度老龄化阶段。在这一关键历史时期，要提高实施积极应对人口老龄化国家战略的主动性，从财富储备、人力资源、物质服务、科技支撑、社会环境等方面持续用力，坚持尽力而为、量力而行，充分考虑发展的阶段性特征和财政承受能力。树立积极老龄观，深入挖掘老龄社会潜能，积极培育银发经济，最大限度发挥人口对经济社会发展的能动作用，才能使经济社会发展始终与人口老龄化进程相适应。

人口老龄化是人类社会发展的客观趋势，我国具备坚实的物质基础、充足的人力资本、尊老爱老的传统美德，完全有条件、有能力、有信心解决好这一重大课题。不断满足数量庞大的老年人多方面需求，妥善解决人口老龄化带来的社会问题，中国特色应对人口老龄化道路必将越走越宽阔。

（2023 年 04 月 27 日）

实施全面节约战略

——落实重大发展战略，开创事业新局 ⑯

周人杰

　　实施全面节约战略是一场广泛而深刻的变革，发展理念和生产方式要绿色低碳，消费观念和日常习惯也要节约环保

　　节约资源是我国的基本国策。在北京延庆，冬奥场馆深入实施赛后利用计划，开展多业态经营；在河北邢台，企业运用新技术建造高层工业厂房，节地近 90%；在浙江衢州，"公务餐"改革打通市域范围 496 家食堂，供干部开展公务活动前在线就近预约，全市公务接待费用支出同比减少约 30%……今天，节约理念融入生产、建设、流通、消费等环节，成为促进经济社会发展全面绿色转型的有力支撑。

　　"取之有制、用之有节则裕"。节约资源，是维护国家资源安全、推进生态文明建设、推动高质量发展的一项重大任务。党的十八大以来，我们大力发展循环经济，在全社会倡导厉行节约、反对浪费，推动资源节约集约高效利用，取得积极成效。2012 年至 2021 年，全国单位 GDP 建设用地使用面积下降了 40.85%，国土经济密度明显提高；全国单位 GDP 能耗下降了 26.4%，单位 GDP 水耗下降了 45%，主要资源产出率

提高了约58%，能源资源利用效率大幅提升。党的二十大报告提出："实施全面节约战略，推进各类资源节约集约利用，加快构建废弃物循环利用体系。"新征程上，我们必须深刻理解实施全面节约战略的重大意义，推进生态优先、节约集约、绿色低碳发展，努力形成全民崇尚节约的浓厚氛围。

当前，世界百年未有之大变局加速演进，受多重因素叠加影响，能源、粮食等大宗商品和初级产品供求关系趋紧，外部不确定性增加给我国资源安全带来严峻挑战。我国是人口大国，人均资源占有量远低于世界平均水平，资源粗放利用问题依然突出，特别是十几亿人口要吃饭，这是我国最大的国情。实施全面节约战略，必须正确认识和把握初级产品供给保障，推进能源、水、粮食、土地、矿产、原材料一体化节约、全过程管理和全链条节约，推动资源全面节约、集约、循环利用，全面提高资源利用效率。加快资源利用方式根本转变，确保初级产品供给保障安全，才能牢牢守住新发展格局的安全底线，牢牢掌握发展主动权。

经济发展不是消耗自然资源的"竭泽而渔"，生态保护也不是贫守青山的"缘木求鱼"。全面加强资源节约工作，要处理好利用和节约、开发和保护、整体和局部、短期和长期的关系，既要坚持底线思维，防范化解重大资源风险，也要考虑经济社会发展现实需要，推动高质量发展。站在人与自然和谐共生的高度谋划发展，必须牢牢把握推动经济社会发展绿色化、低碳化这个实现高质量发展的关键环节，从根本上缓解经济发展与资源环境之间的矛盾。在治理方式和管理方法上，应加快建立体现资源稀缺程度、生态损害成本、环境污染代价的资源价格形成机制，不断完善和逐步提高重点产业、重点产品的能耗、水耗、物耗标准，促进资源科学配置和节约高效利用。

实施全面节约战略是一场广泛而深刻的变革，发展理念和生产方式要绿色低碳，消费观念和日常习惯也要节约环保。在上海，快递包装"绿色革命"提速；在广东广州，全市开展绿色商场创建活动；在湖南，到2025年长株潭都市圈50%的居民小区要具备新能源汽车充电条件……实施全面节约战略，要增强全民节约意识，倡导简约适度、绿色低碳的生活方式，反对奢侈浪费和过度消费。党政机关要严肃财经纪律，坚持过紧日子，带头将节约理念贯彻到各项工作中去。全社会共同努力，将全面节约战略落细、落实、落好，必能为绘出美丽中国的更新画卷作出积极贡献。

（2023 年 05 月 04 日）

坚定奉行互利共赢的开放战略

——落实重大发展战略，开创事业新局 ⑰

吕晓勋

以推进合作共赢的开放体系建设为抓手，加快建设更高水平开放型经济新体制，形成国际合作和竞争新优势

在福建厦门，施耐德电气的新生产线正式启用；在广东惠州，投资10亿元建成的安姆科全球软包装样板工厂开足马力生产；空中客车在四川成都布局的飞机全生命周期服务项目将于今年下半年竣工交付……最近一段时间，外资项目加速落地，从一个侧面有力印证了中国奉行互利共赢的开放战略、不断扩大高水平对外开放，给世界带来更多发展机遇。

开放是当代中国的鲜明标识。实行高水平对外开放，开拓合作共赢新局面，是以习近平同志为核心的党中央统筹中华民族伟大复兴战略全局和世界百年未有之大变局作出的重大战略部署。党的二十大报告明确提出："中国坚持对外开放的基本国策，坚定奉行互利共赢的开放战略，不断以中国新发展为世界提供新机遇，推动建设开放型世界经济，更好惠及各国人民。"在更高水平上扩大对外开放，是构建新发展格局的应有之义，也是促进高质量发展的必然要求，对于更好促进中国经济与世界经济共同发

展具有重要意义。新时代中国以前所未有的开放姿态拥抱世界，激活了自身发展的澎湃春潮，也为全球经济注入强大动能。

当前，世界百年未有之大变局加速演进，世界经济复苏动力不足。但世界决不会退回到相互封闭、彼此分割的状态，开放合作仍然是历史潮流，互利共赢依然是人心所向。坚持对外开放的基本国策，坚定奉行互利共赢的开放战略，这是中国站在历史正确的一边、站在人类文明进步的一边的坚定选择。随着对外开放的广度和深度继续拓展，我国在世界经济中的地位将持续上升，同世界经济的联系会更加紧密，为其他国家提供的市场机会将更加广阔。坚定不移奉行互利共赢的开放战略，积极实施更大范围、更宽领域、更深层次的对外开放，才能更好利用国内国际两个市场两种资源，提高在全球配置资源的能力，争取开放发展中的战略主动。

过去，中国经济发展成就是在开放条件下取得的；未来，中国经济高质量发展必须在更加开放的条件下进行。从国内视角看，要进一步深化改革，稳步扩大规则、规制、管理、标准等制度型开放，坚持创新驱动发展，积极优化营商环境，全面提高对外开放水平。从国际视野看，要以高质量共建"一带一路"为重点，同各方一道打造国际合作新平台；支持开放、透明、包容、非歧视的多边贸易体制，维护全球产业链供应链安全稳定开放。以推进合作共赢的开放体系建设为抓手，加快建设更高水平开放型经济新体制，形成国际合作和竞争新优势，有助于创造更多市场机遇、投资机遇、增长机遇。

拥抱世界，才能拥抱明天；携手共进，方能共享未来。《鼓励外商投资产业目录（2022年版）》正式生效施行，进一步扩大鼓励外商投资范围；商务部印发沈阳等6个城市服务业扩大开放综合试点总体方案，服务业对外开放按下快进键；共建"一带一路"倡议与《东盟互联互通总体规划2025》深入对接，为沿线国家创造更多发展机会……在强国建设、民族复兴的新征程上，中国开放的大门只会越开越大。我们坚信，一个更加开放的中国，会同世界形成更加良性的互动，带来更加进步和繁荣的中国和世界。

（2023年05月08日）

珍惜每一餐饭，节约每一粒粮

吕晓勋

> 珍惜每一餐饭，节约每一粒粮，不是"要我做"，而是"我要做"，即使生活一天天好了，我们也没有任何权利浪费

近年来，随着相关文件出台、"光盘行动"开展，节约粮食、反对浪费在全社会蔚然成风。不过，有媒体调查发现，在举办婚宴、商务宴请等场合，"舌尖上的浪费"仍时有发生。春节期间，亲朋好友聚会增多，菜吃不完、剩菜不打包的情况有所抬头，相关情况需要引起重视。

餐饮消费环节，食品浪费问题往往易发多发。究其原因，一方面在于不少餐饮企业还没有提供小份菜、半份餐的选项，对引导适量点餐也缺乏积极性。另一方面，有的消费者因为讲排场、好面子，请客点菜倾向于多多益善，却不好意思打包。吃什么、吃多少诚然是个人自由，但不管出于何种原因浪费食物，就是对社会资源的不必要消耗，既有违勤俭节约的传统美德，也不利于培养理性消费观。

据测算，我国餐饮业人均食物浪费量约为每人每餐93克，浪费率为11.7%，大型聚会浪费率达38%。每年被倒掉的食物，足以供应两亿人一年的口粮。我国人口多、基数大，每人浪费一点，就会是惊人的量。浪费不仅给我国粮食生产带来较大压力，由此产生的大量厨余垃圾，还会导致

环境污染。制止餐饮浪费，对守护粮食安全、保护生态环境意义重大。珍惜每一餐饭，节约每一粒粮，不是"要我做"，而是"我要做"，即使生活一天天好了，我们也没有任何权利浪费。

一粒米千滴汗，粒粒粮食汗珠换。制止餐饮浪费，关键是要让浪费可耻、节约为荣的观念更加深入人心。葡萄从开花到成熟需要 2—3 个月，蔬菜种植前的育苗需要 1 个月左右，玉米从播种到成熟需要 2 个月以上……一则公益广告中，农作物生长成熟需要的天数，与"扔掉只需 1 秒"形成强烈对比，引发人们对于浪费粮食行为的反思。可以说，树立节俭意识，培养节约习惯，自觉抵制餐饮浪费行为，每个人都责无旁贷。当前，仍有一些人对反食品浪费认知度不足、认同度不高。各地有必要加强法律、行政、经济、宣传教育等手段的综合运用，保障反食品浪费法的有效贯彻实施，让反食品浪费成为更多人的思想和行为自觉。

制止餐饮浪费，离不开供给侧的精细管理。事实上，出于节本增效等因素的考虑，餐饮企业普遍有"想节约"的强烈需求。但受限于管理水平，很多中小型餐饮企业、个体餐饮经营者，很难和大型企业、连锁企业一样，实现餐饮生产、加工、服务全过程的精细化管理。正因此，无论是食材采购、储存管理，还是加工制作、就餐服务，或是餐厨垃圾的分类处置，复制推广减少浪费的成熟经验做法，帮助广大餐饮企业提高"会节约"的能力，应当成为职能部门、行业协会今后的一项重点工作。

餐桌文明是人类文明的缩影。拒绝浪费并不难，不妨从现在开始，从少点一道菜、多打几个包做起。坚持适量、适度、适中原则，深入宣传"不光盘子才丢面子"的理念，做好餐饮制作消费各环节、全过程的精细化管理，我们一定能有效减少餐桌上的浪费，进一步提高消费者合理消费、按需点餐、珍惜粮食的意识，让节约适度、绿色低碳、文明健康的生活方式和消费模式成为更多人的选择。

（2023 年 02 月 15 日）

真抓实干，形成共促高质量发展合力

周人杰

　　我们要抢抓宝贵的时间窗口、加大助企纾困力度，进一步激发市场内在活力、内生动力

　　走合理分工、优化发展的路子，坚持具体问题具体分析，运用辩证法、善于"弹钢琴"

　　笃定信心、真抓实干，以奋发有为的精神状态和"时时放心不下"的责任意识做好经济工作

　　信心在传递，活力在涌动。1月份，各地两会密集召开，着眼促进经济平稳健康发展，在投资、消费、出口、创新驱动等方面提出了一系列新举措。上海将GDP增长预期定为5.5%以上，这"跳一跳"才能实现的目标有利于在发展中优化结构、化解风险；陕西确定年度计划投资4804亿元，力争固定资产投资增长8%左右，让重大工程为稳增长"挑大梁、担重任"；黑龙江提出力争全年发放消费券6亿元，办好汽车、家电等促销活动，打出了扩大内需"组合拳"……蓝图绘就、号角吹响，关键是要真抓实干，形成共促高质量发展合力。

　　过去一年，各地认真贯彻党中央决策部署，全面落实疫情要防住、经济要稳住、发展要安全的要求，加快构建新发展格局，着力推动高质量发

展。扫描各地的"成绩单",北京跻身全球百强科技集群前三名,万元地区生产总值能耗和二氧化碳排放量保持全国省级地区最优水平;广东地区生产总值超 12.9 万亿元、居全国首位,外贸进出口总额达 8.31 万亿元;新疆粮食总产比上年增加 77.7 万吨、占全国增量的 1/5,风力和光伏发电投资增长 3.3 倍……事非经过不知难,面对诸多超预期因素冲击,各地坚持因地制宜、因时制宜,创造忡开展工作,迎难而上稳增长,经济发展在多重压力下保持恢复态势、企稳向好,为新的一年推动经济整体好转奠定了坚实基础。

一年之计在于春。开年经济工作对凝聚信心、释放活力很关键,事关全年、全局。浙江出台"8+4"政策体系,对扩大有效投资、科技创新、先进制造业集群培育、现代服务业高质量发展等重点领域送出"大礼包";河南针对经济运行的堵点、卡点、难点,出台《大力提振市场信心 促进经济稳定向好政策措施》,奋力拼经济、促就业、惠民生;四川举行一季度重大项目现场推进活动,共涉及重大项目 423 个,总投资达 7483.7 亿元……当前经济社会生活各领域都在加快恢复,我们要抢抓宝贵的时间窗口、加大助企纾困力度,进一步激发市场内在活力、内生动力。

保持经济平稳运行,各地面临的形势和任务总体一致又各有不同。一致之处是,从"全国一盘棋"到"最后一公里",各地都要不断把经济政策转化为实际行动,更好把制度优势转化为治理效能,坚持一张蓝图绘到底、一棒接着一棒干,既做好当前工作,又为今后发展做好衔接。不同之处在于,要根据各地条件,走合理分工、优化发展的路子,坚持具体问题具体分析,运用辩证法、善于"弹钢琴",按照客观经济规律调整完善区域政策体系,发挥各地区比较优势,增强创新发展动力。

真抓才能攻坚克难,实干才能梦想成真。去年 12 月举行的中央经济工作会议明确要求,敢担当,善作为,察实情,创造性抓好贯彻落实,努力实现今年经济发展主要预期目标。各地要深入贯彻落实中央经济工作会议精神,坚持系统观念、守正创新,结合实际做好精准文章,做到"六个统筹"、搞好综合平衡,锚定发展目标,加强各类政策协调配合、放大集成效应,形成共促高质量发展合力。笃定信心、真抓实干,以奋发有为的精神状态和"时时放心不下"的责任意识做好经济工作，我们一定能实现既定目标，共同汇聚起推动我国经济发展的磅礴伟力，为全面建设社会主义现代化国家开好局起好步。

（2023 年 02 月 03 日）

加快中小企业数实融合步伐

邹　翔

深入实施数字化赋能中小企业专项行动，中央财政继续支持数字化转型试点工作，带动广大中小企业"看样学样"加快数字化转型步伐……不久前，国务院促进中小企业发展工作领导小组办公室印发了《助力中小微企业稳增长调结构强能力若干措施》，对促进中小企业数字化转型作出专门部署，为促进中小企业数实融合提供更多政策支持。

在党的二十大报告中，习近平总书记强调，"支持中小微企业发展""促进数字经济和实体经济深度融合"。党的十八大以来，以习近平同志为核心的党中央高度重视发展数字经济，将其上升为国家战略，推动数字化转型向纵深拓展。如今，超过60个国民经济大类已广泛开展数字化转型工作，并由生产、管理等单点应用走向横跨产业链、供应链的全环节深度变革。

不过，受投资意愿、技术水平、人才储备等因素影响，中小企业数字化转型相比大型企业进程较慢。抽样调查显示，目前我国89%的中小企业处于数字化转型探索阶段，仅有3%进入深度应用阶段。加快发展数字经济，打造具有国际竞争力的数字产业集群，必须加强政策协同、强化科学指引、凝聚工作合力，解决好中小企业"不敢转""不能转""不会转"的难题。

中小企业利润相对微薄，数字化转型资源投入受限。加快中小企业数实融合进程要由易到难，聚焦中小企业特征和实际需求，根据现阶段资源禀赋和转型现状，采取适配性更高的转型策略。从中小企业自身发展角度看，可以优先从基础扎实、潜在价值高的环节切入，再逐步扩大数字化在业务环节和管理环节的覆盖范围。从数字化转型服务供给方的角度看，互联网平台企业、工业互联网平台企业、数字化转型服务商等，应优先推出小型化、快速化、轻量化、精准化的应用和订阅式服务，不断降低数字化转型门槛，提升中小企业的转型积极性。

当前，世界经济数字化转型是大势所趋，越来越多的企业认识到数字化转型的重要性。但也要看到，中小企业数字化转型不可能一蹴而就，需要以点带面推进。一方面，要发挥大企业、平台企业的引领作用，推动大企业面向中小企业开放订单、技术、工具、人才、数据、知识等资源，带动产业链供应链上下游的中小企业协同开展数字化转型。工信部印发的《中小企业数字化转型指南》提出，"大企业建平台、中小企业用平台"，探索共生共享、互补互利的合作模式，符合发展现状，也具有很强的操作性。另一方面，要推广典型经验，支持专精特新中小企业发挥示范引领作用，鼓励中小企业"看样学样"。工信部不久前发布的《中小企业"链式"数字化转型典型案例集（2022年）》显示，不少中小企业实现数字化转型后，效率大幅提升，效益明显改善。结合中小企业数字化转型的难点，打造一批转型样本企业，让其成本收益分析清晰可见，能大大增加中小企业的底气和信心，形成"试成一批、带起一片"的效果。

数字化转型是渐进发展、螺旋上升的长期过程。中小企业量大面广，是数字化转型的重点和难点。多措并举推动中小企业科学高效开展数字化转型，对于经济高质量发展至关重要。顺应经济社会数字化转型发展趋势，遵循中小企业数字化转型的客观规律，因时因势优化转型策略，驰而不息、久久为功，定能推动更多中小企业主动加入数字化转型浪潮，为我国经济高质量发展注入澎湃动力。

（2023 年 02 月 02 日）

春节消费展现中国经济韧性与活力

石　羚

春节消费火热，折射出我国消费市场的巨大潜力，展现出中国经济企稳回升的良好势头

我国消费市场韧性强、潜力大，消费规模扩大、消费结构升级的总体态势没有改变，消费"压舱石"作用仍会显现

不断增加高质量产品和服务供给，有效提升供给质量和水平，推动供需在更高水平上实现良性循环

年货大集热闹非凡，人们赶集市、办年货；美食街、民俗街游人如织，热腾腾的烟火气回来了；直播间里人气旺，各式各样的商品吸引消费者下单……春节假期，消费市场加速回暖，既营造出浓浓的年味，也激扬着澎湃的发展动能。

节日消费是观察中国经济韧性与活力的一扇窗口。数据是消费市场的直观反映：2023年春节档国内电影票房为67.58亿元，同比增长11.89%；今年春节假期全国国内旅游出游3.08亿人次，同比增长23.1%，实现国内旅游收入3758.43亿元，同比增长30%；全国消费相关行业销售收入与上年春节假期相比增长12.2%……透过一个个数据，我们可以更加清晰地感受到春节消费的红火态势。从规模上看，线下与线上"比翼齐飞"，实物

与服务供销两旺；从结构上看，健康类、智能类产品热销，文旅消费渐旺。春节消费火热，折射出我国消费市场的巨大潜力，展现出中国经济企稳回升的良好势头。

消费多年来已成为我国经济增长主引擎，为构建新发展格局、推动高质量发展、创造高品质生活提供了有力支撑。一段时间以来，受疫情等因素冲击，消费市场明显承压，一些消费需求受到抑制。但应该看到，我国消费市场韧性强、潜力大，消费规模扩大、消费结构升级的总体态势没有改变，消费"压舱石"作用仍会显现。随着疫情防控措施的优化调整，消费需求加速释放，接触式服务业相关消费场景不断开启，加快恢复和扩大消费的积极因素增多。春节作为阖家欢聚的传统节日，也是各种消费需求集中释放的一个时间段。14亿多人口的超大规模内需市场，加上春节吃住行游购娱等需求显著增长，带动节日经济不断升温。这也是消费保持恢复态势的有力印证。

消费红火，也得益于政府和市场"两只手"协同发力。近期，多地密集发放各类消费券，涉及餐饮、文旅、家电、汽车等领域。实实在在的实惠，有效激活了消费市场，提振了消费需求。与此同时，广大企业与商户在优化供给上下功夫。民生商品保供增质，满足消费需求；促销活动适时推出，吸引顾客消费；文化、时尚、休闲等业态有机融合，打造全新体验……如今，居民消费呈现多样化、多层次、多方面的特点，在产品和服务上下足功夫，不断挖掘新的增长点，消费者的需求才能更好得到满足，企业也才能赢得市场、赢得未来。

节日经济红火是消费市场恢复的生动缩影。中央经济工作会议将"着力扩大国内需求"作为2023年重点工作任务，提出要把恢复和扩大消费摆在优先位置。进一步激活消费"一池春水"，需要多措并举、统筹兼顾。比如，在增强消费能力方面，多渠道增加城乡居民收入，同时可以考虑适当增加消费信贷；在改善消费条件方面，针对住房、汽车、服务性消费等领域存在的一些限制性措施，完善消费政策，支持住房改善、新能源汽车、养老服务、教育医疗文化体育服务等消费；在创新消费场景方面，顺应居民消费升级趋势，促进线上线下深度融合发展，持续提升消费体验，鼓励传统商贸流通企业、专业市场与平台企业加强合作，利用新技术新应用丰富购物体验。不断增加高质量产品和服务供给，有效提升供给质量和水平，推动供需在更高水平上实现良性循环，就能让消费潜力进一步释放出来。

新春"购物车"，满载着人民群众对美好生活的向往，激发着消费市场的活力。瞄准消费新需求、新动向，从供需两端持续发力，必能推动消费市场持续回稳向好，有效支撑经济平稳健康发展。

（2023 年 02 月 01 日）

不断书写荒漠化防治新篇章

周人杰

荒漠化防治仍处于攻坚克难阶段，必须坚持久久为功，不断
提升工作质量和成效

我国是世界上荒漠化面积最大、受影响人口最多、风沙危害最重的国家之一。在防沙治沙的过程中，中国人书写了无数动人故事，也取得了举世瞩目的成就。不久前公布的第六次全国荒漠化和沙化调查结果显示，我国荒漠化和沙化土地面积已经连续 4 个监测期保持"双缩减"，首次实现所有调查省份荒漠化和沙化土地"双逆转"。这意味着，我国已成功遏制荒漠化扩展态势。

荒漠化是全球面临的重大生态问题，也是最紧迫的环境问题之一。长期以来，我国将防治荒漠化作为一项重要战略任务，采取了一系列行之有效的举措加以推进。党的十八大以来，我们坚持绿水青山就是金山银山的理念，坚持山水林田湖草沙一体化保护和系统治理，全方位、全地域、全过程加强生态环境保护，荒漠化防治取得显著成效，走出了一条具有中国特色的防沙治沙道路，不仅推动了从"沙进人退"到"绿进沙退"的历史性转变，还实现了生态保护与民生改善的良性循环。

当前，荒漠化防治取得阶段性成效，但也要清醒看到，我国荒漠化和沙化土地面积基数大、影响广，加上区域水资源矛盾突出、不合理的人为活动仍然存在、气候变化因素影响，荒漠化防治形势依然严峻。从中长期来看，荒漠化防治仍处于攻坚克难阶段，下一步需治理的都是难啃的"硬骨头"，必须坚持久久为功，不断提升工作质量和成效。

土地荒漠化，是人为因素和自然因素综合作用的结果。要想在土地退化的地区恢复人与自然和谐共生的状态，必须提高荒漠化防治的科学性。一方面，把握积极作为和有所不为的平衡，一手抓人工治理、一手抓自然修复。对不具备治理条件的区域，要严格落实荒漠生态保护红线，实施封禁保护。对人为因素造成的土地退化，治理时也要坚持量水而行、以水定绿、林水平衡，重点在水资源条件较好的区域人工造林。惟其如此，才能推动自然演化过程向着良性方向发展。另一方面，提升防治精细化水平。我国每 5 年组织开展一次全国荒漠化和沙化土地调查工作，2021 年又新增年度动态监测，正是为了动态把握荒漠化和沙化土地的变化，不断优化防治方案。目前，我国正持续推进造林、种草改良、防沙治沙、退耕还林还草、油茶种植等任务落地上图。云年，首次实现带位置上报、带图斑下达年度造林任务。

荒漠化防治是一项长期而艰巨的任务，需要全社会共同努力，尤其需要身处防治区域的群众广泛参与。从河北塞罕坝到山西右玉，从内蒙古库布其到新疆柯柯牙，当地群众之所以几十年如一日坚持防沙治沙，除了有坚韧不拔、锲而不舍的精神，还因为在长期治理过程中找到了生态富民的途径。据介绍，沙区年产干鲜果品 4800 万吨，约占全国总产量的 1/4，年总产值达 1200 亿元，约 1500 万人实现稳定脱贫，重点地区林果收入占农民纯收入的 50% 以上。在适度利用的前提下，持续推动绿富同兴，才能动员广大群众参与荒漠化防治，深入推进大规模国土绿化行动，筑牢绿色生态屏障。

习近平总书记指出："荒漠化防治是人类功在当代、利在千秋的伟大事业。"经过持之以恒的努力，我国率先在世界范围内实现了土地退化"零增长", 这份成绩来之不易。在巩固已有成果的基础上, 全面落实各项保护制度, 强化科技支撑, 调动全社会力量参与, 就一定能不断书写我国荒漠化防治新篇章, 为建设美丽中国和人与自然和谐共生的现代化作出更大贡献。

（2023 年 01 月 31 日）

接续奋斗，推动经济运行整体好转

周人杰

面对复杂严峻的国内外环境，中国经济战胜一个又一个困难挑战，顶住压力再上新台阶，来之不易，难能可贵

中国经济韧性强、潜力大、活力足，长期向好的基本面依然不变

贯彻"五大政策"，落实"六个统筹"，形成共促高质量发展合力，我们一定能为全面建设社会主义现代化国家开好局起好步

数字记录成就，奋斗刻画历史，汗水昭示未来。国家统计局日前发布2022年经济社会发展数据显示，我国全年国内生产总值超过121万亿元，物价水平保持总体稳定，全年城镇新增就业1206万人，全年货物进出口总额首次突破40万亿元关口。面对复杂严峻的国内外环境，中国经济战胜一个又一个困难挑战，顶住压力再上新台阶，来之不易，难能可贵。百尺竿头、更进一步，完成2023年经济社会发展目标任务，唯有坚韧不拔、接续奋斗，再加把劲，付出更加艰苦的努力。

2022年是党和国家历史上极为重要的一年。面对风高浪急的国际环境和艰巨繁重的国内改革发展稳定任务，在以习近平同志为核心的党中央坚强领导下，全党全国各族人民迎难而上，全面建设社会主义现代化国家新

征程迈出坚实步伐。当前，我国经济已挺过了最困难时刻，经济社会生活各领域都在加快恢复，经济活力将得到有效释放。发展更有基础，动能正在集聚，政策持续发力，改革不断深化，预期逐步改善，今年我国经济有望总体回升。我们有信心有条件有能力推动经济运行整体好转，实现质的有效提升和量的合理增长。

正确判断形势，是谋划未来、科学决策的重要前提。新时代十年，我国经济实力实现历史性跃升，经济总量占世界经济比重达18.5%，制造业规模占全球30%，成为全球制造业重要枢纽。过去五年，经济年均增长5%以上，战略性新兴产业发展壮大，粮食安全、能源安全和人民生活得到有效保障，我国发展已经站在新的更高起点上。披荆斩棘、走过万水千山，中国经济韧性强、潜力大、活力足，长期向好的基本面依然不变。时与势依然在我，必须顺势而为、乘势而上推动高质量发展，着力夯实防风险、迎挑战、抗打压的实力。

对于中国这么大的经济体而言，保持经济平稳运行至关重要。岁末年初经济运行呈现出更加积极的态势，市场活动随着疫情防控进入新阶段稳步释放潜能、恢复活力。要看到，经济恢复的基础尚不稳固，总需求不足是当前经济运行面临的突出矛盾，也是市场主体感受最为直接的困难。要从战略全局出发，从改善社会心理预期、提振发展信心入手，坚持提纲挈领、纲举目张，实施扩大内需战略同深化供给侧结构性改革有机结合起来，保持经济运行在合理区间。

经冬不凋，凸显韧性潜力；春风浩荡，带来活力绽放。过去一年，我们加大宏观调控力度，着力稳市场主体预期、保就业，减税降费、社保"缓返补"等政策暖心发力，惠及了亿万市场主体。进一步激活发展潜能，我们要完善今年的宏观政策框架，坚持稳字当头、稳中求进，继续实施积极的财政政策和稳健的货币政策，发挥好消费的基础性作用和投资的关键性作用，努力实现宏观调控的最优政策组合和最大整体效果。坚持系统观念、加强协调配合，贯彻"五大政策"；坚持守正创新、搞好综合平衡，落实"六个统筹"，形成共促高质量发展合力，我们一定能为全面建设社会主义现代化国家开好局起好步。

新征程，新气象，新作为。坚持以习近平新时代中国特色社会主义思想为指导，全面贯彻落实党的二十大精神和中央经济工作会议部署，统筹国内国际两个大局，统筹疫情防控和经济社会发展，统筹发展和安全，笃定信心、稳中求进，勠力同心、勇毅前行，中国经济航船必将乘风破浪，驶向更壮阔的航程。

（2023 年 01 月 20 日）

让春运回家路更安全更温暖

邹　翔

不断延伸的铁路轨道、飞机航线、高速公路，满载着人们对故乡和亲人的牵挂。春运既映照着国家前进的步伐、时代发展的脉动，也安顿着人们心中那份阖家团圆的乡愁

无论是硬件的改造还是软件的升级，无论是速度的提高还是服务的优化，都让回家的道路更加顺畅、让赶路的身影更加从容

又是一年春运时。在从黑龙江齐齐哈尔开往加格达奇的 4045 次公益慢火车上，一节悬挂着"列车大集"红色条幅的车厢内，摆满了各式各样的蔬菜、零食、手工艺品，吸引不少旅客前来挑选心仪的年货。神州大地上，疾驰的列车里，一张张真挚的笑脸，一个个喜庆的场景，共同构成 2023 年春运这幅温暖祥和的画卷。

2023 年春运已于 1 月 7 日拉开大幕，到 2 月 15 日结束，共计 40 天。这也是疫情防控进入新阶段后我们迎来的第一个春运。中办、国办印发的《关于做好 2023 年元旦春节期间有关工作的通知》要求："按照满足群众出行需求、降低疫情传播风险、提供安全便捷服务的原则，组织做好春运工作。"从严格落实出行各项政策，到加强运力调度保障；从提升路网运行服务水平，到优化航空服务……一系列部署举措，为春

运平稳有序进行提供有力支撑，让人民群众平安健康便捷舒畅出行更有保障。

据有关初步分析研判，2023年春运期间客流总量约为20.95亿人次，比去年同期增长99.5%，恢复到2019年同期的70.3%。回升的客流，勾勒出流动中国的时代图景。在华北平原，北京西站里的旅客带着大大小小的行李，满怀期待踏上旅程；在西南山区，复兴号"绿巨人"在新成昆铁路上飞驰，彝族列车长带来"库史木撒"（新年好）的问候，车厢内充满欢声笑语；在黄土高原，西安咸阳国际机场T3航站楼内人流如织，人们脸上洋溢着回家的喜悦……不断延伸的铁路轨道、飞机航线、高速公路，满载着人们对故乡和亲人的牵挂。春运既映照着国家前进的步伐、时代发展的脉动，也安顿着人们心中那份阖家团圆的乡愁。

温馨出行，情满旅途。春运前夕，多条铁路新线开通运营，拉近了家与远方的时空距离。各地也在不断创新做法，为旅客出行提供更精细、更贴心的服务。北京出台增设急客服务通道、互联网订餐等12项便民利民措施；四川组织实施乡村运输"金通工程"与"春风行动"无缝接驳运输，将返乡农民工直接送至家门口，打造"点对点、一站式、一票制"暖心直达运输服务；山东济南推出定制客运网络平台，首批上线定制线路20余条，旅客可根据个人需求就近选择乘车地点、时间……无论是硬件的改造还是软件的升级，无论是速度的提高还是服务的优化，都让回家的道路更加顺畅、让赶路的身影更加从容。不断创造更舒适便捷的出行体验，助力春运成为一场暖心舒心的旅行。

对于所有踏上归途的旅客和期盼团圆的亲人来说，平安回家是最大的心愿。确保平安春运、安全春运，是春运工作的重中之重。今年春运期间，低温、寒潮、雨雪、冰冻等恶劣天气易发多发，给安全生产带来较大挑战。各级交通运输部门和运输企业充分认识2023年春运工作的特殊复杂性，坚持安全第一、以人为本，以最大能力、最佳状态、最优服务，扎实做好各项工作，把职责担当转化成提质增效、优化服务的动力，就能更好守护春运回家路。

春运如同一条纽带，把无穷的远方和无数的人们联系在一起，让相隔万水千山的家人团聚在一起。听到暌违已久的乡音乡语，见到一直牵挂的亲人朋友，感受到记忆中的浓浓年味儿，再出发时就会充满力量。因为，家是每个人内心的情感依归，也蕴含着乡土中国绵延不断的文化根脉。

（2023 年 01 月 19 日）

一往无前、顽强拼搏，让明天的中国更美好

李　拯

把努力奋斗的激情、稳步向前的坚韧从过去延伸到未来，才能在全面建设社会主义现代化国家新征程上展现新气象、打开新格局

在全面贯彻落实党的二十大精神的开局之年，爬坡过坎、闯关夺隘，我们有信心更有条件，有底气更有能力

每一个人向着梦想的努力奔跑，将会让中国始终充满勃勃生机、旺盛活力

一元复始，万象更新。我们迎来 2023 年，又一个充满希望的新开始。新年前夕，习近平主席发表二〇二三年新年贺词，指出"历史长河波澜壮阔，一代又一代人接续奋斗创造了今天的中国"，强调"我们要一往无前、顽强拼搏，让明天的中国更美好"。

刚刚过去的 2022 年，是党和国家历史上极为重要的一年。前不久，有媒体用 22 张海报回顾我们一起走过的 2022 年，引发网友强烈共鸣。那是奥运圣火再次闪耀北京这座千年古都的精彩瞬间，那是中国航天员结束"太空出差"返回地球的激动人心，那是热血勇士蹈火出征、扑灭重庆山火的义无反顾，那是梦天实验舱圆梦九天、"拼"出太空家园的无尽探

索……一张张海报、一帧帧图片，将过去一年人们的共同奋斗和拼搏定格为集体记忆，铭刻在时间的深处。光阴流转、四时更替，岁月告诉我们，把努力奋斗的激情、稳步向前的坚韧从过去延伸到未来，才能在全面建设社会主义现代化国家新征程上展现新气象、打开新格局。

回望过往的奋斗路、眺望前方的奋进路，我们已经挺过最困难时刻，发展的有利因素增多，经济运行有望整体好转。党中央从更好统筹疫情防控和经济社会发展出发，因时因势优化疫情防控，为经济恢复创造了重要条件。中国经济韧性强、潜力大、活力足，长期向好的基本面没有改变。可以预见，随着各地区各部门将优化疫情防控措施落到实处，政策红利将会在 2023 年持续显现，为经济运行实现整体好转提供前提条件。走过2022 年，我们逐步走出疫情的阴霾；展望 2023 年，我们必将重回发展的正轨。在全面贯彻落实党的二十大精神的开局之年，爬坡过坎、闯关夺隘，我们有信心更有条件，有底气更有能力。

不仅如此，岁末年初一系列指向未来的改革密集推出，为我们努力奋斗打开了更大空间、创造了更多可能性。中央经济工作会议重申切实落实"两个毫不动摇"，要求从制度和法律上把对国企民企平等对待的要求落下来，从政策和舆论上鼓励支持民营经济和民营企业发展壮大，这将为民营企业提供更为宽广的舞台。人社部动态调整职称评审专业，探索将大数据、区块链、云计算、人工智能等新职业纳入职称评审范围，这将打开新职业成长空间、为广大青年成就人生梦想提供更多选择。展望 2023 年，国家的发展、政策的托举，将让每个人施展才干的舞台更加广阔、实现梦想的前景更加光明。只要踔厉奋发、努力奋斗，就能抓住时代赋予的机会，在时间的画布上描绘精彩人生。

一个人的时间观，反映其视野和格局；一个国家、一个民族的时势观，折射其胸怀和抱负。正是每个人生生不息的奋斗、昂扬奋发的进取，汇聚成国家发展进步的时代洪流，为时间赋予意义和价值。走进充满希望的2023 年，满怀信心、坚定前行，每个人都大有可为也将大有作为。如果你是忙碌在工作岗位的党员干部，可以用冲锋在前、奋战在先体现初心使命；如果你是劳作在生产一线的工人，可以用卓越的劳动争做能工巧匠、大国工匠；如果你是在田间地头耕耘不辍的农民，可以用辛勤的汗水获得丰收、保障粮食安全；如果你是引领市场潮流的企业家，可以用抢抓机遇、奋勇争先把失去的时间补回来；如果你是奋战在创新攻关中的科研人员，可以用潜心钻研、矢志创新为实现科技自立自强加把劲……国家发展为每个人走好自己的路、做好自己的事提供了舞台和机会，而每一个人向着梦想的努力奔跑，将会让中国始终充满勃勃生机、旺盛活力。

习近平总书记指出："我们对于时间的理解，不是以十年、百年为计，而是以百年、千年为计。"在时间的维度上，中国人有着超乎寻常的历史感、时代感，这既因实现中华民族伟大复兴的历史使命，也因"征途漫漫，唯有奋斗"的惕励紧迫。站在岁序更替的节点，让我们继续努力奋斗、稳步向前，在奋斗中定义未来、在拼搏中书写精彩，在人类的伟大时间历史中创造中华民族的伟大历史时间。

（2023 年 01 月 03 日）